全球汽车产业
会展活动的发展与管理

贾岷江/著

企业管理出版社
ENTERPRISE MANAGEMENT PUBLISHING HOUSE

图书在版编目（CIP）数据

全球汽车产业会展活动的发展与管理 / 贾岷江著.
—北京：企业管理出版社，2018.4

ISBN 978-7-5164-1682-2

Ⅰ.①全… Ⅱ.①贾… Ⅲ.①汽车工业—展览会—产业发展—世界
②汽车工业—展览会—管理—世界 Ⅳ.①U46

中国版本图书馆CIP数据核字（2018）第047229号

书　　名：全球汽车产业会展活动的发展与管理
作　　者：贾岷江
责任编辑：张　羿
书　　号：ISBN 978-7-5164-1682-2
出版发行：企业管理出版社
地　　址：北京市海淀区紫竹院南路17号　　邮编：100048
网　　址：http://www.emph.cn
电　　话：总编室（010）68701719　发行部（010）68701816　编辑部（010）68701891
电子信箱：80147@sina.com
印　　刷：虎彩印艺股份有限公司
经　　销：新华书店
规　　格：170毫米×240毫米　16开本　19印张　270千字
版　　次：2018年4月第1版　2018年4月第1次印刷
定　　价：88.00元

前言

狭义的“会展”仅包含“会议”和“展览”，甚至仅指“展览”。被国内人士普遍认为与中文“会展”对应的英文是MICE，即Meetings、Incentives、Conventions/Conferences and Exhibitions的缩写。该英文缩写包括了各类会议、展览和奖励旅游。除此之外，一些业内人士认为，广义的“会展”还应当包含节庆、赛事，甚至演出活动。总体来看，这些活动的共同特征是“临时性”“短期性”和“社会性”，本质上属于不同于日常例行活动的“特殊”活动（或称为“特殊事件”）的范畴。在现代社会中，上述活动除了单独举办外，也经常交织在一起，表现为“展中有会”“会中有赛”“赛中有节”“节中有展”等形式。此外，会展也从来不是一个“孤立”的活动，“会展+产业”是一贯的常态，表现为会展活动与其他产业活动的融合。本书着重研究会议、展览、赛事、节庆和奖励旅游五种常见的会展活动在汽车产业中的发展、应用和管理。

从起源上来看，会议活动的历史最长——几乎与人类社会的产生同时代，其次是节庆、赛事和展览活动，而奖励旅游活动出现的时间最晚。自汽车发明至今，汽车产业的发展虽然不到150年的时间，却深刻地影响了人类社会的各个方面。19世纪末期，在汽车被发明后不久，世界各国的制造商就借助展览和赛事活动对这一尚不为多数人知道和接受的新鲜事物进行市场推广，紧接着一些知名的行业会议、节庆和奖励旅游活动也陆续在汽车产业中出现。调查发现，世界上主要汽车制造商无不热衷于参加或举办各种会展活动。这些事实再次证明了一个普世真理：没有公平竞争，也就无所谓“优秀”和“先进”。会展活动举办地成为汽车制造商“遛骡子”“遛马”的最佳场所，是人类展示汽车文明成果和获取汽车知识的最佳场所，自汽车产业会展活动诞生之时就使得那些“自我吹嘘式”的商业广告相形见绌。可以说，会展活动加速了汽车制造、汽车文化、汽车运动和汽车旅游的发展，而汽车产业的发展反过来拓宽了会展活动的产业领域和市场空间。

从总量上看，我国已经成为世界汽车制造和消费的头号大国。近年来，国内汽车产业中会展活动的数量和规模与汽车产业的发展规模同时上升，会展活动已经成为企业不可或缺的生产活动，涉及市场营销、人员激励、公关活动、产品研发等方面。据中国会展经济研究会统计，2015 年国内各行业展览中，汽车产业展览（包括整车展、汽车制造设备展览、汽车用品展等）的数量为 569 个，展览总面积为 1376 万平方米，分别占全年各行业展览总数的 6.1%、展览总面积的 11.7%，排名第一，远高于排名第二的其他商品交易会[1]。实际上，国内汽车产业展览活动的产出规模已连续多年在展览业中排名第一。本书研究全球汽车产业中会展活动的类型和管理，还重点基于以下三个理论应用方面的原因。

（1）利用会展活动促进我国汽车产业的转型升级和产业链延伸。相对于汽车发源地的欧美国家，甚至业界后起之秀的东亚国家——日本和韩国，我国并非汽车产业界的强国。汽车产业的发展根本上是由技术创新和管理变革推动的，而会议最具前沿性、展览最具沟通性、节庆最具吸引性、赛事最具竞争性、奖励旅游最具激励性。这些具有不同特性的活动从不同方面促进了不同发展程度的组织在技术和管理方面的竞争，从而加速了汽车产业的发展。对企业而言，销售和创新是参与会展活动的终极目标。除了

[1] 后者的展览数量和面积分别为 291 个、655 万平方米。

日常生产活动外，世界汽车产业中的知名厂商纷纷借助会展活动获得技术创新的信息，搞好客户关系管理，向全世界推销产品。目前国内汽车产业中的企业不善于参与和举办各类会展活动，对国内会展活动参与较多，对国际会展活动参与较少。这必然影响本土汽车产业的技术创新能力提高、产品的国际化行销和国际品牌塑造。可以毫不夸张地说，缺乏合适的市场竞争方式是中国汽车产业落后的原因之一。遗憾的是，学术界只关注传统营销手段，绝大多数汽车营销类教材中甚少提及会展活动！ 荷兰学者 Tuijl 和 Dittrich（2014）的研究指出，既然中外合资战略作为一种“被动学习模式”，对我国汽车产业的转型升级有一定限制，那么有必要重视各类活动在中国汽车工业升级过程中的贡献。此外，汽车产业与会展活动之间成功的互动融合，也将为其他产业利用会展活动推动自身发展提供典范。

（2）依托汽车产业的发展推动我国会展活动的品牌化、国际化和高端化发展。我国在汽车产业会展活动数量和规模方面同样是大国而非强国。会展业的发展不但能够促进汽车产业的发展，而且将带动交通、住宿、餐饮、旅游、物流、广告等第三产业的发展，在加快城市建设和树立城市形象方面发挥重要作用。国内会展业的发展得益于改革开放政策，正式开始于 20 世纪 80 年代，不能不说是一个“新兴”产业。事实表明，会展业的发展需要依托各产业类会展活动的品牌化、国际化。而会展活动的品牌化、国际化是与其服务的相关产业的品牌化、国际化程度紧密相关的。产业规模及其技术水平、人口数量及其收入水平决定会展业发展的规模和水平。目前，世界汽车产业会展活动的大国和强国依然是美国，德国、法国和日本等汽车产业发达国家只能算汽车产业会展活动的强国而不是大国。事实证明，落后的汽车产业很难孕育世界级的名牌汽车会展活动。无论是国外还是国内，汽车产业已经成为许多城市的支柱产业。我国汽车产业的规模扩张不但为会展活动的开展提供了新的舞台，其品牌化和国际化的发展也将促进会展业的品牌化和国际化发展。

（3）会展活动的管理、研究和专业教育需要全面、真实的案例。我国会展专业人才的培养正式开始于21世纪初期。由于国内会展业发展时间短，会展业的人才培养体系尚不够成熟，会展行业界和教育界人士对会展活动的理论认识还不够清晰、深入和统一[1]。任何一项人类活动均要涉及活动的参与人、活动发生和持续的时间、活动发生的地点、活动的内容和价值，以及活动的组织等要素（即通常所说的“5W1H”）。《特殊事件：21世纪全球事件管理》的作者Goldblatt（2002）认为，特殊事件的营销必须要考虑“为什么（Why）”“谁（Who）”“什么时候（When）”“在哪里（Where）”和“做什么（What）”五个“W”[2]。然而很少有学者从这几个方面对产业类会展活动进行深入研究。本书采用比较分析法、历史分析法、归纳分析法、典型案例分析法，全面研究汽车产业所有的五大类会展活动，指出了本产业不同类型会展活动的要素差异，产业发展和会展活动之间相互依存、相互促进的关系，以及汽车产业会展活动的发展趋势。本书可作为汽车产业界（甚至其他产业界）高层管理者和行业协会、会展企业和政府部门举办、参与或管理会展活动，以及高校会展专业师生学习和研究会展活动的参考资料。

目前国内针对具体产业撰写的会展类专著有《农业会展实践与探索》《农业会展发展问题研究》《服装会展策划》等，主要集中在农业展览方面。尽管“没有一个懂车的人没有参加过会展活动”，但有关汽车产业会展活动的论著几乎空白。本书的理论和实践贡献在于：（1）归纳了汽车产业主要会展活动的类型，列举了世界汽车产业的知名会展活动，为汽车产业会展活动的组织者和参与者提供了可选择的“活动地图”；（2）分析了世界汽车产业发展与会展活动开展的历史联系，汽车产业会展活动对旅游产业、文化产业和体育产业发展的影响；（3）针对企业是会展活动的主要参与者、重要的主办者和不可或缺的赞助商，本书指出了国内外汽车制造商参与各类会展活动的差异，归纳了汽车产业会展活动在组织者、时间、地点、内

[1] 即使在会展业发达国家，会展概念（理论）也同样不够统一（完善）。

[2] 参见《Special Events: Twenty-First Century Global Event Management（3rd Edition）》。

容和品牌营销方面的管理要点。

本人于2014年下半年开始关注和收集汽车产业会展活动的相关资料，2016年下半年开始撰写书稿。2017年书稿完成后，恭请成都汽车产业研究院的张大庆院长、北京《中外会展》杂志社的赵伟总编辑、四川大学会展与休闲学系的黄鹂教授对本书进行了阅评。在此向他们表示感谢。由于内容广泛，部分会展活动的历史资料难以准确考证，书中出现疏漏和错误在所难免，本人承担由此产生的全部责任。

本书得到了成都市龙泉驿区统计局“龙泉驿区汽车产业发展状况研究”项目（2015LQJP06）、“龙泉驿区工业企业科技进步与自主创新研究”项目（2015LQJP05）的主要资助，以及成都大学旅游与经济管理学院硕士点学科建设项目、四川省教育厅“旅游经济管理与会展创新团队建设”项目（16TD0037）的部分资助，在此一并说明。

贾岷江

2017年11月1日于成都大学

目录

第一章　汽车产业会展活动的类型

第 1 节　交通运输工具与会展活动　– 003
第 2 节　汽车产业的展览活动　– 008
第 3 节　汽车产业的会议活动　– 014
第 4 节　汽车产业的赛事活动　– 022
第 5 节　汽车产业的节庆活动　– 027
第 6 节　汽车产业的奖励旅游活动　– 030

第二章　汽车产业会展活动的发展历程

第 1 节　全球汽车产业发展概况　– 037
第 2 节　全球汽车产业主要展览的发展历程　– 044
（一）德国汽车产业主要展览发展历程　– 044
（二）法国汽车产业主要展览发展历程　– 051
（三）瑞士汽车产业主要展览发展历程　– 053
（四）美国汽车产业主要展览发展历程　– 055

（五）日本汽车产业主要展览发展历程 – 058
（六）其他国家汽车产业主要展览发展历程 – 060
（七）国内汽车产业主要展览发展历程 – 062
（八）全球汽车产业展览发展历程小结 – 066
第 3 节　全球汽车产业重要组织及其会议 – 069
（一）国际汽车工程师学会及其会议 – 069
（二）国际汽车制造商协会及其会议 – 071
（三）国际汽车工程师协会联合会及其会议 – 072
（四）电气与电子工程师协会及其会议 – 073
（五）世界电动车协会及其会议 – 073
（六）国内主要汽车产业会议组织及其会议 – 075
（七）世界汽车产业会议发展历程小结 – 077
第 4 节　全球汽车产业主要赛事的发展历程 – 079
（一）国外汽车产业赛事发展历程 – 079
（二）国内汽车产业赛事发展历程 – 091
（三）全球汽车产业赛事发展历程小结 – 098
第 5 节　全球汽车产业主要节庆活动的发展历程 – 101
（一）国外汽车产业节庆活动发展历程 – 101
（二）国内汽车产业节庆活动发展历程 – 104
（三）全球汽车产业节庆发展历程小结 – 105
第 6 节　全球汽车产业奖励旅游的发展历程 – 106

第三章　汽车产业会展活动与相关产业的发展

第 1 节　会展活动与汽车产业的发展 – 113
（一）展览与汽车产业的发展 – 115
（二）会议与汽车产业的发展 – 118
（三）赛事与汽车产业的发展 – 120

（四）会展活动与我国汽车产业的转型升级　- 124
第 2 节　汽车产业会展活动与旅游产业发展　- 130
第 3 节　汽车产业会展活动与体育产业发展　- 135
第 4 节　汽车产业会展活动与文化产业发展　- 138

第四章　汽车产业展览的管理要点

第 1 节　汽车产业展览的组织者　- 147
第 2 节　汽车产业展览举办地点的选择　- 150
（一）展览举办区域的选择　- 150
（二）展览举办场馆的选择　- 159
第 3 节　汽车产业展览时间的确定　- 163
（一）展览间隔期的确定　- 163
（二）展览开幕日期的确定　- 164
（三）展览持续时间的确定　- 165
（四）观众开放时间的确定　- 166
第 4 节　汽车产业展览活动内容和现场管理　- 167
（一）展出范围的确定　- 167
（二）展览现场布局　- 170
（三）现场展示和观众吸引　- 171
（四）展览中其他会展活动的确定　- 173
第 5 节　汽车产业展览的营销管理　- 174
（一）主办方的招商和招展　- 174
（二）展览价格的确定　- 177
（三）展览的品牌与竞争策略　- 180

第五章　汽车产业会议的管理要点

第 1 节　汽车产业会议的组织者　– 195
第 2 节　汽车产业会议地点的选择　– 197
第 3 节　汽车产业会议时间的确定　– 199
第 4 节　汽车产业会议活动内容和现场管理　– 202
（一）会议类型　– 202
（二）会议主题的确定　– 204
（三）会议现场布局　– 207
（四）会议与其他会展活动　– 207
第 5 节　汽车产业会议营销和品牌管理　– 208
（一）会议营销　– 208
（二）会议价格的确定　– 210
（三）会议品牌管理　– 212

第六章　汽车产业赛事的管理要点

第 1 节　汽车产业赛事的组织者　– 217
第 2 节　汽车产业赛事地点的选择　– 222
（一）汽车赛事举办地点的选择　– 222
（二）世界著名汽车运动赛道　– 226
第 3 节　汽车产业赛事时间的确定　– 229
第 4 节　汽车产业赛事活动内容与现场管理　– 232
（一）赛事活动内容管理　– 232
（二）赛事活动现场管理　– 239
第 5 节　汽车产业赛事营销与品牌管理　– 240
（一）赛事营销管理　– 240
（二）赛事品牌管理　– 243

第七章　汽车产业节庆的管理要点

第 1 节　汽车产业节庆的组织者　– 247
第 2 节　汽车产业节庆地点的选择　– 249
第 3 节　汽车产业节庆时间的确定　– 251
第 4 节　汽车产业节庆活动内容和现场管理　– 253
（一）节庆活动的内容管理　– 253
（二）节庆活动的现场管理　– 257
第 5 节　汽车产业节庆营销和品牌管理　– 258
（一）节庆营销管理　– 258
（二）节庆品牌管理　– 261

第八章　汽车产业奖励旅游的管理要点

第 1 节　汽车产业奖励旅游的组织者　– 265
第 2 节　汽车产业奖励旅游地点的选择　– 267
（一）汽车自驾游线路　– 268
（二）汽车露营地　– 269
（三）汽车制造工厂　– 270
（四）汽车主题馆（园、城）– 271
（五）汽车产业会展活动举办地　– 275
第 3 节　汽车产业奖励旅游时间的确定　– 275
第 4 节　汽车产业奖励旅游的内容管理　– 277
第 5 节　汽车产业奖励旅游营销　– 280

参考文献　– 284

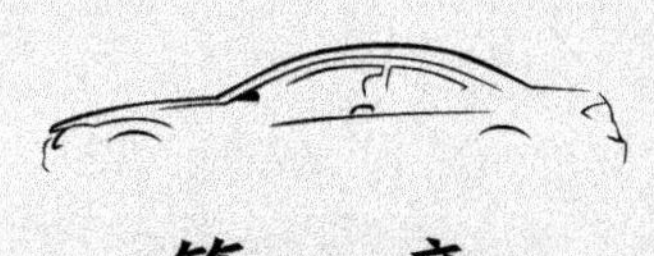

第一章

汽车产业会展活动的类型

第 1 节　交通运输工具与会展活动

交通运输工具的出现扩大了人类活动的空间范围，加快了人类经济、文化的发展。按照运输方式的不同，交通运输工具可分为公路运输工具、轨道运输工具（常称为“铁路运输工具”）、航空运输工具、水路运输工具和管道运输工具五大类。每一大类运输工具又可以按不同的标准进一步细分为多种运输工具，如公路运输工具按照是否使用动力装置驱动或牵引，可以分为“机动车”和“非机动车”两大类，机动车按照轮子的数量还可以分为“汽车”和“摩托车”。如图 1.1–1 所示。

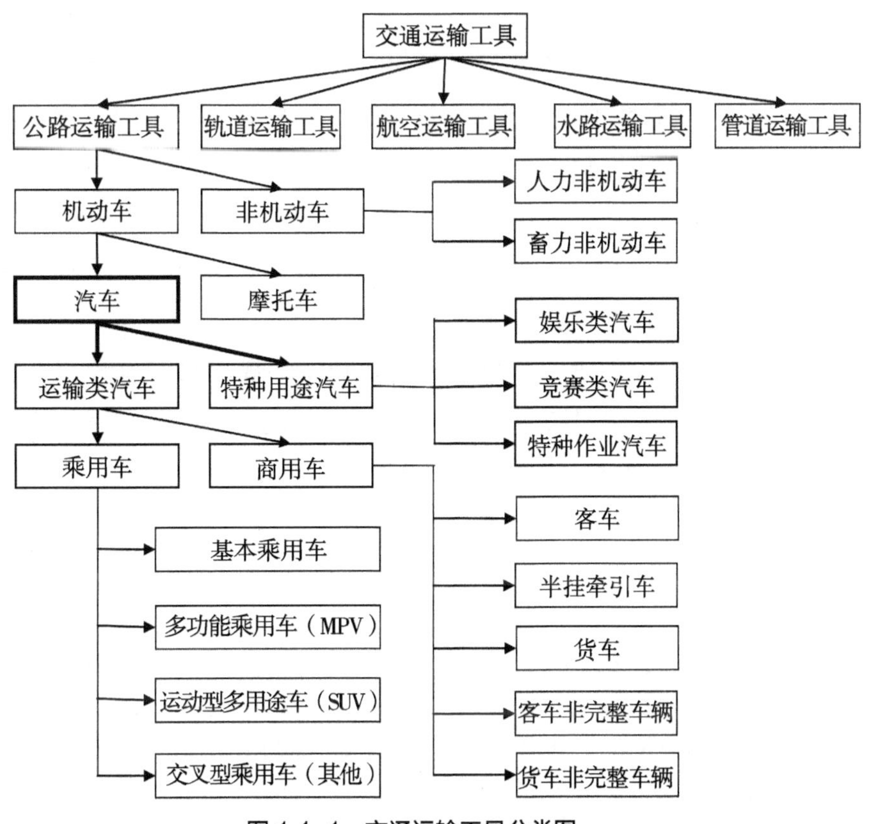

图 1.1–1　交通运输工具分类图

摩托车一般是指具有两轮或三轮，靠手把操纵前轮转向，由汽油发动机驱动的机动车。我国国家标准《汽车和挂车类型的术语和定义》（GB/T 3730.1–2001）中对“汽车”的定义为：由动力驱动，具有4个或4个以上车轮的非轨道承载的车辆。汽车按功能可分为“运输类汽车”和“特种用途汽车”。运输类汽车按用途可分为“乘用车”和“商用车”两大类。乘用车是指乘坐2~8人的小型载客车辆；商用车是指乘坐9人及以上，或载货、牵引用汽车。

其他国家对汽车的定义与我国存在差异。如德国对汽车的定义为：使用液体燃料，用内燃机驱动，具有3个或以上的轮子，用于载运人员或货物的车辆。世界上第一辆被官方认可的汽车（德国奔驰汽车）就只有三个轮子。美国对汽车的定义为：由本身携带的动力驱动（不含人力、畜力和风力），装有驾驶操纵装置，在固定轨道以外的道路或自然地域上运输客、货或牵引其他车辆的车辆。日本对汽车的定义为：不依靠架线和轨道，带有动力装置，能够在道路上行驶的车辆。可见，日本和美国对汽车的定义是包含摩托车的，准确地讲应该叫“自动车”。但在英文中，常用“automobile”表示“汽车”，该词由“auto（自我）”和“mobile（能够移动）”两部分组成，缩写为“auto”，有“自动车”之意；“Motorcycle”表示“摩托车”，由“motor（发动机）”和“cycle（轮子）”组成，通常指“两个轮子加一个发动机”的运输工具。

人类有组织的活动可分为常规活动和非常规活动。前者具有重复性、长期性特征，后者具有差异性和短期性特征。会展活动就属于人类的非常规活动。国内外多数学者认为“会展”即“MICE”[1]（McCabe，2008；Mitchell等，2015），包括“会议”“奖励旅游”“大型会议”和“展览”四

[1] MICE是Meetings、Incentives、Conventions/Conferences and Exhibitions的缩写。但也有学者认为会展是MEEC，即Meetings, Expositions, Events, and Conventions（参见乔治·费尼奇所著《会展业概论》，中国人民大学出版社2016年出版）。

部分。世界旅游业组织（UNWTO）与国际会议协会（ICCA）、国际会议专业人士联盟（MPI）等组织对“会议（Meeting）”的定义为：一定数量的人员聚集在一个地方进行一项特殊的活动，目的是激励参与者、从事商业活动、分享观点或学习，通常重复举行。按照国际专业会议组织者协会（IAPCO）的解释，“Meeting”是一个通用术语，表示一群人来到一个地方进行一项特殊的活动[1]；“Incentive”是一种聚会活动，是奖励前期做出贡献的参与者程序的构成部分；“Conference”是一种参与式会议，目的在于讨论、查明真相、解决问题或咨询；“Convention”是指组织或政治团体召开的大型会议[2]；“Exhibition”是展示产品或服务的活动。

国内一些业内人士认为会展仅仅包含“会议”和“展览”，甚至就是“展览”。少数人把节庆和奖励旅游纳入会展中，极少有人把赛事归入会展范畴。多数人更愿意把节庆归为文化活动，把赛事归为体育活动。1997年，加拿大学者Getz认为，特殊事件[3]是短时发生的、一系列活动的总和。他认为，特殊事件包含文化庆祝、政治和国家事件、艺术和娱乐、商务贸易、教育和科技、体育和竞技、私人活动七大类。2016年，Getz和Page对全球相关研究文献进行了综述，将特殊事件进一步分为“商业活动”“娱乐”“节庆和文化”和“运动”四大类。按其分类，会议、展览、赛事、节庆和奖励旅游等均属于特殊事件。

严格说来，展览是一种短期交易平台，展商和观众借助该平台进行信息交流和商品贸易；会议是多人按照一定的规则所进行的演讲、发言、讲解、讨论、商议和交流等行为；节庆是具有广泛的群众参与性，依据特定主题并经过精心策划后举行的日常生活体验以外的群体性消费、娱乐和休闲活动。奖励旅游是指企事业单位为达到激励员工、塑造形象等目的，向那些对单位发展做出卓越贡献的特定对象（职员、经销商和顾客等）所提

[1] 国内一些学者将其译为“公司会议”。

[2] 国内一些学者将其译为“协会会议”。

[3] 英文为event。国内对其翻译并不统一，有的译为活动、事件、会展、节事等。

供的免费旅游活动，准确地讲应该称为“激励旅游”。赛事是指参赛者遵守相同规则，以对抗或竞争形式进行较量，以决出胜负或名次的、有组织的活动。可见，这些活动都具有“短期性”和“社会性”的共同特征。由此，以包含会议、展览、节庆、奖励旅游、赛事等事件的较宽泛的外延为基础，广义“会展”的内涵可归纳为：在有限的时间内，大量人员聚集在一起，相互之间进行的有目的的物质和信息交流活动，是人类集体活动的一种形式，是独立于日常例行活动之外的“特殊”事件（活动）。

从本书的案例中我们可以发现：由于需要通过多种活动的功能互补来满足不同参与者的多种需要，很少有一种会展活动是孤立进行的。如展览活动中经常同时举办会议活动，会议中涉及小众展览活动，赛事活动中举办会议和小规模展览，节庆活动中可安排展览、赛事和会议活动，奖励旅游则依赖于展览、会议、赛事和节庆等活动（见图 1.1-2）。综合性会展活动名称的确定应依据举办活动的主要目的和所有活动中主要会展活动的类型来决定。实际上，业内人士非常欢迎“派对式（Party）”会展活动（徐润，2013）。实际案例可参见后面章节的叙述。

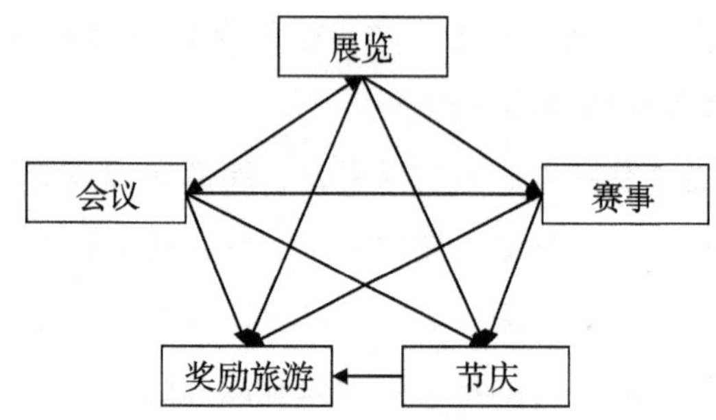

图 1.1-2　常见会展活动之间的融合

从世界范围来看，几乎每一类交通运输工具都有相应的会展活动。轨道运输工具的会展活动如“中国国际现代化铁路技术装备展览会”“德国柏林国际轨道交通技术展览会”，航空运输工具的会展活动如“中国国际航空航天技术与设备展览会”“新加坡航空展”，水路运输工具的会展活动如

“中国国际海事技术学术会议和展览会”“美国世界游轮航运展”，管道运输工具的会展活动如“中国国际管道展览会”“俄罗斯国际管道运输展览会”，等等。

非机动车的会展活动主要是人力非机动车展览和赛事，如“北京国际自行车暨零部件展览会”和“奥运会自行车赛”。尤其是非机动车中的自行车，作为一种经济、环保和健康的交通运输工具，其相关赛事活动在世界各地非常活跃，涉及公路赛、室内场地赛、越野赛和花式表演等，深受广大民众欢迎。1896年，自行车项目被列入奥运会正式比赛项目。由于畜力非机动车相对落后，且绝大多数国家禁止畜力非机动车上路，畜力非机动车的会展活动目前极少。

涉及摩托车的会展活动有“中国国际摩托车、电动车及零部件展览会”“科隆国际摩托车、滑板车及电动自行车博览会”“世界摩托车锦标赛”。与自行车运动一样，摩托车运动同样盛行。摩托车的比赛项目有摩托车越野、国际摩托车技巧赛、公路赛等。摩托车运动一直被人誉为“勇敢者的运动”，充分地体现了人与机械的完美结合，集挑战性、技巧性和娱乐性于一体。

涉及汽车的企业活动同样既包括每日进行的、具有较大重复性的常规生产活动，如研发、制造、销售和产品使用活动，也包括临时性的、内容上经常不同的特殊活动，如经销商大会、企业庆典仪式、员工文艺娱乐活动等，特别是带有生产性质的会议、展览、赛事、节庆和奖励旅游等会展活动。企业管理者和普通员工通常对常规性的生产活动较为熟悉和重视，但对特殊性的生产活动往往缺乏足够的认知和关注。最近几十年来，学术界对企业的特殊活动进行了大量研究，发现企业通过参与各类活动能够提升管理绩效。越来越多的汽车企业也开始有目的地参与各种会展活动。

通常所说的“汽车产业”“汽车工业”，即“汽车制造业”[1]。按我国产业统计标准，汽车制造业由“汽车整车制造”“改装汽车制造”“低速载货汽

[1]　在我国《国民经济行业分类与代码（GB/4754-2011）》中没有“汽车产业”“汽车工业”的称谓。

车制造”“电车制造”“汽车车身和挂车制造”“汽车零部件及配件制造”六大部分构成，即汽车产业的产品可分为零配件、用品和整车三大产品，并不包括“汽车会展活动”。基于产业链的角度，汽车产业则与售后服务、汽车会展和汽车文化联系较为紧密（见图 1.1–3）。因此，可以把这三部分纳入广义汽车产业的范畴，与此相关的会展活动均称为“汽车产业会展活动”。

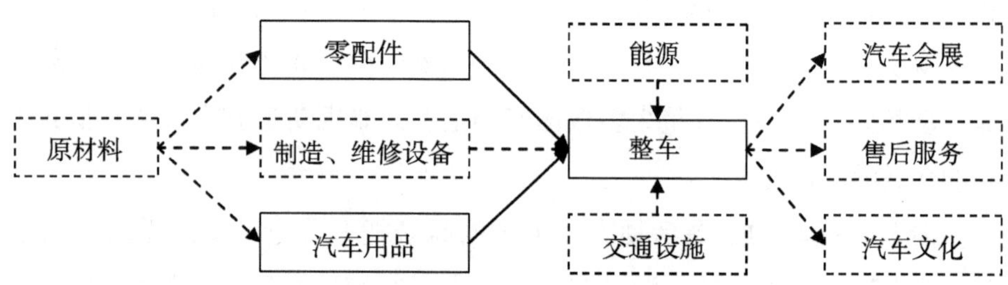

图 1.1–3　汽车产业链的构成（简图）

第 2 节　汽车产业的展览活动

从数目上来看，汽车产业的会展活动相对于其他交通运输工具产业是最多的。按产业链划分，汽车产业展览活动主要有汽车零配件展、汽车用品展、整车展、汽车售后服务展等。从展品范围来看，汽车类展览活动有横向展（综合展）和纵向展（专业展）之分。前者的展品范围包含多个产业链环节，甚至全产业链；后者的展品范围集中于产业链上的某一个环节。汽车产业展览中横向展的数量要比纵向展多。由于国内外对汽车的定义不同，一些汽车产业展览的展品范围还包括摩托车在内。

目前业内数量最多的汽车产业展览是整车展。汽车整车展览活动可以根据整车的不同划分类型而不同。根据交通运输工具分类图（见图 1.1–

1），乘用车、商用车和特殊用途汽车均有相应的展览。纯粹的乘用车整车展览多数是为了现场销售，如由“中国汽车消费网”和“车团”共同主办的“小胖购车节”，这一旨在帮助汽车销售商提高新车销售量而在短时间内在人流集中的区域所进行的新车展示会，是消费者和车商的有效互动平台。2015 年，“小胖购车节”分别在上海、广州、杭州、武汉、合肥、苏州、徐州等地举办大型车展，每地又分“季（场次）”车展，目前已在全国成功举办 100 余届。每届活动参展汽车品牌有：比亚迪、现代、大众、雪佛兰、本田、福特、起亚、别克、丰田、日产、荣威、标致、福田汽车、讴歌、纳智捷、雪铁龙、长安汽车、奔驰、奇瑞、斯柯达、奥迪、陆丰汽车、马自达、哈弗、沃尔沃、东风风神、海马汽车、宝骏、北汽幻速、吉利汽车等。

大多数所谓的“整车展”实际上属于包含整车的横向展，展品范围除整车外还包含零部件、汽车用品、售后服务和配套设施等，如美国中部卡车展（MATS）是由美国展览管理协会组织的专业卡车工业展。该展自 1972 年开始在路易斯维尔市的肯塔基会展中心（the Kentucky Exposition Center）举办，每年举办一届，是目前世界上最大的重型卡车展。根据主办方的统计数据，近年来展出面积约 10 万平方米，共有来自全美和 10 多个国家的 1000 多名展商参展，70 个国家的 7 万名专业观众到场寻找商机。展品范围包括：各类重卡、中卡、轻卡、长头货车、平头货车、自卸车、厢式货车、罐体运输车、冷藏车、全挂车、半挂车、半挂牵引车、集装箱运输车、矿用载重车、起重举升汽车、城市环卫车辆、散装水泥车、工程专用车辆、邮政车、运钞车、军警专用运输车辆、清障车、消防车、解款车及防弹车、邮政、医疗、机场、航天等专用车；柴油发动机、变速箱、轮胎及轮圈、车桥及底盘、座椅、空调、换向或助力器、卡车厢体及集装箱、尾板及装卸平台、各种液压件、ABS 及安全气囊、卡车改装技术及装备、物流运输系统、GPS 系统及调度系统等。

中国通用集团公司主办的“中国国际汽车商品交易会暨新能源汽车电动车展览会（CIAPE）”也属于整车类横向展览。2016 年该展览在上海虹桥国家会展中心举办，有来自 11 个国家和地区的 1500 家企业，以及 55 个国家和地区的 13 万名观众参展，展览面积为 12 万平方米，是国内乃至世界上最重要的新能源汽车行业大会。其展出范围包括：（1）新能源汽车（乘用车或商用车），包括混合动力汽车（微混、轻混、中混、重混和插电式混合）、纯电动汽车、燃料电池汽车、太阳能电动车及氢能源等各种新能源、清洁燃料、混合动力车辆及各种低排放、环保节能型汽车；（2）纯电动车，包括电动轿车、大巴车、公交车、太阳能电动车、电动清洁车、电动观光车、电动货车、各种旅行车、电动高尔夫球车、电动牵引车、电动警用巡逻车和社区指挥车、电动两轮车、电动三轮车、电动四轮车、低速电动车、特种电动车等；（3）动力驱动系统，包括动力电池、电池管理系统、燃料电池、混合动力系统、驱动电机、电动车控制及驱动系统、发动机、检测修复设备，以及有关的测试、监控、防护仪器和相关技术；（4）新能源汽车零部件，包括电力电容器、超级电容器、飞轮、电热泵、电动助力转向、电动空调、轮胎、线连接、电磁技术和相关材料；（5）充电设施，包括充电站（充电桩）智能网络项目规划及成果展示、逆变器、太阳能、风能互补新能源汽车充电站技术产品、充电站配电设备、充电机、电能监控系统、有源滤波装置、充电桩、变压器、配电柜、电缆、直接充电设备、充换电池及电池管理系统、停车场充电设施、智能监控、充电站供电解决方案。

最典型的汽车零部件展览是汽车轮胎展，如德国埃森轮胎展。该展览始于 1960 年的德国雷芬展（REIFEN Show），每两年举办一次。经过半个世纪的发展，现已成为当今世界上最大、最为专业的轮胎展览会。其展出范围包括：轮胎、外胎、内胎、轮胎配件、底盘系统及其调谐，多种经营 / 附加业务、废旧轮胎回收处理、工业安全保障，汽车维修设备、轮胎维护用设备和轮胎硫化企业的设备，用于轮胎生产、胎面翻新和硫化的设备、器材和工具、维修用材料，工厂、仓库、办公室及经销店铺用器具设备，销售渠道用品、信息技术、管理咨询、营销指导和保障。亚洲埃森轮胎展（Asian Essen Tire Show）由德国埃森展览公司与中联橡胶有限责任公司共同合作，于 2007 年正式引入中国并落户上海，为中国轮胎及相关产业搭起一个真正的国际交流平台。

中国国际汽车用品展览会（CIAACE）是中国汽车后市场知名展览品牌。该展览是国家商务部汽车用品行业唯一重点支持项目，同时还是全球汽车用品行业唯一获得国际展览业协会（UFI）认证的展览会，被业界誉为“中国汽车后市场晴雨表”。其展出范围包括：美容护理用品、汽车内外饰、汽车太阳膜、汽车影音娱乐、车载通信导航、汽车安全用品、汽车电子电器、节能环保用品、户外用品、汽车座垫、汽车香水、座套、把套、汽车脚垫。

专门针对汽车原材料、制造设备、配套设施和售后服务类的展览活动极少，经常包含在汽车产业展览或其他交通产业类展览中。中国国际交通用铝展览会由中国有色金属工业协会、中国汽车工业协会主办。其展出范围包括：汽车车身用铝板、铝制车厢厢体，铝制汽车零部件，相关高端铝材的生产及加工装备和高精铝材工业园区（基地）等。

常规车用燃料包括车用汽油、车用柴油、车用替代燃料（如甲醇、乙醇、乳化燃料、天然气、石油气、氢气）等。新能源汽车是指采用非常规车用燃料作为动力来源的汽车，包括纯电动汽车、混合动力汽车、燃料电池电动汽车、氢发动机汽车、其他新能源汽车（如空气动力汽车、飞轮储能汽车、超级电容汽车）。汽车能源也极少有单独的展览，一般是通过整车展览来展示。由于我国政府高度重视节能、环保汽车产业的可持续发展，新能源汽车展目前已经在国内多个城市举办。

与国外同类展览相比，国内展览的最大规模并不小。2015 年，国内以整车为主，展览面积排名前三的展览有“第十三届中国（广州）国际汽车展览会”（22 万平方米）、“第十二届中国（长春）汽车博览会”（20 万平方米）、“第十八届成都国际汽车展览会”（15 万平方米）；以汽车用品为主、面积排名前三的展览有“广州国际汽车零部件及售后市场展览会暨第七十八届全国汽配会”（10 万平方米）、“义乌中国汽车后市场博览会”（9.3 万平方米）、“第十二届中国（郑州）国际汽车用品及改装博览会”（6.5 万平方米）；以汽车制造为主、展览面积排名前三的展览有“第十六届上海国

际汽车工业展览会”（34.6 万平方米）、“上海国际汽车零配件、维修检测诊断设备及服务用品展览会”（28 万平方米）、“第十一届广州国际汽车改装服务业展览会”（22 万平方米）；以橡胶轮胎为主、面积排名前三的展览有“上海埃森轮胎展”（4.6 万平方米）、“第六届中国（广饶）国际橡胶轮胎及汽车配件展览会”（4.5 万平方米）、“中国青岛国际轮胎展览会”（3.5 万平方米）。国外较为知名的汽车类展览规模，如表 1.2–1 所示。

表 1.2–1　国外部分汽车产业展览的规模

名称	举办国	展出面积（平方米）	参展商总数	观众总数（或人次）
法兰克福（阿根廷）国际汽配展	阿根廷	40 000	580	42 000
中东阿曼国际新车及汽车配件展	阿曼	21 000		40 341
泛阿拉伯 / 非洲地区（埃及）国际汽车、摩托车及配件展	埃及	55 000	589	492 000
澳洲卡车展	澳大利亚	70 000	312	40 000
巴基斯坦汽车、摩托车配件展	巴基斯坦	6000		30 000
巴西轮胎展	巴西	16 000	122	18 000
圣彼得堡汽配展	俄罗斯	2000	150	17 000
法国（巴黎）世界电动车、新能源汽车展览会	法国	20 000	300	
中亚（哈萨克斯坦）国际汽车零部件、加油站、汽车维修及服务设备展览会	哈萨克斯坦	7000	200	6000
韩国国际汽车零配件展览会	韩国	22 000	384	30 000
美国客车大巴车展	美国	10 683	200	
孟加拉（达卡）国际汽车、摩托车及零配件展	孟加拉	3000	150	
东盟（缅甸）中国汽车摩托车零配件及用品展览会	缅甸	1300	123	6859
法兰克福（墨西哥）国际汽配展览会	墨西哥	2100	543	20 000
南非汽配展	南非	12 000		6000
日本（东京）电动车、新能源汽车博览会	日本		363	

续表

名称	举办国	展出面积（平方米）	参展商总数	观众总数（或人次）
斯里兰卡汽配展	斯里兰卡	20 000	71	50 000
泰国（曼谷）汽车配件展	泰国	15 000	400	16 000
泰国巴士卡车展	泰国	15 000		30 000
土耳其汽车零部件展	土耳其	20 000	600	
法兰克福（乌克兰基辅）国际汽配展览会	乌克兰	10 000	465	
伊朗国际汽配展会	伊朗	20 000	700	33 000
印尼国际整车及设备展	印度尼西亚	25 000	300	50 000
印度专业国际汽配展	印度	125 500	2105	1 205 152
越南（胡志明市）国际汽车摩托车及零配件展览会	越南	12 000		95 000

注：资料来源于网络。

国内许多所谓的汽车嘉年华、狂欢季、消费节、购车节就是现场降价销售汽车的展销活动。一些地方的展览尽管名称上没有称为“展览”，但实质上仍然属于展览。如由现代快报社和汽车时尚报社联合主办的“2005 四川首届汽车庙会”于当年 1 月 14 日 ~ 16 日在成都市体育中心拉开帷幕。本次庙会吸引了近 100 种高、中、低各档次的畅销车型前来参展，现场买车将免费游黑竹沟、获健身卡、免费洗车。由昆山广播电视台主办的 2016 年“第十届昆山汽车文化展”在昆山国际会展中心举办，参展范围包括整车、各种商用车、特种车、公交车、电动车、摩托车等 70 多个汽车品牌，展览面积为 24 000 平方米。由廊坊市人民政府、河北省汽车（配件）产业联盟等单位主办的“2016 环渤海（廊坊）汽车后市场服务节”在廊坊国际会议展览中心举办，参展范围为汽车零部件版块、汽车用品版块、汽保设备版块、汽车材料、通用部件以及汽车业相关的认证、质量、金融、保险、媒体、培训、人才交流等，包括各类专用车、商用车（载货车、客车）、改装车等，展览面积为 11 930 平方米。

第 3 节　汽车产业的会议活动

对企业而言，会议有产品发布会、沙龙、答谢会、经销商会议、招商会、推介会、研讨会、交流会、论坛、公司年会、培训、讲座、工作会、总结会、团队建设拓展会、董事会、股东大会、员工大会等称谓或形式。汽车产业会议内容涉及汽车产业链的方方面面。按参会者的组织来源，汽车产业会议可分为组织内部会议、组织外部会议和混合会议。按会议主办方的不同，汽车产业会议可以分为政府型、协会型、企业型、学会型、事业单位型和混合型等类型（见表 1.3–1、表 1.3–2）。一般说来，国内外由学会、研究院所、教育机构主办的汽车类学术会议相对于政府、协会、企业举办的管理会议，对汽车技术的创新和产业发展具有更为重要的推动作用。

表 1.3–1　2016 年国内汽车类会议（部分）

时间	会议名称	主办单位	地点
1.15	CCF YOCSEF 报告会：自动驾驶与汽车辅助驾驶中的计算机视觉技术	中国计算机学会	北京
3.10 ~ 11	第二届中国国际工程塑料汽车工业应用论坛暨汽车零部件产业链高峰论坛	中国塑料加工工业协会工程塑料专业委员会	上海
3.14 ~ 15	第四届汽车轻量化金属材料应用发展论坛（铝合金 VS 高强钢）	易贸商务	佛山
3.17 ~ 18	第十二届“2016 橡塑及创新材料在汽车中的应用研讨会”	荣格会展	上海
3.26 ~ 27	ASIE2016 华中新能源汽车推广应用经验交流与发展研讨会	ASIE 新能源汽车产业展览会组委会	武汉
3.30 ~ 31	全球能源互联网大会（2016）F 分论坛：电能替代及电动汽车	国家电网公司、国际能源署、美国爱迪生电气协会	北京

续表

时间	会议名称	主办单位	地点
4.7	第三届全国汽车整车涂装工艺技术交流及中国涂装产业专家库—汽车组专家高峰论坛	国联资源网	扬州
4.14	2016 国际先进汽车制造检测技术论坛	中国汽车工程学会、东风汽车公司制造技术委员会	武汉
4.14 ~ 15	第三届中国交通装备（汽车）轻量化技术－铝合金材料应用合作峰会	北京佰汇方略信息咨询有限公司、广西南南铝加工有限公司	南宁
4.20 ~ 22	第六届中国国际新能源汽车论坛	希迈商务咨询（上海）有限公司	上海
4.26	第八届中国汽车产业峰会	盖世汽车网	北京
4.26 ~ 27	中国汽车工程学会汽车应用与服务分会第六届委员会暨校长联席会 2016 年年会	中国汽车工程学会汽车应用与服务分会	北京
4.28 ~ 29	第八届国际汽车变速器及驱动技术研讨会	中国汽车工程学会	北京
5.8 ~ 10	2016 中国汽车塑料回收和利用高峰论坛	中国物资再生协会再生塑料分会	广州
5.15 ~ 18	第八十三届 IEEE 车辆技术会议	电气和电子工程师学会（IEEE）	南京
5.19 ~ 20	2016 年汽车 NVH 控制技术国际研讨会	中国汽车工程学会、中国汽车技术研究中心	天津
5.26 ~ 27	第四届中国电动汽车基础设施建设产业发展峰会	上海创世拓元投资咨询有限公司	上海
5.26 ~ 27	第四届中国汽车防腐蚀与老化技术论坛	中国汽车工程学会	重庆
6.6 ~ 7	第七届全球汽车论坛	中国国际贸易促进委员会汽车行业分会、中国重庆国际汽车工业展组委会	重庆

续表

时间	会议名称	主办单位	地点
6.17 ~ 18	第四届中国国际汽车照明论坛	中国汽车工业协会汽车灯具委员会、复旦大学电光源研究所等	上海
6.23 ~ 24	2016 中国汽车先进技术与制造高峰论坛	中国汽车工程学会、中国机床总公司	北京
7.4 ~ 8	北京理工大学机械与车辆学院 2016 年全国优秀大学生暑期学术夏令营	北京理工大学机械与车辆学院	北京
7.9 ~ 11	湖南大学汽车车身先进设计制造国家重点实验室 2016 年优秀大学生夏令营	湖南大学汽车车身先进设计制造国家重点实验室	长沙
7.9 ~ 11	重庆大学汽车工程学院 2016 年优秀大学生暑期夏令营	重庆大学汽车工程学院	重庆
7.10 ~ 12	2016 年 IEEE 车辆电子与安全国际会议	电气和电子工程师学会（IEEE）	北京
7.10 ~ 13	2016 年同济大学汽车学院优秀大学生暑期学校	同济大学汽车学院	上海
7.16	2016 中国交通运输装备新材料应用与轻量化新技术论坛	中国交通运输协会新技术促进分会	北京
7.22	2016 中国汽车新材料应用趋势发展论坛	深圳市寻材问料网络科技有限公司	南京
7.26	第三十五届中国控制会议工作坊：汽车动力总成模型系统：控制设计与实现	中国自动化学会控制理论专业委员会	成都
8.3 ~ 8	2016 全国职业院校汽车技能竞赛研讨会	中国汽车工程学会汽车应用与服务分会	杭州
8.16 ~ 18	2016 年吉林大学汽车工程学院全国优秀大学生夏令营	吉林大学汽车工程学院	长春
8.18	2016 汽车智能和测试测量技术大会	广东省仪器仪表学会、深圳市仪器仪表学会	广州
8.25 ~ 27	第三届 APEC 车联网研讨会	中国国际贸易促进委员会上海市分会、中科院国际合作局、科技部国际合作司	上海

续表

时间	会议名称	主办单位	地点
8.28 ~ 30	第十九届汽车安全技术国际学术会议	中国汽车工程学会、中国汽车工程学会汽车安全技术分会、上海国际汽车城	上海
9.8	2016 新能源汽车技术论坛	华星管理咨询（深圳）有限公司	上海
9.13	2016 中国汽车保险业创新国际峰会	泽为资讯、复旦大学	上海
9.21 ~ 22	SAE 2016 新能源汽车国际论坛	国际汽车工程学会	苏州
9.22 ~ 23	2016 汽车零部件智能生产 – 精益物流协同配合发展论坛	上海徽文供应链管理有限公司	上海
9.22 ~ 23	2016IET 智能车联网国际会议	中国汽车工程研究院、重庆大学	重庆
9.22 ~ 24	2016 车辆动力传动与控制国际论坛	中国汽车工程学会越野车技术分会	北京
9.22 ~ 24	2016 中国汽车工程学会越野车技术分会年会	中国汽车工程学会越野车技术分会	北京
9.22	SAE– 同济 2016 智能汽车驾驶技术研讨会	国际汽车工程学会、同济大学	苏州
9.22 ~ 24	第十届中国汽车轻量化技术研讨会	汽车轻量化技术创新战略联盟、中国汽车工程学会	丹阳市
9.23 ~ 24	FAC2016 未来汽车大会	上海闻鼎信息科技有限公司、《先进制造业》全媒体	上海
9.27 ~ 28	第二届汽车可靠性技术研讨会	中国汽车工程学会	上海
10.1	2016 年“新能源汽车现状与发展”学术论坛	全国博士后管委会办公室、留学人员和专家服务中心、中国博士后科学基金会 、北京市人力资源社会保障局	北京

续表

时间	会议名称	主办单位	地点
10.1	第四届特种车辆全电化技术发展论坛	中国工程院机械与运载学部等	宁波
10.17～20	第十三届 IEEE 国际车辆动力与驱动会议	浙江大学电气工程学院	杭州
10.20～21	第二届中国商用车国际大会	决策者会议集团（CDMC）	上海
10.21～23	2016 电动汽车分时租赁商业模式国际研讨会	重庆大学可持续发展研究院	重庆
10.26～28	2016 中国汽车工程学会年会	中国汽车工程学会	上海
11.16～18	“第一届国际汽车用钢大会”和“第三届高锰钢国际会议”	中国金属学会、钢铁研究总院	成都
11.24～26	第十三届国际汽车交通安全学术会议	湖南大学汽车身先进设计制造国家重点实验室	杭州
11.29～30	2016 新能源汽车充换电技术发展高峰论坛	隽蔚展览（上海）有限公司、上海电科所	上海
11.30～12.1	2016 年 SAE 汽车电动化和联网车辆技术论坛	国际汽车工程学会	上海
12.3～4	第四届“汽车与环境”中国汽车及零部件产业创新论坛	上海盖世汽车	上海

注：资料来源于网络。

表 1.3-2　近 3 年国际汽车类学术会议（部分）

名称	时间	地点	主办方	议题
2017 SAE 全球会议	2017.4.4～6	美国底特律	国际汽车工程师学会	电子与电气系统，环境、排放、可持续性，材料、整体设计与制造，推进、动力总成，车身、底盘、安全、结构
第三届车辆技术和智能交通系统国际会议	2017.4.23～24	葡萄牙波多	信息、控制、通信系统与技术研究所（ISTCC）	智能车辆技术，智能交通系统和基础设施，车联网，可持续的交通运输

续表

名称	时间	地点	主办方	议题
2017年国际汽车技术研讨会	2017.1.18 ~ 21	印度普纳	国际汽车工程师学会、印度汽车研究协会等	智能、安全和可持续交通
第八十四届IEEE车辆技术会议	2016.9.18 ~ 21	加拿大蒙特利尔	电气和电子工程师学会（IEEE）车辆技术学会	无线、移动和车辆技术
第二届国际车辆联网和智能交通系统研讨会	2016.9.4	西班牙巴伦西亚	瓦伦西亚理工大学	无线车辆网络，拥塞和密集车辆网络的准入控制等
SS2-汽车驾驶中的认知信息	2016.8.8 ~ 10	美国帕洛阿尔托	斯坦福大学	驾驶员注意力、心理负荷分析计算模型，注意力转移的数据挖掘，认知状态和注意力转移的定量检测方法等
2016年智能汽车工程国际会议	2016.8.20 ~ 22	新加坡	南亚科学与工程研究所（SAISE）	高级驾驶员辅助系统、自动化的工具等
第十八届先进车辆技术国际会议	2016.8.21 ~ 24	美国夏洛特	美国机械工程师学会（ASME）	地面车辆动力学与控制、轮胎设计和机械学等
第二届车辆工程与设计国际会议	2016.7.6 ~ 8	瑞士卢塞恩	国际计算机技术学会（IACT）	安全生产、再循环、轻量化设计、发动机、替代和可再生燃料、电力驱动交通、CO2减排
第四届国际智能车辆研讨会	2016.7.5	奥地利维也纳	电气和电子工程师学会（IEEE）通信学会	智能车辆的通信、网络和软件

续表

名称	时间	地点	主办方	议题
第二届国际智能车辆的安全和安保研讨会	2016.6.28	法国图卢兹	电气和电子工程师学会（IEEE）计算机协会	结构、设计、实施、安全管理和可靠的智能汽车
第七届汽车计算机视觉技术国际研讨会	2016.6.26	美国拉斯维加斯	电气和电子工程师学会（IEEE）计算机学会	自动导航和搜索，基于视觉的先进驾驶辅助系统，基于视觉的水下无人机，视觉监控司机和人机交互界面等
第三届国际智能车辆：连接技术及其应用研讨会	2016.6.21	葡萄牙科英布拉	密苏里科学技术大学	V2V、V2I 和 V2X 通信（例如车辆与行人、车辆与后端、车辆与信号等）
电动汽车系统，数据和应用研讨会	2016.6.21	加拿大滑铁卢	美国计算机学会	电动车辆系统、相关数据分析、应用程序和服务的所有新发展
IEEE 智能车辆研讨会	2016.6.19 ~ 22	瑞典哥德堡	电气和电子工程师学会（IEEE）智能交通系统学会	智能车辆和车辆基础设施合作
第十一届生态车辆和可再生能源会议	2016.4.6 ~ 8	摩纳哥蒙特卡罗	摩纳哥可持续发展协会	生态汽车（EV）、牵引驱动和发电机、生态推进系统等
第二届汽车软件架构国际研讨会	2016.4.5	意大利威尼斯	电气和电子工程师学会（IEEE）计算机分会	汽车系统 / 软件结构、汽车软件的质量、汽车软件安全等
第二届汽车技术和智能交通系统国际会议	2016.4.23 ~ 24	意大利罗马	技术、控制和通信系统与信息学会（ISTICC）	智能车辆技术、智能交通系统和基础设施、车联网、可持续的交通运输

续表

名称	时间	地点	主办方	议题
第十七届机械、汽车和航空航天工程国际会议	2015.11.24 ~ 25	阿拉伯联合酋长国迪拜	世界科学、工程与技术学会（WASET）	在机械、汽车和航空航天工程领域内最新的创新技术、趋势和关注，实际遇到的挑战和解决方案

注：资料来源于网络。

目前，国内较为重要的汽车产业会议有全球汽车论坛、全球汽车产业峰会和中国汽车工程学会年会等。国外汽车产业会议主要有“国际汽车工程师学会”和“电气和电子工程师学会”（IEEE）等权威机构主办的会议。

全球汽车论坛是由中国国际贸易促进委员会汽车行业委员会发起主办的。该委员会与中国汽车业的所有主要厂商和在中国开展经营活动的外国制造商有着广泛和密切的关系，是负责中国汽车行业重大会议、展览活动的重要官方机构。全球汽车论坛为全球汽车业主要厂商（包括主机厂和主要的汽车零部件制造商）、政策制定者、监管者、与未来汽车业有着重要关联的各个领域的代表、主要技术人员和专家们提供了一个共同探讨汽车业所面临的挑战和机遇的平台。全球汽车论坛是标志性的年度论坛，内容有：（1）讨论世界范围内汽车业所面对的结构性变化和挑战；（2）向与会者提供影响汽车产业的技术、经济、社会和贸易发展的最新动态；（3）厂商、政策制定者、监管者、专家和媒体领袖之间在全球基础上进行建设性的、结果导向型的意见交流；（4）对世界不同地区汽车市场的变化进行评价分析；（5）为与会者就影响汽车业的事件和与汽车业未来相关的技术进步提供新的视点；（6）讨论政策的发展对汽车业的影响，尤其关注气候变化和国际或双边贸易问题；（7）鼓励业界主要厂商间集中的、与项目相关的联络活动。

全球汽车产业峰会是由盖世汽车网主办的专业高端会议。第九届会议于 2017 年 4 月 20 日在上海举办。2016 年的第八届北京峰会以“前瞻、变革、趋势”为主题，设“智能互联汽车观与关键技术”“新能源汽车发展与核心技术”和“汽车轻量化发展与技术革新”三个分论坛，吸引了国内主流车企及零部件企业高管和研发人员、高校学者、媒体等500余人前来参与。2017年的上海峰会联合上海市国际展览有限公司主办，以“技术驱动·汽车未来”为主题，主论坛为“2017汽车产业观察”，下设“新能源汽车产业发展和关键技术”“智能网联汽车技术进展与产业化思考”“汽车材料技术进展与创新应用”三个平行分论坛，峰会规模高达1200人次，参会企业多达650余家，超过25家媒体对峰会进行全程报道。

第4节　汽车产业的赛事活动

从内容上看，汽车产业的赛事活动有整车运动赛事、生产技能竞赛、汽车设计比赛和文化艺术类四大类（见图1.4–1）。其中，整车运动赛事属于竞技体育活动。竞技运动即“比赛性的体育活动”，也称“竞技体育”，英文对应词为“Sport”。汽车运动赛事是在封闭场地内、道路上或野外进行的速度、驾驶技术和车辆性能等方面竞赛的一项竞技运动，通常也称为“赛车运动”。生产技能竞赛和汽车设计比赛属于现代汽车赛事。目前这两类赛事形式非常多，比赛规则与整车运动赛事不同，深受参与者的欢迎。

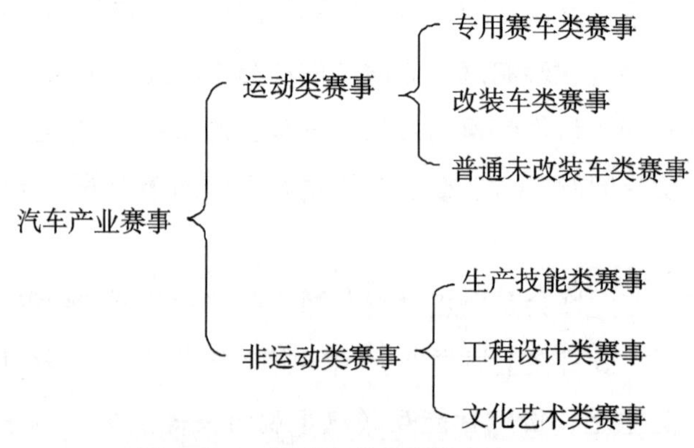

图1.4–1　汽车产业赛事的分类

整车赛事多数属于汽车运动。按《全国汽车运动管理规定》，汽车运动（或活动）系指以风冷或水冷型内燃机、电动机为动力，四个或四个以上轮子在地面行驶，至少以两个轮作为转向的方向盘式机动车辆作为器材，所进行的国际和国内竞赛、训练、培训，以及带有竞技性质的汽车旅游、探险、娱乐和表演活动。可见，汽车运动未必属于会展活动，但汽车赛事一定是会展活动。

汽车赛事按选手来源可分为国内赛、国际赛和地区赛三种。按比赛场地分，汽车赛事又分为场地赛和非场地赛两大类。场地赛是指赛车在规定的封闭场地中进行比赛，包括漂移赛、方程式赛、GT 耐力赛、短道拉力赛、场地越野赛、直线竞速赛等。非场地赛的比赛场地不是封闭的，主要有拉力赛、越野赛、登山赛、沙滩赛、泥地赛等。一般来说，进行速度、性能或技巧比赛要求使用专业的场地赛道，低速巡游展示使用非专业的场地赛道。

竞速赛可分为环形公路竞速赛和直线竞速赛。环形公路竞速赛使用专门制造的赛车，汽缸工作容积不超过 3000 毫升，在规定的环形公路上同时发车，比赛速度。这项比赛有欧洲锦标赛和世界锦标赛，而锦标赛是由在几个不同国家举行的大奖赛组成的。直线竞速赛（Drag Racing）按不同车型及发动机排量分为 12 ~ 14 个级别，在两条长为 1500 米、宽为 15 米的并列直线柏油跑道上进行。比赛时每 2 辆车为 1 组，实行淘汰制，分多轮进行，直至决出冠军。与竞速赛不同，创纪录赛（Land-Speed Record）是在某个场地或路段创造最高速度纪录的汽车活动，该比赛按汽车发动机排量分为 A ~ J 共 10 个级别。

拉力赛（Rally）[1] 又称“多日赛”，是在一个国家内或者跨越国境举行的长途汽车越野比赛；使用普通轿车；路线包括公路及野外道路，比赛时路线上不能禁止其他车辆通行；限定每天行驶的路程及到达的时间；路线

[1] 该词有“集合”之意，“拉力”是音译。

上设检查站，检查是否在规定时间内通过。世界上著名的拉力赛有世界拉力锦标赛（WRC）、达喀尔拉力赛（10 000 千米）、巴黎 - 莫斯科 - 北京拉力赛（16 000 千米）等。越野赛与拉力赛不同，其场地多为丘陵、山地、沙漠等自然环境。

与拉力赛不同，耐久赛（Grand Touring Car）又称为"GT 赛"，一般进行 8 ~ 12 小时，以完成圈数的多少评定成绩。比赛车辆分旅行车和运动型车两类，并根据发动机的工作容积分为若干级别。比赛中每车可由 2 ~ 3 名驾驶员轮流驾驶。每年国际汽车耐力系列赛分为 11 站，在世界各地举行。世界上比较著名的耐久赛有法国勒芒（Le Mans）24 小时耐久赛、日本铃鹿（Suzuka）8 小时耐久赛等。

方程式（Formula）赛车运动是场地比赛的一种。赛车必须依照国际汽车联合会制定的车辆技术规则制造，包括车体结构、长度和宽度、最低重量、发动机工作容积、汽缸数量、油箱容量、电子设备、轮胎的距离和大小等方面的要求[1]。方程式赛车运动按发动机排量和功率可分为 F1、F2、F3 三个级别。其中，一级方程式汽车的排量为 3.5 升，功率为 478 千瓦，最高时速超过 315 千米。较为引人注目的方程式赛中又包含了一级方程式世界锦标赛（F1 或 Formula 1）、三级方程式（F3）、F3000（Formula 3000）、亚洲方程式（Formula ASIA）、卡丁车方程式（Karting）、福特方程式等。世界一级方程式锦标赛是方程式赛车中最高级别的比赛，与奥运会、世界杯足球赛并称为世界三大体育赛事，拥有全球上百亿观众。现代世界一级方程式锦标赛于 1950 年在英国银石赛车场开始，现在每年举行 16 场比赛（增加了上海等赛站），由国际汽车联合会安排比赛。现有的 19 支参赛车队均为"一级方程式车队协会（FOCA）"成员。每场比赛的全程距离为 305 千米，所用时间不超过 2 小时。在每一赛季结束后，将车手在全年比赛中最好的成绩相加得出总积分，得分最高者为当年世界冠军。

赛车运动根据参赛车的时代不同可分为老爷车赛和现代车赛。老爷车

[1] Formula 本身就有"规则"的意思。

赛与现代车赛不同，比赛运动规则较多，不涉及太多的赞助商和政治活动，更多基于业余爱好者的性质，缺乏竞争性和专业性（见表 1.4–1）。现代车赛又可分为乘用车赛、商用车赛和特殊用途汽车赛。乘用车赛、商用车赛常见的有量产车赛和卡车赛。特殊用途汽车赛包括专门用于比赛的卡丁车和专业赛车。卡丁车又分为娱乐型和竞赛型两种。卡丁车赛（Karting）是采用一种钢管结构、操纵简单、无车体外壳，安装 125、175 或 250 摩托车发动机驱动的 4 轮微型赛车，在曲折的环形路上所进行的速度比赛，被视为“F1 的摇篮”。驾驶卡丁车不仅可以给驾驶者带来身体和视觉上的高度刺激，也是普及汽车驾驶技术和汽车基础理论知识及机械常识的好课堂。专业赛车（运动汽车）在车辆的动力性能方面（加速、转向、抓地力、操控性能等）明显优于一般轿车，在外观上具有流线型的车身、风阻系数小。

表 1.4–1　2016 年全球主要老爷车赛事

名称	举办时间	地点	国家
Cavallino Classic Competition	1.20 ~ 21	朱庇特	美国
Winter Marathon Rally	1.21 ~ 24	坎皮格里奥	意大利
Legend Boucles de Bastogne	2.20 ~ 21	巴斯托涅	比利时
Winter Challenge to Monte Carlo	2.21 ~ 25	蒙特卡洛	摩纳哥
Amelia Island Vintage Grand Prix	3.18 ~ 20	佛罗里达	美国
Goodwood Members Meeting	3.19 ~ 20	古德伍德	英国
HMSA LSR Invitational	3.28	加利福尼亚	美国
Jarama Classic	4.1 ~ 3	马德里	西班牙
California Festival of Speed	4.8 ~ 10	加利福尼亚	美国
Flying Scotsman Rally	4.15 ~ 17	贝尔瓦堡等地	英国
Tour Auto Rally	4.18 ~ 24	里维埃拉	法国
SOVREN Spring Sprints	4.19 ~ 5.1	华盛顿	美国
HSR Mitty Speedfest	4.22 ~ 24	乔治亚州	美国
California Mille	4.24 ~ 28	加利福尼亚	美国
Donington Historic Festival	4.30 ~ 5.2	多灵顿公园	英国
Spa Classic	5.13 ~ 15	阿登斯山谷	比利时

续表

名称	举办时间	地点	国家
Mille Miglia rally	5.19 ~ 22	布雷西亚	意大利
aguar Classic Challenge	5.21 ~ 22	北安普敦郡	英国
New Three–Hour Races at Masters Historic	5.28 ~ 29	布兰兹 – 哈奇	英国
Sonoma Historic Motorsports Festival	6.2 ~ 5	索拿马	美国
Modena Cento Ore	6.7 ~ 12	罗马涅 – 托斯卡纳	意大利
Grand Ascent Hill Climb	6.10 ~ 11	何塞	美国
Hope Classic Rally	6.10 ~ 11	布鲁克兰 – 布鲁	英国
Peking to Paris Motor Challenge	6.12 ~ 7.17	北京 – 巴黎	中国、法国等国
Brickyard Vintage Racing Invitational	6.15 ~ 19	印第安纳波利斯	美国
Lancia Stratos World Meeting	6.24 ~ 26	比耶拉	意大利
Goodwood Festival of Speed	6.24 ~ 26	马奇勋爵的私人庄园	英国
Ennstal Classic Rally	6.27 ~ 30	恩斯托尔	奥地利
New Three–Hour Races at Masters Historic	7.2 ~ 3	多灵顿公园	英国
Sommet Des Legendes	7.7 ~ 10	蒙特朗布朗	加拿大
Le Mans Classic	7.8 ~ 10	勒芒	法国
Pittsburgh Vintage Grand Prix	7.8 ~ 17	匹兹堡	美国
Hawk at Road America	7.14 ~ 17	埃尔克哈特湖	美国
Can–Am series	8.18 ~ 21	加利福尼亚	美国
Lime Rock Historics	9.1 ~ 5	康涅狄格	美国
U.S. Vintage Grand Prix	9.8 ~ 11	沃特金斯 – 格伦	美国
Les Grandes Heures Automobiles	9.24 ~ 25	巴黎	法国
Charity Challenge	9.30 ~ 10.2	索诺玛	美国
New Three–Hour Races at Masters Historic	10.15 ~ 16	哈拉马	西班牙

注：资料来源于网络。

第5节　汽车产业的节庆活动

节庆是节日庆典活动的简称，是通过一定仪式定期举行的庆祝纪念活动。国内外传统节庆活动主要涉及家庭、鬼怪、历史人物、宗教人物和爱人，目的是建立个人的文化识别和归属感（邓杉、赵蓉，2010）。企业传统的奠基典礼、表彰和庆功典礼、落成和开工典礼、命名和更名典礼、周年庆典等也属于节庆活动（范智军，2012）。企业通过节庆活动不但宣传了产品的市场成功、激励了内部员工，而且增强了消费者的信心，从而扩大了企业及其产品的社会知名度、提高了组织整体经营绩效。

汽车的发明和使用大大扩大了人类的活动范围，拓展了人类的活动领域。汽车使人们有了在短时间内参与远距离文化娱乐消费活动的可能，可以驾驶汽车去参加以前不可能参与的节庆活动。汽车餐馆、汽车电影院、汽车剧院和汽车教堂等的出现就是一个很好的说明。与其他节庆活动不同，汽车产业节庆活动的主要参与者是汽车消费者、汽车厂商和爱好汽车文化的其他社会成员。目前国内外汽车产业节庆活动种类有：汽车文化节、车迷大会和房车露营大会。汽车产业节庆活动的意义在于：（1）是消费者之间在车辆使用方面的交流、建立社会友谊的平台；（2）是厂商广告宣传和客户关系建立的平台；（3）满足社会公众休闲娱乐、增长知识的需要。

传统节日的五要素为：信仰、人伦、传说、饮食和娱乐（萧放，2011）。现代汽车产业节庆活动则更多地在于企业文化宣传、产品展示、人员信息沟通、驾驶竞赛，当然也离不开饮食和娱乐。现代娱乐可被看作是一种通过表现喜怒哀乐或自己和他人的技巧而使与受者喜悦、放松，并带有一定启发性的活动，是一个设计来给予观众乐趣的项目、表演或活动，是人追求快乐、缓解生存压力的一种天性。它包含了各种比赛和游戏、音乐舞蹈表演和欣赏，等等。竞技运动是游戏的一种特殊形态，是需要技能、谋略和运气，依靠体能进行的竞争性的玩耍。赛车运动本身就是一种竞技运动，极具观赏性，也可以成为社会娱乐活动和节日庆典的有机组成部分。

国内外各种汽车产业节庆活动不但举行各种与汽车有关的展览、会议或赛事活动，而且总是或多或少与其他文化娱乐活动联系在一起。典型的汽车产业节庆活动是将汽车与文艺表演结合，如“成都汽车音乐节”。由成都市文化广电新闻出版局指导、成都市广播电视台主办、成都电台和成都天成声音传媒有限公司联合承办的“2016 中国·成都汽车音乐节”于 6 月 9 日 ~ 10 日在成都秀丽东方生态文化景区成功举办。本届音乐节为爱汽车、爱音乐的人们带来了一场饕餮盛宴，连续两天的时间内，众多中韩演艺界人士轮番亮相，近 10 万观众现场参与了这个“明星 + 车元素”模式的本土自主文化品牌活动。20 多个品牌的汽车经销商带着各自的主打车型在专门搭建的品牌展区亮相，举行了一系列现场改装车展、摩托车巡游、变废为宝的废旧汽车乐园等接地气的汽车文化主题活动。从 2010 年首届汽车音乐嘉年华到 2016 中国（成都）汽车音乐节，经过 7 个年头的精心打造，汽车音乐节已然成为成都城市文化活动的标志性名片。主办方与成都各大艺术高校合作，为音乐节推出旗下子品牌《最强高校天团》，优胜者不仅可以在音乐节上一展风采，还有机会成为主办方成都天成声音传媒有限公司的签约艺人，寻求更大的发展和突破。

某类车型因为拥有庞大的消费人群，也可能举办车迷节庆活动，如丰田 86 节、GTI 车迷大会。房车[1]是远方观众参与节庆活动最有利的工具。随着人们生活水平的提高，各类房车节庆活动也开始在我国举办。第八十届世界汽车房车露营大会暨首届中国汽车房车露营大会 2014 年 5 月 30 日 ~ 6 月 8 日在北京市延庆区旧县镇龙湾国际汽车露营地举行。大会期间举办了

[1] 本质上应称为“旅居车”，国内喜欢称之为“房车”。中文“房车赛”中的房车一般指四门三厢车（sedan），即大多数人所说的“轿车”（国内也有人将两厢车称为“轿车”），台湾人称之为“房车”。本书遵从习惯，房车既可能指旅居车，也可能指轿车。

国家主题日、房车巡展、红酒文化节、龙湾音乐生活节、交流论坛等多项活动，涵盖仪、论、游、娱、食、宿几个方面。业内专家认为，风靡国外数十年的汽车露营生活方式首次走进中国，标志着房车露营事业在中国即将进入快速发展的新时期。大会的举办对我国汽车房车露营业和相关配套产业的发展，促进旅游服务经济多元化成长，宣传中国文化和旅游资源，增进中外旅游文化交流产生了积极作用。

汽车不但改变了人们的物质和精神世界，其本身也是一种文化。围绕汽车文化也可以举办节庆活动。我国汽车文化节在各地比较盛行，仅2016年就有多场汽车文化节活动。如湖北十堰市首届汽车文化节于2016年4月2日～3日在位于重庆路的三环老厂区进行。活动设有1.3万平方米左右的表演场地，内容包括漂移赛、卡丁车赛、湖北车王争霸赛十堰地区选拔赛和车展。2016年第二届深圳汽车文化节暨复古嘉年华在深圳中心公园3万平方米的超级大草坪上举行。观众不但能够零距离观看平时难得一见的经典老爷车、复古机车、复古单车，参与“复古汽车城市跑”“老式汽车经典城市巡游”和“老式汽车优雅大赛”等丰富活动，还可逛复古市集和美食街。第九届上海汽车文化节于2016年4月15日～5月22日在上海国际赛车场举行。本次活动以“体验车文化，创新车生活”为主题，围绕F1中国大奖赛，结合“观赛事・游嘉定”系列活动，共举办了五大板块10余项精彩活动。

节庆活动对参与者个人的作用在于增进身心健康、密切人际关系、拓展生活空间和培养创造能力。节庆活动的本质是“娱乐”和“纪念”，商业性功能是次要的，并且是建立在娱乐和纪念功能之上的。需要注意的是，国内一些“汽车节”以展销为主，不能称为真正的节庆活动。如前述的“小胖购车节”就不是一个节日，应属于一个展销会。从“2016环渤海汽车后市场服务节”的活动内容来看，该“节”涉及产销衔接活动、会议研讨活动、品牌推广活动、投资洽谈活动、人才交流活动、产品展示活动，缺乏足够的娱乐元素，应属于展览活动，也不属于节庆活动。

第6节　汽车产业的奖励旅游活动

奖励旅游是通过管理层确定获奖绩效水平，获奖者获得旅游奖励，以认可他们取得的成绩来提高生产效率或实现业务目标的一种激励工具（Severt 和 Breiter，2010）。不同于其他类型的会展旅游，也不同于汽车商品、货币和荣誉证书奖励，奖励旅游本质上是"福利管理"的一种新形式，核心是"激励"，关键是"非比寻常"的体验和记忆，参与主体是对企业的发展做出或即将做出贡献的优秀人员，而旅游活动是载体，具有多重附加功能，如强化企业文化、提高生产效率、留住优秀员工、为企业市场开拓做准备等。因此，也有学者将会展旅游称为"会奖旅游"（张红和郝庆智，2009），以区别于其他形式的会展旅游。奖励旅游的英文单词有 Incentive tourism、Incentive travel、motivational travel/trip。按英文字面意思，奖励旅游应译为"激励旅游"（彭顺生，2009）。

奖励旅游与传统旅游最大的区别是激励性、对象的差异性和活动内容的差异性。它不是以简单的旅游来作为奖励。按照马斯洛的需要层次理论，人类具有生理需要、安全需要、社交需要、尊重需要和自我价值实现的需要。奖励旅游能够全方位实现这些层次的需要，尤其是高层次的需要。激励来自尊重、待遇、兴趣、放松、康养、培训和工作思路拓展，以延续合作伙伴或员工的工作激情，增强与合作伙伴的默契或增进同事间的交流，达到宣传企业的目的。

企业激励员工的手段一般可分为目标、感情和物质三大类，具体有奖金、奖品、加薪、升职、表扬 / 祝贺、旅游、休假、培训 / 学习、免费使用企业设施 / 设备、奖励家人、赠送股份等多种形式。根据 Intellective Group

和 Incentive Federation Incorporated 两个组织 2016 年发布的调查报告[1]，2015 年 84%的美国企业使用非现金奖励，具体以奖励积分、礼品卡、奖励旅游和商品来认可和奖励关键人员，包括销售人员、分销商、雇员、消费者、现有和潜在客户、合作伙伴（见表 1.6–1）。并且，非现金奖励计划的发生概率和价值总额随着公司规模的增加而增加。另一项研究[2]同样表明：美国管理人员认为旅游奖励和商品奖励比现金奖励更划算和有效。

表 1.6–1　美国非现金奖励在企业中的应用比例（%）

	2015 年				2013 年	
	奖励积分	礼品卡	旅游	商品	奖励旅游	商品
销售奖励计划	44	72	34	44	53	60
渠道奖励计划	43	63	30	51	33	75
员工奖励计划	36	71	30	38	43	60
消费者奖励计划	55	51	25	32	27	74

将旅游作为一种奖励，能够在脱离日常工作环境的过程得到放松，在新的环境里学习和强化对职业、企业和行业的认识。国际奖励旅游精英协会（SITE）调查表明：接受奖励旅游的人员大多数认为“感觉被赏识，提升了对企业的忠诚度、归属感和信任”；有资格和没有资格参与奖励旅游的人员均感到受到了激励，没有资格参与旅游的人不会认为企业目标不公平或高不可及。也有学者的研究同样发现，尽管员工更偏好于礼品卡和现金，但奖励旅游对获奖者和未获奖者均有激励作用，仍然是企业选用的激励工具之一（Jeffrey，2014）。

奖励旅游通常是汽车制造商（或汽车销售公司）针对销售公司（或销售公司内部员工）的旅游奖励。奖励旅游一直是国外大汽车公司激励员工的通行做法。2010 年，法国标致公司从 450 名经销商负责人中，选出那些

[1] 详见其所著《Incentive Marketplace Estimate Research Study》。

[2] 详见 The Incentive Research Foundation 所著《Executive White Paper》。

在该年第一季度保持销售额提升的经销商负责人。在经历了经济不景气和汽车蓄电池问题导致的危机后，标致公司希望借助奖励旅游保证经销商的销售热情。经过竞标，标致公司指定 Adding Value 公司负责其 2010 年销售奖励旅游。2010 年 1 月 8 日，奖励旅游计划于年度经销商会议上向经销商负责人们宣布。Adding Value 公司决定将整个行程分为两组连续进行。当第一组人员完成桑给巴尔的行程飞向肯尼亚之后，第二组人员到达桑给巴尔，重复前一组人员在桑给巴尔的体验。配合世界杯，一场以足球为主题的欢迎晚宴在肯尼亚内罗比的洲际酒店举行。第一组参加奖励旅游活动的经销商们在酒店一起通过巨大的屏幕观看了英格兰对美国的足球赛，该显示屏也是从英国带过来的。第二组员则在星空下，享受了英格兰对阿尔及利亚的足球赛，该场球赛被放映在一块岩石的表面。在整个行程中还包括多个晚宴，在马赛马拉的晚宴中伴有当地马赛风格的舞蹈，晚宴后大家可以围坐在篝火旁边喝边聊。在奖励旅游期间，还穿插了一场募捐活动，客户为桑给巴尔的一所学校募集了钢笔、T 恤等物品。

国外汽车制造公司也对我国经销商实施过奖励旅游。起亚汽车集团是韩国最早的汽车制造商，2000 年与现代集团合并成立现代起亚汽车集团。现代起亚汽车集团是世界产量第五大的汽车生产商。2011 年，起亚汽车中国经销商访问韩国的“硅谷”——大田市，享受“奖励 · 医疗旅游”。奖励 · 医疗旅游是大田市为吸引外国企业“奖励旅游”对象而推出的战略商品。此次访问大田的中国游客为企业汽车在中国的 431 个经销店中的 33 名优秀经销商。他们于 12 日在大田市医院接受价值为 109 万韩元的健康检查。接受体检后，受邀经销商参观了现代制铁等企业，以及大田一带的主要旅游景点，然后于 15 日回国。

国内奖励旅游一般针对组织内部有贡献的员工。在国外，奖励旅游也用于对组织做出（或即将）做出贡献的外部人员，如顾客及其他人员。美国著名的旅游服务企业 Odenza 将汽车行业的奖励旅游作为核心业务已经有 20 年了，拥有丰富的行业经验，正试图成为帮助企业扩大销售的全球领导者。其客户来自美国和加拿大的小城镇汽车经销商和各大汽车商场，包括马自达、凯迪拉克、大众、起亚等 20 多个全球知名品牌汽车的经销商。为了扩大销量，汽车经销商除了激励员工努力工作外，还经常采用现金返还（打折）、赠送礼品和油票、免费维护和修理等手段。在同行竞争日益激烈、消费市场逐渐饱和[1]的情况下，这些手段收效甚微。精明的汽车经销商正在寻找推动销售、降低激励成本并留住忠诚客户的方法。Odenza 公司认为，为汽车积分购买者策划一次豪华的、印象深刻的奖励旅游能够缩短购买过程、扩大销量。事实上，购买者对旅游非常感兴趣，促销效果明显，超出了经销商的预期。如来自德克萨斯州布朗斯维尔，每月销售约 40 辆凯迪拉克、萨博和庞蒂亚克新车的卢克弗鲁伊汽车公司反映：在实施奖励旅游的头两个星期内出售了六辆高端豪华新车，合同完成率在当月提高了 15%，销售人员和客户都非常满意。另一家销售本田汽车的公司 Civic Honda DDO 反映：拉斯维加斯度假套餐不但有助于新款本田 2008 混动汽车的销售，而且使其他本田 2008 轿车的销售量提高了 24%。

[1] 美国当前市场中大约只有 1% 的消费者购买新车。

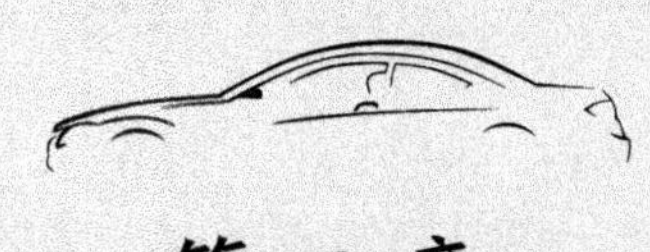

第二章

汽车产业会展活动的发展历程

第 1 节 全球汽车产业发展概况

1886 年，德国人、英国人、意大利人和俄国人几乎同时期发明汽车。汽车在欧洲被发明以后，先后出现了许多汽车制造公司。早期比较著名的汽车公司有：德国的奔驰、戴姆勒公司，法国的标致、雷诺公司，英国的奥斯汀、罗浮公司，意大利的菲亚特公司等。欧洲成为世界汽车工业的摇篮。紧随汽车产业的发展，赛车运动和汽车展览开始出现，如图 2.1–1 所示。

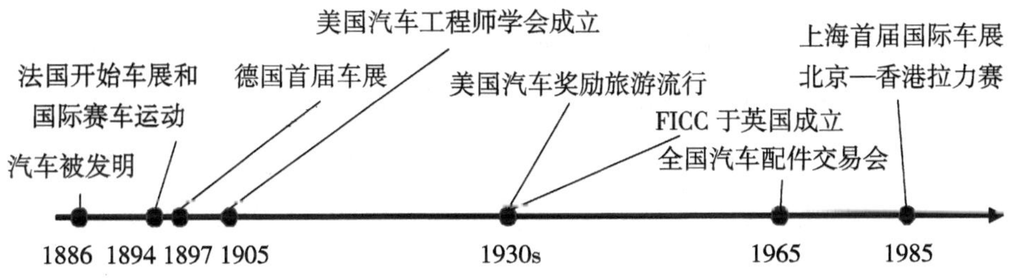

图 2.1–1 全球汽车产业会展活动的产生节点

各国汽车厂商当时手工生产汽车的数量都相当小，全年生产的汽车不足 1 万辆，属于奢侈品。如 1900 年成立的意大利菲亚特第一家工厂有 150 名员工，仅生产 24 辆车。20 世纪初，美国人福特发明了汽车装配流水线，福特汽车制造公司开始大量生产价格低廉的 T 型车，使汽车成为大众化商品。美国汽车产量由此超过欧洲。二战以后，世界汽车出现多样化。欧洲汽车制造商花大力气开发多种类型的汽车，以此超越美国同行。1966 年，欧洲汽车产量突破千万辆，终于超过美国。

1904 年，日本第一家汽车厂——东京汽车制造厂成立。1936 年，日本汽车行业制造法正式实施。欧美汽车制造商最强大的潜在竞争对手——日本汽车制造企业开始起步。为打败已有竞争对手和求得市场生存，成立于1933年的日本丰田汽车制造公司提出了精益生产方式的概念，大大降低了生产成本，提高了生产效率，迅速成为日本最大的汽车公司和世界十大汽车工业公司之一。1955年，日本汽车产业经历战后恢复期，进入高速发展期。到1980年，日本汽车产量达到1100万辆，超越欧美同行，跃居世界第一，拥有丰田、日产、本田、斯巴鲁、马自达、三菱、五十铃、铃木、大发等众多世界知名汽车品牌企业。

1931年，中国生产了第一辆汽车。其后由于战争影响，汽车工业几乎停滞。1956年，新中国开始生产第一辆汽车。1956~1984年，受国内政治环境和计划经济体制的影响，我国乘用车的发展极为缓慢，但卡车工业有一定发展。到1983年，全国年产轿车突破5000辆。20世纪末期，我国政府开始与国外知名汽车公司合资生产汽车，通过“以市场换技术”的方式大力推动汽车产业的发展。1984年，我国第一个中外合资生产吉普车的企业——北京吉普汽车公司诞生。1985年，我国第一个轿车合资企业——上海大众正式成立。1994年7月，国务院发布《汽车工业产业政策》。同年10月，“十四大”明确汽车工业为我国国民经济的支柱产业。1998年，中国轿车的第二轮中外合资热潮开始。2001年，在“十五”计划中国家明确提出汽车要进入家庭。目前，汽车产业已成为许多城市的支柱产业，在带动相关产业发展、优化产业结构、解决社会就业方面发挥了重大作用。

表2.1-1　全球汽车产业发展大事记

年份	大事记	年份	大事记
1770	法国陆军工程师古诺制造出第一辆蒸汽驱动的汽车	1954	奔驰推出了全球首款采用机械式缸内直喷发动机技术的跑车
1881	法国发明家古斯塔夫·特鲁维在巴黎国际电力博览会上展示了第一台电力三轮汽车	1956	新中国生产第一辆汽车

续表

年份	大事记	年份	大事记
1886	德国工程师本茨制造汽油发动机驱动的三轮汽车，被誉为“汽车之父”；德国工程师戴姆勒制造汽油发动机驱动的四轮汽车。史称“汽车元年”	1959	沃尔沃推出全球首款标配三点式安全带的汽车
1895	法国米其林兄弟首次将充气轮胎安装到汽车上	1962	美国出现搭载涡轮增压发动机的汽车
1899	德国保时捷汽车公司生产轮毂电动汽车	1963	日本丰田汽车公司实施看板管理，实现了精益生产方式
1900	欧美国家手工生产汽车产量合计9504 辆	1965	美国开始实施《净化空气法案》，对汽车废气排放进行严格控制
1901	德国保时捷汽车公司推出了全球首款混合动力汽车，第一辆汽车进入中国	1967	日本汽车产量超过德国，大众推出配备电喷系统的汽车
1909	美国福特汽车公司生产廉价的 T 型车，年产量达 1 万辆	1970～1971	福特汽车装配防止车轮抱死的电控式后轮 ABS 和安全气囊
1913	美国人亨利·福特将流水生产技术应用于汽车制造上，大大提高了生产效率，被誉为“汽车大王”	1980	日本生产汽车 1100 万辆，超过美国，位居世界第一；出现采用 VVT 发动机技术的汽车
1921	美国加州奥克兰法乔尔安全汽车公司造出第一辆真正意义的大客车	1981	本田汽车公司推出了全球首台行车导航仪
1923	美国人斯隆在通用汽车公司中引入事业部组织结构	1984～1985	我国开始中外合资生产汽车
1925	第一辆无线电遥控（无人驾驶）汽车出现在纽约街头	1995	奔驰汽车开始配备 ESP 电子稳定控制系统
1929	美国生产汽车 54.5 万辆，中国仿制第一辆汽车	2003	汽车制造业首次成为我国工业第五大支柱行业
1930	摩托罗拉推出了全球首款车载无线电收音机	2008	美国硅谷出现首台量产电动敞篷跑车——特斯拉

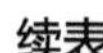

续表

年份	大事记	年份	大事记
1933	丰田汽车制造公司提出精益生产方式的概念	2009	我国汽车年产销量超过 1300 万辆，成为世界第一汽车产销大国
1938	美国人哈利厄尔设计出世界上第一款船型车身，车身开始流线化，通用汽车公司开发收款自动变速箱汽车	2014	美国 Google 公司推出无人驾驶汽车
1939	美国出现首款配备空调系统的汽车	2015	全球轻型车新车销量达到 8910 万辆

20 世纪中后期，许多发展中国家开始发展本国的汽车产业，但规模较小。21 世纪以来，借助庞大的、日益增长的消费市场，我国汽车产业得到飞速发展，成为全球汽车生产和消费双重超级大国。2016 年，全球三大汽车生产国依次为中国（2812 万辆）、美国（1220 万辆）、日本（920 万辆）（见表 2.1–2）。中国汽车产销量均超过 2500 万辆，创全球历史新高，连续八年蝉联全球第一。但中国自主品牌汽车世界知名的较少，且国内汽车制造企业与国外知名汽车制造商在生产规模上还有较大差距（见表 2.1–3）。从拥有的全球知名汽车品牌数量和汽车总产量来看，目前世界汽车产业三大强国依然是位于美洲的美国、位于亚洲的日本和位于欧洲的德国。现代汽车技术的发展趋势是无人驾驶、网络化和新能源的使用，能源经济、技术、基础设施和公共政策均将影响电动汽车市场的未来发展（Mangram，2012）。汽车产业正处于转型升级的关键时刻，世界汽车制造业大国必将面临新一轮洗牌。

表 2.1–2　2016 年各国 / 地区汽车产量（单位：辆）

国家 / 地区	汽车	商务车	合计	同比变化（%）
中国	24 420 744	3 698 050	28 118 794	14.5
美国	3 934 357	8 263 780	12 198 137	0.8

续表

国家 / 地区	汽车	商务车	合计	同比变化（%）
日本	7 873 886	1 330 704	9 204 590	–0.8
德国	5 746 808	315 754	6 062 562	0.5
印度	3 677 605	811 360	4 488 965	7.9
韩国	3 859 991	368 518	4 228 509	–7.2
墨西哥	1 993 168	1 604 294	3 597 462	0.9
西班牙	2 354 117	531 805	2 885 922	5.6
加拿大	802 057	1 568 214	2 370 271	3.8
巴西	1 778 464	377 892	2 156 356	–11.2
法国	1 626 000	456 000	2 082 000	5.6
泰国	805 033	1 139 384	1 944 417	1.8
英国	1 722 698	939 24	1 816 622	8.0
土耳其	950 888	535 039	1 485 927	9.4
捷克共和国	1 344 182	5714	1 349 896	8.3
俄罗斯	1 124 774	179 215	1 303 989	–5.4
印度尼西亚	968 101	209 288	1 177 389	7.2
伊朗	1 074 000	90 710	1 164 710	18.6
意大利	713 182	390 334	1 103 516	8.8
斯洛伐克	1 040 000	0	1 040 000	0.1
波兰	554 600	127 237	681 837	3.2
南非	335 539	263 465	599 004	–2.7
马来西亚	469 720	43 725	513 445	–16.5
阿根廷	241 315	231 461	472 776	–10.2
匈牙利	472 000	0	472 000	–4.7
比利时	354 003	45 424	399 427	–2.4
罗马尼亚	358 861	445	359 306	–7.2
瑞典	205 374	N.A.	205 374	8.7
澳大利亚	149 000	12 294	161 294	–6.8
葡萄牙	99 200	43 896	143 096	–8.6
斯洛文尼亚	133 702	0	133 702	0.5

续表

国家 / 地区	汽车	商务车	合计	同比变化（%）
奥地利	90 000	18 000	108 000	–10.9
乌兹别克斯坦	88 152	0	88 152	–52.5
塞尔维亚	79 360	960	80 320	–4.0
芬兰	55 280	0	55 280	–19.9
荷兰	42 150	2280	44 430	0.7
埃及	10 930	25 300	36 230	0.6
乌克兰	4340	924	5264	–36.1
其他国家	781 708	138 454	920 162	10.6
中国台湾地区	251 096	58 435	309 531	–11.8
合计	72 105 435	22 871 134	94 976 569	4.5

注：资料来源于网络。

表 2.1–3　2014 年世界前 50 名汽车制造商产量排名（单位：辆）

序号	制造商	产量	乘用车	轻型商用车	重型商用车	客车
1	丰田	10 475 338	8 788 018	1 405 072	277 159	5089
2	大众	9 894 891	9 766 293	128 598		
3	通用	9 609 326	6 643 030	2 951 895	10 875	3526
4	现代	8 008 987	7 628 779	280 684	84 387	15 137
5	福特	5 969 541	3 230 842	2 643 854	94 845	
6	日产	5 097 772	4 279 030	796 992	21 750	
7	菲亚特	4 865 758	1 904 618	2 812 345	102 997	45 798
8	本田	4 513 769	4478 123	35 646		
9	铃木	3 016 710	2 543 077	473 633		
10	标致雪铁龙	291 7046	2 521 833	395 213		
11	雷诺	2 761 969	2 398 555	363 414		
12	宝马	2 165 566	2 165 566			
13	上汽	2 087 949	1 769 837	265 087	52 715	310
14	戴姆勒	1 973 270	1 808 125	165 145		
15	长安	1 447 017	1 089 179	262 797	95 041	

续表

序号	制造商	产量	乘用车	轻型商用车	重型商用车	客车
16	马自达	1 328 426	1 261 521	66 905		
17	东风	1 301 695	745 765	201 667	340 955	13 308
18	三菱	1 262 342	1 199 823	61 302	1217	
19	北汽	1 115 847	538 027	278 949	293 055	5816
20	塔塔	945 113	614 247	11 399	304 829	14 638
21	吉利	890 652	890 652			
22	富士	888 812	888 812			
23	长城	730 570	610 023	120 547		
24	一汽	623 708	391 079	37 195	193 261	2173
25	伊朗汽车	586 725	493 585	90 301	2839	
26	马恒达	552 912	372 637	2562	176 478	1235
27	五十铃	541 068	44 724	493 779	2565	
28	华晨	520 228	235 115	219 093	66 020	
29	奇瑞	468 287	449 333	18 954		
30	江淮	467 597	196 777	93 478	164 766	12 576
31	比亚迪	433 718	433 718			
32	赛帕	401 962	346 914	50 732	4307	9
33	伏尔加	392 920	381 964	10 956		
34	重庆力帆	235 894	148 452	24 000	63 442	
35	广汽	174 169	161 334	12 330	505	
36	重汽	170 641	542	168 940	1159	
37	湖南江南	167 522	167 522			
38	帕卡	144 667	144 667			
39	宝腾	111 840	93 840	18 000		
40	陕汽	107 377	109	554	106 458	256
41	阿斯霍克雷兰德	96 556	430	458	75 887	19 781
42	海马	93 934	93 934			
43	嘎斯	93 217	63 945	19 827	9445	
44	厦门金龙	89 645	50 206	39 439		

续表

序号	制造商	产量	乘用车	轻型商用车	重型商用车	客车
45	纳威司达	77 935	77 935			
46	贵航青年莲花	63 724	63 724			
47	郑州宇通	59 346	7217	52 129		
48	东南汽车	58 221	56 256	1965		
49	荣城华泰	54 079	54 079			
50	乌阿斯	51 289	25 356	25 933		
	总计	90 717 246	72 068 994	14 656 805	3 707 905	283 542

注：资料来源于网络。

第 2 节　全球汽车产业主要展览的发展历程

（一）德国汽车产业主要展览发展历程

德国是世界汽车产业的发源地国家之一，其汽车产业及其供应商是德国经济的支柱，受到全世界关注和羡慕。该行业提供的工作岗位数量和质量、利润水平和可持续性，以及发生在这个领域的创新过程对德国意义深远。在德国举办各类汽车产业展览具有极好的产业优势和地理优势，许多展览为行业内世界主导性展览（见表 2.2–1）。目前，德国汽车产业知名的展览有：汽车潮流展（Auto Trend，举办城市为罗斯托克）、汽车工程博览会（Automotive Engineering Expo，举办城市为纽伦堡）、商用车展和汽车沙龙展（NUFAM、COMMCAR 和 AUTOSALON，举办城市为卡尔斯鲁厄和开姆尼茨）、新能源汽车展（eCarTec，举办城市为慕尼黑）、经典车展（Retro Classics 和 Bremen Classic Motorshow，举办城市分别为斯图加特和不莱梅），等等。具有世界影响的车展有：德国国际车展、法兰克福汽配展、爱森改装车展、斯图加特经典车展，等等。

由德国汽车工业协会（VDA）[1]主办的德国国际车展（IAA）[2]包括法兰克福乘用车展和汉诺威商务车展，是世界五大车展之一，也是世界上交通、运输和物流行业最重要的贸易展览，有“汽车界的世界奥运会”之称。前者奇数年在德国法兰克福举办，后者偶数年在德国汉诺威举办。两地车展一般安排在9月中旬举行，为期两周。第一届德国车展于1897年在柏林的Bristol酒店举行，当时展出的汽车仅有8辆。1991年德国车展第一次分为两个展览。2014年，第六十五届汉诺威商用车展有来自45个国家的2066名展商和25万名观众；来自58个国家的1944名记者报道了本届展览；展览面积达到26.5万平方米；中国展商数量名列国外展商数量前茅；专业观众的比例为83%，且十分之七为决策者；国外专业观众的比例超过26%（最高为42%）；322台世界首发车。2013年，第六十五届法兰克福乘用车展有来自35个国家的1098名展商，其中42%来自国外；来自99个国家的11945名持证记者报道了159个世界首发车，大约90万名观众参展。

表2.2-1　德国国际车展发展历程

年份	大事记
1897	第一届德国车展在柏林诞生。至1911年至少每年在柏林举办一次，1905年、1906年和1907年每年两次
1987～1911	汽车已被社会认可，产量已达到产业水平
1921	第一次世界大战后的首次展出，即开始计数的第十四届车展；67个汽车生产商展出了90辆汽车和49辆载重汽车；车展围绕汽车的舒适做文章
1931	尽管仍然可以感觉到全球萧条的后期效应，但第二十二届德国车展如期在柏林举行；本届车展有29.5万名观众；首次展出了前轮驱动汽车
1939	二战爆发前最后一次在柏林举办车展；第二十九届车展有82.5万名观众；德国大众汽车第一次参展；汽车史上著名的甲壳虫汽车出现

[1]　德文Verband der Automobilindustrie的缩写，英文为The German Association of the Automotive Industry。

[2]　德文为Internationale Automobil-Ausstellung。

续表

年份	大事记
1947 ~ 1949	德国汽车和零部件制造商参加汉诺威的出口贸易展，汽车工业展厅像磁石一样吸引了公众
1951	车展第一次搬到法兰克福，四月份的车展吸引了 57 万名观众；展品中出现了装有柴油涡轮发动机的载重汽车；9 月份在柏林举办了第二次车展，吸引了 29 万名观众；第三十五届车展后，德国汽车工业告别了它的传统展览场地，完全迁到法兰克福，且每两年举办一次
1956	汽车诞生 70 周年；德国生产汽车首次突破百万辆；汽车工业吸纳了 30.2 万名人员就业；德国汽车厂商数量在世界上仅次于美国；德国造汽车大量出口；几乎每一秒钟就有一辆德国造汽车被销往国外
1961	在法兰克福举办的第四十届车展吸引了破纪录的 95 万名观众；汽车普及已经实现；乘客安全成为汽车展品中的关键问题；安全带是展览中众多亮点之一
1965	日本第一次参展
1969	第四十四届车展被交货期话题所掩盖；经济萧条问题被克服；德国汽车工业再次繁荣
1977	德国汽车产量再创新高，首次突破 400 万辆；车展是汽车工业信心增长的体现
1981	节能成为第四十九届车展的中心话题；新车型强调经济和低油耗；车展被认为是反映经济有限增长的信号
1989	大约 2000 名展商、120 万名观众挤在一个 25.2 万平方米的场地，不能满足展商更多展位的要求；法兰克福展览场地已经太小，不能完全容纳包含乘用车和商用车的车展；主办方准备将展览一分为二
1991	德国车展第一次分为两个展览，乘用车展奇数年在法兰克福举办，商用车展偶数年在汉诺威举办；首届纯粹的乘用车展获得巨大成功，有来自 43 个国家的 1271 名展商、93.5 万名观众参展，展览面积为 20 万平方米
1992	第一次商用车展有来自 29 个国家的 1284 名展商，展场面积为 25.2 万平方米；28.7 万名观众参观了展览，其中 66%的观众为专业观众

续表

年份	大事记
1999	旧千年最后的车展口号是"汽车：未来的聚会场所"；制造商和供应商表现出已经准备好迎接新千年的挑战；特别是发动机罩下的创新揭示了汽车行业在认真地对待环境保护问题；归功于驱动系统和发动机的发展，汽车比以往任何时候都能更便宜和清洁地运行
2000	由于2000年世博会在汉诺威召开，第五十八届商用车展又搬到法兰克福；展商数量第三次增长，有来自42个国家的1318名展商参展；专业观众的比例增加到84%
2001	车展受美国纽约世贸中心"9·11"恐怖袭击影响，一些活动被取消，有超过80万名观众参加了本届"静悄悄"的车展
2002	尽管市场较为困难，但第五十九届商用车展超过了所有预期；有来自84个国家的23.7万名观众参展，其中专业观众占90%以上；超过70%的专业观众认为参展是为投资决策和签订合同做准备
2003	第六十届乘用车展打破了已有的观众纪录；在国家统一繁荣影响下有超过百万人观展，超过上届观众总数的23%；有来自42个国家的2000名展商参展；展览面积为21.5万平方米
2004	第六十届汉诺威商用车展再次确立了它在世界运输贸易展览中的领导地位；展商展出了194个世界首发车，超过了2002年的25%，以及61个欧洲首发车和54个德国首发车；有来自各大洲创纪录数的1370个展商；商用车展由简单的整车展转变为涵盖汽车、运输和物流全产业链的综合展
2005	第六十一届乘用车展览聚焦于未来的解决方案，如混合燃料、氢燃料、弹性燃料和SCR技术，以减少氮氧化物的排放；无论是面积、专业观众数和展商数，本届展览都是最好的；若不是联邦选举和星期日贸易，本届观众数将再破纪录
2006	第六十一届商用车展有来自46个国家的1556名展商，吸引了26.55万名观众，有253个世界首发车，在环境和安全方面有了新发展
2007	有来自125个国家、超过百万的观众参展，在1051个展商中有42%来自国外，气候变化、燃油效率和二氧化碳减排成为重要的话题

续表

年份	大事记
2008	有来自110个国家的30万名观众；来自48个国家的企业展示了它们的创新成果，包括258个世界首发车；2084名展商中有1188名来自国外；展览总面积为27.5万平方米；商用车面临动力火车的竞争；集中的问题仍然是交通的可持续性发展和气候保护
2009	85万名观众参展，讨论的话题包括轻度混合动力、插电式混合动力、全电式汽车、能源电池和氢燃料动力
2010	有来自43个国家的1751名展商，272个首发车；商用车展览夯实了全球最重要的汽车、物流和运输贸易展地位；得益于经济复苏，世界商用车市场日益扩大；商用车也面临混合动力、电力和燃料电池的问题
2011	1012名展商、23.5万平方米、183个世界首发车、92.81万名观众、来自98个国家的1.2万名记者参与了法兰克福车展，创新集中于高效节能的乘用车
2012	来自46个国家的1904名展商、26.23万名观众、354个世界首发车，超过三分之二的供应商发布了新车；来自56个国家的2087名记者报道了本届车展；在展览现场首次试驾电动车
2013	第六十五届乘用车展有来自35个国家的1098名展商，其中42%来自自国外，是世界上最重要的汽车展览，来自99个国家的11945名持证记者报道了159个世界首发车，大约90万名观众参展；各种类型的电动车驶上街道
2014	第六十五届商用车展有来自45个国家的2066名展商，另有25万名观众；来自58个国家的1944名记者报道了本届展览；展览面积达到26.5万平方米；中国展商数量名列国外展商数量前茅；专业观众的比例为83%，且十分之七为决策者；国外专业观众的比例超过26%（最高为42%）；322个世界首发车；联网性和效率是创新的主要话题

注：资料来源于德国国际车展官网。

除了著名的艾森轮胎展（Reifen Show）外，法兰克福汽配展是德国汽车零配件和用品展览中的又一大亮点。1971年，法兰克福汽车后市场用品展[1]，我国称为“法兰克福汽配展”（Automechanika Frankfurt），原本作为第四十五届法兰克福车展（Frankfurt motor show）的替代（后者因故取消），展出后大获成功，从此每两年一届，与法兰克福车展轮流展出。1997 年，法兰克福汽配展第一次在德国以外举行，最开始在俄罗斯。目前全球共有伯明翰、布宜诺斯艾利斯、芝加哥、迪拜、法兰克福、伊斯坦堡、吉达、约翰内斯堡、吉隆坡、马德里、墨西哥城、莫斯科、新德里、圣彼得堡和上海等 15 个法兰克福汽配展“子展”作为国际和地区产业集会，展品范围涵盖汽车售后市场的整个产业链，包括销售点、服务、回收到废品处置。展览重视汽车零配件、电子产品、系统、附件和改装、校核调试、维修设备、车身修补和油漆、洗车、IT 及管理和汽车服务等方面的创新和解决方案。法兰克福汽配展是世界上最大的汽车后市场主导贸易展，在第三国家中享有盛誉。2014 年 9 月 16 日 ~ 20 日，法兰克福展览集团公司主办的第二十三届汽配展有来自 74 个国家的 4660 名展商，其中 84.4% 来自国外；有来自 176 个国家的 137982 名观众，其中 58.4% 来自国外，超过 80% 的观众拟参加下次展览；展览净面积达到 176550 平方米。

法兰克福汽配展（上海）于 2004 年创办，已成为亚洲规模最大的汽车零部件、维修检测诊断设备及服务用品展览会，规模仅次于法兰克福“母展”。该展览由中国汽车工业国际合作有限公司、法兰克福展览（上海）有限公司主办。第十二届上海法兰克福汽配展于 2015 年 12 月 2 日 ~ 5 日在上海新国际博览中心举行，展出面积达 25.5 万平方米，吸引全球超过 5106 家展商及 92111 名观众。而第十三届上海法兰克福汽配展在上海虹桥国家会展中心举行，规模比上一届又进一步扩大，如表 2.2–2 所示。

[1] 即 international exhibition of automobile，workshop，filling station ， garage equipment。

表 2.2-2　法兰克福汽配展（上海）历年展出规模

年份	面积（平方米）	展商数量	观众数量
2004	10 000	235	9138
2005	-	-	-
2006	23 500	615	12 039
2007	51 000	1250	21 882
2008	92 000	1982	30 845
2009	103 500	2414	38 551
2010	138 000	3115	50 561
2011	160 000	3619	61 178
2012	180 000	4109	72 190
2013	210 000	4618	81 936
2014	220 000	4906	89 111
2015	280 000	5395	109 686
2016	312 000	5756	120 671

注：资料来源于官方网站。

德国爱森车展（Essen Motor Show）自 1968 年开始，每年一届，由埃森国际展览公司（Messe Essen GmbH）主办，集中展出改装车和运动汽车，是欧式改装车潮流的最佳代言人。德国的汽车工业及专业改装盛行且占有地理优势。欧洲名车的专业厂家均在展会上推出自己的最新产品。许多美日系车厂、改装车厂也参加爱森车展，展示最新的车型与改装套件，意味着美日改装风格也强烈影响着历史悠久的欧洲改装车文化。爱森车展虽然被称为美国拉斯维加斯改装车零配件展览会（SEMA SHOW）的德国版本，但其规模最大。目前，整个展览有 500 多位展商、36 万名观众，和来自全球的 1600 个贸易杂志记者参展。

随着时间的流逝，原来流行的汽车品牌逐渐成为古董车，汽车行业也开始出现涉及古董车的展览活动。德国经典车展主要有两个，分别在斯图加特和不莱梅举办。斯图加特经典车展（Retro Classics）是欧洲最大的经典车展，每年一届，迄今已举办 17 届。2015 年，该展览的展商总数为 849

家，观众总人数为 86 738 名，总面积为 10.4 万平方米。不莱梅经典老爷车展（Bremen Classic Motorshow）从 2003 年开始举办，每年一届，是北欧最大的古董车展。该展展出的车辆多为 20 世纪二三十年代日常生活中使用的车型，包括敞篷车、摩托车、赛车、混合动力型车等。从 2007 年起，该展览与穆尔豪斯经典车博物馆合作。博物馆将 10 种车型放在展会上亮相，观众无需为此支付高额的费用便可领略经典老车的迷人风采。2015 年，共有 629 家公司和 43 554 名观众参展，展览总面积为 49 100 平方米。

（二）法国汽车产业主要展览发展历程

法国也是世界汽车产业的发源地国家之一，拥有标致、雪铁龙[1]和雷诺三大世界知名汽车品牌，政府对汽车产业一直持开放态度。法国最大的汽车集团公司——标致·雪铁龙汽车公司的总部位于首都巴黎。法国的汽车产业展览也主要集中在巴黎，如古董车展（Retromobile、Automedon）、休闲车展（Salon Des Vehicles De Loisirs）、零配件展（Salon Autorcrute、Equip' Auto）、供应链展（Supply Chain Event）、交通工具展（Transports Publics），等等。其中，最大的车展为巴黎车展。

1894 年 12 月 11 日 ~ 25 日，法国在巴黎香榭丽舍大街产业宫举行了世界上最早的汽车展览——世界自行车、汽车博览会。当时，有 9 家公司参加展出，展品有自行车、摩托车、蒸汽机汽车和汽油汽车。巴黎车展（Mondial de l'automobile de Paris）起源于 1898 年的国际汽车沙龙会，是世界上第一个国际车展，与法兰克福车展、上海车展、北美车展和东京车展并称为世界现代五大车展[2]。第一届车展在巴黎杜乐丽花园举行，有 220 个展

[1] 标致和雪铁龙现已合并成一个集团（PSA）。

[2] 世界传统五大车展是指日内瓦车展、巴黎车展、东京车展、底特律车展和法兰克福车展。

商，面积为6000平方米，大约14万名游客前来参观，232辆汽车往返于巴黎与凡尔赛之间。1919年，车展更名为“汽车展览会”。当时，法国雪铁龙因其A型车广受欢迎而成为第一款欧洲家用车。自1923年开始，展览每年9月底至10月初举办。

1889～1976年间，车展每年举办一届。1976年，为适应大部分汽车制造商的要求，巴黎车展定为偶数年举行，与德国法兰克福车展交替举办。1988年，巴黎车展采用了新名称“巴黎汽车展”。尽管参展汽车厂商数量减少，但参展车辆数量却上升。展车数量从1898年的232辆增至当年的1000辆。1954年超过百万人涌入巴黎汽车展览馆。这一参观纪录直到1994年才被打破，当时共有1 027 666人参观车展。

到了20世纪90年代，车展则围绕具体主题来组织展览。如1990年车展的主题是“年轻人的时代”，反映了不同行业对运输产业的需求；1992年车展的主题是“车与人”，重点强调了越野车和豪华车；1994年车展的主题是“无限梦想”，穿插了著名电影和电视中出现过的车辆及对赛车历史的回顾。这些展览的形式日新月异，变得更丰富、更有创意。参观者借助于先进的音像、照明和其他高新技术来享受每一届车展。

目前，巴黎车展固定在在巴黎凡尔赛门（Versailles）展览中心举行，展出范围包括乘用车、商用车、车身、零部件及配饰、服务、二手车等，其口号是“汽车的未来在巴黎”。可以说，巴黎车展是概念车云集的地方，强调最优设计、制造技术、产品创新和交通演化历程，仅2012年就有100辆首发车。2014年，第八十二届巴黎车展有来自33个国家的240名展商参展，展商租用面积总数为12.5万平方米，观众总数为125万人，65台世界首发车，260个品牌车，另有10 000多名来自103个国家的记者报道展览。如果仅从观众数和媒体家数来看，巴黎车展可称世界第一车展。如图2.2–1所示。

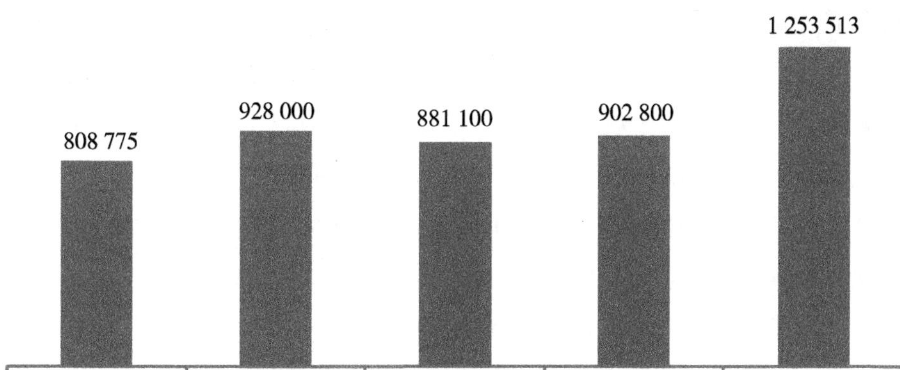

图 2.2-1　世界五大车展的观众数

（三）瑞士汽车产业主要展览发展历程

瑞士的主要产业不是汽车产业，而是钟表、机械、化学和食品产业。1911 年，该国曾出现过一个叫“雪佛兰”的汽车公司，后被美国通用汽车公司并购。瑞士汽车产业的展览数量也不多，目前主要有：巴塞尔的汽车展（Auto Basel）、日内瓦的商用车展（Utilexpo）和国际车展、苏黎世的汽车展（Auto Z ü rich Car Show）和摩托车展（Swiss-Moto）。其中，规模较大、世界知名的是日内瓦国际车展。

在瑞士首都日内瓦举办的国际车展（Geneva International Motor Show）[1] 是世界传统五大车展之一。首届瑞士汽车展（Swiss Motor Show）于 1905 年的 4 月 29 日 ~ 5 月 7 日在日内瓦的选举大厦举行。最初由保罗 · 布切特（米其林公司在瑞士的总代理）、日内瓦商人安尔伯特 · 瓦萨尔和年轻的工程师朱尔斯 · 麦格威特 [2] 提出举办一个汽车和两轮摩托车展览。组委会由瑞士汽车俱乐部主席查尔斯 · 路易斯 · 艾米特领导。瑞士联邦政府、联邦委

[1]　法文为 SALON INTERNATIONAL DE L’AUTOMOBILE DE GENEVE。

[2]　朱尔斯 · 麦格威特也是一家汽车配件公司的老板和瑞士汽车工业复兴商会的主席。

员会成员路德维希·福雷尔参加了活动，共有59个展商和1.7万人参展。1923年11月3日，日内瓦车展常设委员会成立并规划了1924年举行的第一届国际汽车展。由于展览规模扩大，场次有限。自1929年起，组委会将每年的车展分成两次举行，3月进行汽车展，4月末5月初进行摩托车、飞机展。1947年，协会改组为国际车展基金会。1982年起，车展由政府出面创立的Orgexpo基金会主办。

日内瓦车展属于综合展，一般在每年的3月份举行，优势是保持中立、代表性和良性循环。该车展最突出的特点是追求新潮：各汽车厂商竞相展出最新、最前沿的产品，参展车型通常较为高档。该展有“国际汽车潮流风向标”之称。2015年，第八十四届日内瓦国际车展的展出净面积为79 139平方米，总面积为11万平方米，有来自30个国家的220名展商、830个车辆品牌、68.4万名观众参展，135辆新车发布（其中世界首发车94辆、欧洲首发车41辆），媒体代表超过1万名。车展的国际化水平也较高，其国外展商比、国外观众比和国外展商租用面积比分别超过40%、27%和90%。如表2.2–3所示。

表2.2–3　日内瓦国际车展历届规模

年份	净面积（m^2）	品牌数	观众数	年份	净面积（m^2）	品牌数	观众数
1905		59	13 000	1981	34 200	1116	524 264
1924	6153	200	68 000	1982	38 240	1124	585 332
1947	9608	305	185 000	1983	37 927	1161	550 271
1948	13 760	374	210 000	1984	36 880	1156	540 750
1949	15 530	411	210 000	1985	37 836	1573	552 121
1950	14 530	385	215 000	1986	37 844	1105	537 432
1951	15 853	400	210 000	1987	49 200	1238	568 850
1952	16 333	439	225 000	1988	50 166	1202	609 709
1953	16 500	425	230 000	1989	50 170	1214	649 968
1954	19 035	517	250 000	1990	50 450	1236	639 534
1955	20 258	638	260 000	1991	50 422	1044	681 140

续表

年份	净面积（m²）	品牌数	观众数	年份	净面积（m²）	品牌数	观众数
1956	22 290	792	280 000	1992	51 703	1143	683 107
1957	24 031	815	280 000	1993	51 452	1185	685 220
1958	29 627	992	297 000	1994	51 459	1171	654 439
1959	31 900	885	299 000	1995	58 262	1146	675 761
1960	32 238	996	307 000	1996	62 704	1041	657 781
1961	36 305	1015	334 349	1997	63 192	1035	646 596
1962	37 942	1070	356 319	1998	64 095	1020	680 356
1963	28 230	1112	379 103	1999	63 710	1021	691 667
1964	39 381	1164	411 677	2000	63 527	1053	714 179
1965	28 396	1136	426 792	2001	63 877	1044	718 473
1966	41 092	1178	474 854	2002	63 500	1080	723 143
1967	29 061	1159	502 176	2003	76 650	1094	703 900
1968	43 921	1303	526 775	2004	76 650	1102	729 629
1969	33 330	1222	539 176	2005	75 912	1120	747 700
1970	29 840	946	469 587	2006	77 000	900	674 334
1971	33 200	1060	517 540	2007	76 617	1070	730 736
1972	32 300	974	465 896	2008	78 456	1030	714 559
1973	32 600	1091	462 393	2009	77 894	850	648 000
1974	32 700	1036	406 044	2010	78 000	700	692 000
1975	33 500	1025	437 716	2011	80 774	700	735 000
1976	33 500	1045	462 610	2012	77 702	890	702 014
1977	34 000	1109	491 620	2013	81 031	840	690 000
1978	34 700	1111	478 325	2014	80 125	850	670 000
1979	34 700	1158	505 219	2015	79 139	830	684 000
1980	34 500	1121	534 349				

注：资料来源于官方网站。

（四）美国汽车产业主要展览发展历程

美国汽车产业的发展紧随欧洲同行，但早在20世纪初就已经超越欧洲

各国，美国也被称为“车轮上的国家”。该国汽车产业的展览数量较多，其中较早出现的有纽约车展、芝加哥车展、底特律车展、洛杉矶车展和费城车展。1900 年 10 月 3 日，纽约汽车展在麦迪逊广场花园举办，成为北美第一个汽车整车展览。69 个展商展出了大约 160 台整车，4.8 万名观众参观了展览。该车展在过去的 100 多年里经历了大萧条、战争、繁荣时期、石油危机、经济衰退和增长，继承了在国内和国际舞台上带来新理念的传统。作为世界上最大的展览之一，纽约车展已扩大了作为世界级的贸易和工业活动的范围。很少有一种活动能像纽约车展一样，以一种独特的方式将商业、消费者、新潮出版社、华尔街的金融社区、麦迪逊大道的市场营销和广告商，以及全国最大、最多元化的都市人口融合在一起。2017 年 4 月 14 日 ~ 23 日，由大纽约汽车经销商协会（GNYADA）和国际汽车新闻协会（IMPA）主办的纽约国际车展（New York International Auto Show）在雅各布 · 贾维茨国际展览中心举行。近年来该车展有来自 70 多个国家和地区的 1700 多家展商参加，展出面积 23 万平方米，接待专业观众超过 26 万人。

伊利诺斯州的汽车工业分布在芝加哥和贝尔维迪尔。芝加哥与底特律汽车城相距不远，该市举办车展也就具有了产业基础。一年一度的芝加哥车展（Chicago Auto Show）见证了汽车的演化史，是北美最大的车展，举办次数超过其他展览。该车展自 1901 年 3 月 23 日 ~ 30 日第一次官方展出开始，至 2017 年已举办 109 届。第一届车展的展商集中在芝加哥体育馆的展厅和沃巴什大道的建筑物内，总面积大约 9000 平方米。1935 年起，芝加哥汽车贸易协会（CATA）开始参与主办展览，并搬到国际圆形露天剧场举办，展场面积达到 2 万平方米。1941 年后因战争停止全国展览。1950 年，芝加哥在国际圆形露天剧场举办战后首次车展。1961 年展览搬到密歇根湖边的麦考密克举行，直到 1967 年该建筑被大火烧毁之后。1991 年，车展再次回到新建的、比以前更大的麦考密克展览中心，展场面积达到 6 万平方米。近年来，每届车展均有来自全球主要汽车生产商的上千辆汽车参展，展出面积超过 9 万平方米。

底特律是美国密歇根州的最大城市，位于底特律河边的港口城市，靠近加拿大。美国三大汽车制造公司福特、通用、克莱斯勒的总部均在底特律，号称“世界汽车之都”。1701年该市就成为马车和自行车制造业的中心，现在是世界上顶级汽车和技术主管、设计者、思想领袖和工程师聚集最多的地方，为未来汽车创新铺平了道路。1895年，底特律首次开始吸引企业前来参展。1907年12月，底特律地区汽车经销商协会（DADA）在河景公园（Riverview）组织了第一届底特律车展。当时参加的厂商只有17家，车辆不过33辆。经过一个多世纪的发展，底特律车展已经发展成为北美最有影响的国际车展，也是世界五大车展之一。除1943～1952年停办外，车展每年举办一次。1957年，国际汽车厂商首次参加底特律车展。1961年开始，车展迁往底特律的科博展览中心举办。1989年底特律车展更名为“北美国际车展（NAIAS）”[1]，每年1月办展，是公司发布品牌车和宣布产业变革的世界舞台，被称为“全球汽车风向标”。2016年车展发布61辆新车，其中大部分是世界首发车。有来自60个国家的5000名记者报道了展览，3.5万名汽车专业人士和分析者代表全球2000多家公司参展。车展期间非常热闹，简直就像个节日。

美国早期举办的较为知名的车展还有费城车展和洛杉矶车展。费城车展（Philadelphia Auto Show）于1902年首次在老费城会议厅和大学城34街市民中心举行。目前展览由大费城的汽车经销商协会（ADAGP）所有。费城汽车经销商协会成立于1904年，是全美国历史最悠久的协会，在整个大费城地区由190个轿车和卡车经销商家组成。费城车展每年观众超过25万人次，展览面积约6.5万平方米，超过700车辆的新车亮相。洛杉矶车展（LA Auto Show）在1907年首次举办。该车展于每年11月中下旬举办，展览面积有7.1万平方米，是目前北美地区第三大国际性车展。

美国首届圆石滩古董车展（Pebble Beach Concours d'Elegance）创立于1950年11月5日。当时的车展只有30辆车展出，展出的汽车被划分成“一战前”“一战后”及“全新概念车”三大类。目前圆石滩车展依然按照

[1] 即North American International Auto Show。

这种分类方法展出，只是车型被分得更加细致，其中包括了皇家汽车、德国摩托车、一战前汽车、车轮敞开式赛车、欧洲经典汽车等。20 世纪 90 年代之后，圆石滩车展的时间就基本上固定在了每年 8 月份，持续 1 个星期左右。20 世纪 80～90 年代参展车辆的数量就已经超过了 200 台。为了让评委有更充足的时间仔细评价每一辆车，在 2005 年组委会将参展车辆的数目缩减到了 175 台。圆石滩车展的主办方对参展车型做出了严格的要求，由于其参展车型都是价值连城的古董老爷车及未来的概念车，由此还获得了"全球最豪华的汽车展"称号。为了使每次参展的车型都能与之前不同，主办方规定，获得参展权的车辆在之后的 10 年中不能再次参展。每年的圆石滩车展都会有多个奖项颁发，除了一名冠军"最佳巡展奖"及一、二、三等奖之外，主委会还会颁发名誉奖，专门授予那些对汽车工业和汽车运动领域做出杰出贡献的群体或个人。

美国拉斯维加斯改装车零配件展览会（SEMA Show）始于 1967 年，展品范围包括：汽车养护及零部件、汽车电子和技术、高性能轮胎和轮圈、汽车工具和设备、卡车、休旅车及越野车等。作为拉斯维加斯汽车后市场周（AAIW）的一部分，该展览汇集了业内最先进的技术和最热销的产品，是世界首屈一指的专业汽车、摩托车产品贸易盛会。2015 年的展览在拉斯维加斯会展中心举行，展区被分为 12 个部分，新产品展示区有 2500 个新产品，吸引了来自 100 多个国家的 10 万个行业领袖和 3500 个资深媒体，以及 6 万名国内外买家。整个展览不对社会公众开放。

（五）日本汽车产业主要展览发展历程

二战结束后，日本汽车产业得到了快速发展。日本首都东京是世界最大城市之一，著名的丰田、日产、三菱、五十铃等汽车公司的总部所在地。创办于 1954 年 4 月 20 日～29 日的东京车展（Tokyo Motor Show）是世界五大车展中历史最短的。最初称为"全日本汽车展"，在一个叫黑比亚公园的室外展场举行。254 名展商展出了 267 辆车，但只有 17 辆乘用车，卡车、公交车和摩托车占了大部分。10 天内有 54.7 万名观众参展。第二届展览于 1955 年 5 月 7 日开始，12 天内共有 78.5 万名观众参展。观众人数的剧增在很大程度上归功于国际贸易和产业部“人民汽车计划”的努力。在 1956 年第三届车展上，乘用车开始占据绝对优势地位。1958 年由于黑比亚公园修建地铁和地下停车场，展览移到乐园自行车赛道。该次展览又被大雨破坏。1959 年展览移到新建的晴美室内展场，相当于前一个展览场地的三倍大小。1964 年展览更名为“东京汽车展”。由于国际能源危机，1973 年主办方决定下一年不再举办展览，展览改为双年展。1989 年，展览迁移到位于千叶县的幕张展览中心。2001～2005 年间，展览又恢复为一年一次，并且一年为汽车、摩托车展览，下一年为商用车展览。2007 年以后，展览又恢复为双年展，并定为每年 10～11 月举办，展品包括乘用车、商用车、摩托车及汽车零部件，在技术上以节能和环保为两大主题。东京车展现由日本汽车制造商协会（JAMA）主办，被世界汽车工业国际协会认定为“国际展”。由于概念车比新车数量多，该车展有“亚洲汽车风向标”之称。1999 年的东京车展曾创下了参观人数达 140 万的世界纪录。

东京改装车展（Tokyo Auto Salon）开办于 1983 年，最初以“东京 Exciting 车辆展览”为名。此后每年一届。展品范围包括除改装整车车辆外的配件如轮毂、轮胎、行李架、脚踏板、车灯、灯泡、绑带、赛车座椅、减震器、轮胎、空调、汽车音响、灯具、防盗、电子设备、安全带、服务设备、汽车保养美容产品、汽车电子和技术、汽车工具设备、维修产品等。该展已有 33 年的历史，是改装产品、运动汽车和经典汽车的世界盛会，被誉为世界改装车的新产品发布中心，与美国拉斯维加斯国际改装车展和德国埃森改装车展并称为全球三大改装车展。改装车展践行了《Option》杂志第一代主编稻田大二郎确立的“消费者车辆个性化”理念，日本由此被称为“改装车的国度”。2016 年的东京改装车展于 1 月 15 日～17 日在东京幕张展览中心举行，展商数为 447 家，整车有 880 辆，展出面积 8 万平方米，观众规模达 325 501 人次。

（六）其他国家汽车产业主要展览发展历程

20 世纪中后期，许多发展中国家也开始进入汽车制造业，并举办各类国内、国际展览。2016 年，泰国汽车产量近 200 万辆，世界排名第十二位，其中超过一半的车辆出口。曼谷国际车展（Bangkok International Motor Show）自 1979 年开始举办，每年一届，是泰国最全面的综合型车展。2015 年，238 家展商（包括宝马、福特和奔驰、沃尔沃在泰国的生产商）和 170 万名观众参展。整个展览包含 6 万平方米净面积的展场，以及约 11 万平方米室外展场。展览由国际大奖公共公司（Grand Prix International Public Company Ltd）主办，德国慕尼黑国际贸易展览服务公司促销，合作方有泰国皇家汽车协会、产业部、旅游与运动部、泰国旅游局、泰国汽车零部件制造商协会。2017 年 3 月 29 日 ~ 4 月 9 日，第 38 届曼谷国际车展在 Impact 会展中心举行，观众人数比 2015 年和 2016 年有所下降，仅有 160 万人参展。

1986 年，印度政府拟建立开放的市场经济，直到 1993 年才允许国外投资。印度车展（Auto Expo）是该国针对汽车及零部件举办的最大和最重要的活动。展览于 1986 年 1 月 3 日 ~ 12 日作为国内展首次开办，有 105 名展商，1 万平方米的展场。1993 年举办了第二届车展，国外展商开始进入，规模比上届大一倍。1996 年第 3 届展览后改为每两年一展，地点在新德里附近的大诺伊达（Greater Noida），主办方为印度汽车零部件生产商协会、印度产业联盟和印度汽车制造商协会，并得到德国汽车联合会（VDA）的支持。2014 年由于场地有限分为两个展览。2016 年 2 月 5 日 ~ 9 日在印度世博中心（India Expo mart）的整车展有 65 名展商、6 万名观众参展，展出两轮车超过 200 辆、三轮车和汽车超过 300 辆，发布新车 108 辆，面积达到 7.3 万平方米。2016 年 2 月 4 日 ~ 7 日的零配件展在新德里会展中心（Pragati Maidan）举行，有 1502 名展商（其中 907 名来自印度，595 名来自国外）和 62 个国家的 114 328 名观众参展，展览面积为 7 万平方米。

韩国汽车制造业发展于20世纪中期。首尔车展（Seoul Motor Show）是韩国最重要的汽车贸易类综合展，1995年首次举办。主办方委员会由韩国汽车制造商协会、韩国汽车进口和销售协会、韩国汽车工业协会组成，国际合作者为德国慕尼黑国际贸易展览服务公司（IMAG）。2015年4月2日~12日，在韩国国际展览中心（KINTEX）举行的展览有来自9个国家的180名展商、61.5万名观众、1775家媒体参展，展览面积达91 141平方米。现场分为汽车历史视频区、辉煌记录展示、安全驾驶体验区、汽车与时尚区，涉及汽车艺术会议、汽车IT技术会议、学生自制汽车比赛、商业会议、试乘试驾等活动。

伊朗是中东最大的汽车生产国。汽车产业是该国继油气之后的第二大产业，其产值占GDP的10%以上。2016年，该国生产116万辆车，汽车产量世界排名第十八位。政府准备在2021年将产量提高到300万辆。伊朗德黑兰国际汽车零部件展（Iran International Auto Parts Exhibition）自2005年开始办展，每年一次，主办方为伊朗汽车零部件生产商协会、伊朗国际贸易公司、伊朗国际展览公司，国际合作伙伴为德国慕尼黑国际贸易展览服务公司（IMAG）。2015年，有来自22个国家和地区的496家展商、416家国内展商参展，展场面积达24 812平方米。

俄罗斯由于受从前计划经济体制的影响，展览业相对于多数欧洲资本主义国家一度落后。首都莫斯科目前有两大汽车产业展览。一是2005年开办的俄罗斯汽车产业国际展览会（INTERAUTO），主办方为莫斯科克洛库斯国际展览中心（Crocus Expo），国际合作者为德国慕尼黑国际贸易展览服务公司。2014年，该展有来自19个国家的700名展商、3.6万名观众参展，展览面积为4.6万平方米，展品包括汽车零部件和用品。二是2006年开办的莫斯科国际汽车沙龙（MIAS），主办方为俄罗斯汽车制造商协会、莫斯科克洛库斯国际展览中心，支持方为国际商业协会，国际合作方为德国慕尼黑国际贸易展览服务公司。2014年，该展览有54个国际汽车品牌（如奥迪、宝马、迷你、奔驰、大众、菲亚特和福特）、14辆世界首发车、73辆俄罗斯首发车、21辆概念车展出，8个展厅共12万平方米的展览面积，观众大约有 110 万人。

（七）国内汽车产业主要展览发展历程

全国汽车配件交易会（CAPF）即“全国汽配会”，是中国汽车配件行业的传统盛会，可以说是我国汽车行业中第一个带有计划经济色彩的展会。其主办单位为中国汽车工业销售总公司和中国汽车工业配件销售公司，已形成具有 1500 多个展位，参会人员 10 万人次的展览规模。1965 年，一机部所属中国汽车配件公司发文召开“汽车维修配件第一次商品平衡调度会”。至今为止全国汽配会已成功举办了 79 届，经历了“全国汽车配件平衡调度会”“全国汽车配件排产订货会”到“全国汽车配件交易会”三个阶段。在计划经济时期，全国汽配会在分配企业计划、调剂企业库存物资等工作中起到了重要作用，由此奠定了主办单位在中国汽车配件行业内坚实的管理基础和特殊的地位。近年来随着市场经济的不断发展，全国汽配会已由传统意义上分配指令性计划的大会，发展到集整车、汽车零配件、汽车电器用品、汽保设备、汽车装饰、养护用品为主要展品的专业展会。

改革开放前的计划经济体制时期，中国汽车产品品种少、产量低。改革开放后，国家实行有计划的市场经济体制，汽车产业进入一个全新的发展阶段，中国真正的汽车产业展览应运而生。1983 年 5 月，以饶斌、李刚、陈祖涛等为核心的中国汽车工业公司领导班子，组织全行业在北京农业展览馆的一个露天场地举办了首届全国改装汽车、专用汽车新产品展评会。这次展会虽然只有卡车和客车，参与者仅限业界人士，但开创了国内整车展览的历史先河。

中国最早的专业国际汽车展览是 1985 年 7 月 3 日在上海工业展览馆（现上海展览中心）举办的上海车展（Shanghai International Automobile Industry Exhibition）。首届上海车展有来自 22 个国家和地区的 73 家厂商参加，展览面积为 1 万平方米。1993 年，上海车展主办方首次进行了大规模的广告战和宣传战。在第十届上海车展中，上海市国际展览有限公司和德国慕尼黑展览公司加盟承办方，共同推动了上海车展步入大型化、国际化、定期化、品牌化展览的发展轨道。从 2003 年起，除上海贸促会外，车展主办单位增加了中国汽车工业协会和中国国际贸促会汽车行业分会。2004 年，上海车展顺利通过了国际展览业协会（UFI）的认证，成为中国第一个被 UFI 认可的汽车展。目前上海车展逢单数年举办，展出时间为 6 天，已成为亚洲最大规模的综合车展。2015 年 4 月 20 日 ~ 29 日在国家会展中心（上海）举办的上海车展吸引了 18 个国家和地区的 1185 家中外汽车展商参展，展出总面积超过 35 万平方米，展出整车 1343 辆。其中，全球首发车 109 辆，新能源车 103 辆，概念车 47 辆，亚洲首发车 44 辆。车展期间，来自 44 个国家和地区的 2150 家中外媒体 1 万余名记者竞相报道了车展盛况。本届车展共吸引参观者 92.8 万人次。

北京国际汽车展览会（Beijing International Automotive Exhibition），简称“北京车展”，为每两年举办一次的综合车展。首届展览于 1990 年 7 月 3 日 ~ 8 日在中国国际展览中心举办，面积为 2 万平方米，展商总数有 372 家，观众总数为 10 万人。为了与世界国际车展接轨，第四届北京车展首次设立了专业观众日和普通观众日。在第五届北京车展期间，中国中央电视频道直播了该届展会的盛况，开创了电视直播展会的先河。2000 年的北京车展首次设立了媒体参观日。2004 北京车展已经和底特律、法兰克福、东京等国际车展一同被列为国际顶级车展。第十届北京车展搬到顺义新国展举办，展位面积达到创纪录的 18 万平方米。2014 年的北京车展有来自 14 个国家和地区的 2000 名展商，展览面积达 23 万平方米（其中整车 16 万平方米、零部件 7 万平方米），85 万观众和来自 40 个国家的 1.4 万名记者（国外记者 1220 名）参展，展出 1134 辆车（其中 31 辆世界首发、45 辆亚洲首发、71 辆概念车和 79 辆新能源车）。2016 年，第十四届北京车展在中国国际展览中心新馆和老馆同时举行。

成都国际汽车展览会（CDMS）是西部地区规模较大的年度汽车盛会。该展览由成都市人民政府主办，成都世纪城新国际会展中心有限公司、汉

诺威米兰展览（上海）有限公司承办，中国国际贸易促进委员会汽车行业委员会予以相关支持。第一次车展于 1998 年 9 月 8 日 ~ 13 日在成都沙湾路国际会议展览中心举行，展出面积仅有 400 平方米，20 余家汽车经销商免费参展。2004 年展会面积达 5 万平方米，观众超过 20 万人次，汇集了国内外知名汽车生产厂家，现场销售车辆 2000 余辆，成交金额 2 亿多元。2016（第十九届）成都国际汽车展览会在成都世纪城新国际会展中心举行，展出总面积达 15 万平方米，现场有 110 个汽车品牌，展出车辆约 1380 辆，首发车型 87 台。车展期间，来自国内外 2300 家媒体的 8000 余名记者竞相报道了车展盛况，共吸引参观者 65.5 万人次。为期 10 天的展览共销售车辆 31 186 辆，其中豪车 908 辆。

相对于上海车展、北京车展和成都车展，中国（广州）国际汽车展览会（Auto Guangzhou）创办时间较晚。首届广州车展于 2003 年举行，这是由广州市人民政府、广东省经济和信息化委员会、中国对外贸易中心、中国机械工业联合会、中国汽车工业协会联合举办的综合性汽车产业展览会，展会共分为乘用车、商用车、汽车零部件及用品三大展区。第一届展览总面积为 5 万平方米，其中整车展区为 4 万平方米；参展企业 236 家，其中整车企业 44 家；展出车辆 240 辆，其中新车 113 辆；观众总人次达 50 万；有 340 家近 1000 名记者到场。为与北京和上海车展错开，广州车展举办时间一般定在每年的 12 月。2016 年，在中国进出口商品交易会展馆举办的广州车展有约 600 家展商、66.7 万人次参展，2412 家媒体的 9545 名记者参与报道，共展出 1130 台车（其中概念车 19 台，全球首发车 56 台），展览面积达 22 万平方米。

2005 年，北京雅森国际展览公司率先创立中国首个汽车用品专业展会——中国国际汽车用品展览会（CIAACE）。至 2010 年，全国汽车用品展会有 20 多个，平均半个月就有一场。汽车用品展中的地区展主要包括黑龙江哈尔滨，山东临沂、济南，浙江台州，以及重庆、山西等各地近年出现的展会。其主要特点是规模较小，参展商以小企业和经销商居多，而买家则主要以本省或相邻省份的小经销商和零售店为主。2012 年，是国内汽车用品展览事业的爆发之年。当年举办的展览有：成都汽车暨汽车用品冬季交易会、第八届中国义乌汽车用品交易会、第九届中国（台州）汽车用品交易会、广州国际汽车零部件及用品展览会、全国汽车坐垫暨汽车用品（济南）交易会、西北（甘肃）国际汽车用品展、中国汽车用品秋季（郑州）交易会，等等。据慧聪网统计，2012 年当年有 30 多个汽车用品展。目前，北京雅森汽车用品展与郑州宏达展、广州九州展并称为国内三大汽车用品展。

得益于改革开放政策、政府重视和支持、庞大规模人口及其消费能力的普遍提高，我国汽车产业和各类会展活动近 10 年内在各地得到了蓬勃发展。甚至有人惊呼，中国车展已进入“战国时代”。21 世纪以来，我国老爷车展也开始举办。2012 年 5 月 18 日，深圳一舍大湾酒店举行了“老爷也疯狂——2012 国际古典汽车展览会（深圳站）”。同年 9 月 21 日 ~ 12 月 31 日，为期三个月的天津首届国际老爷车博览会在天津空港国际汽车园举行。2013 年 10 月 18 日 ~ 20 日，尊驰盛汇上海老爷车博览会在上海外滩源壹号举行。2014 年 9 月 5 日 ~ 6 日，首届中国国际老爷车展览会在北京房车博览中心盛大开幕。

除了老爷车展外，国内举办的非普通乘用车、商用车的展览（如运动车展和旅行房车展）也开始出现。由中国汽车运动联合会主办，上海力盛赛车、珠海会展集团协办的首届中国汽车运动产业博览会（ASI）于 2015 年 12 月 11 日 ~ 13 日在珠海国际会展中心举行。参展商主要是赛车产业商家、运动型整车装配及高性能改装产业商家，展览面积为 2.5 万平方米。上海大众、北京现代、斯巴鲁、米其林轮胎、普利司通、邓禄普、中国房车锦标赛、广东国际赛车场、中国卡丁车锦标赛、大众 333 车队等 87 家知名参展商，以及 200 多个国际品牌，全面展示了目前中国市场上围绕汽车运动所形成的各经济环节。

中国（北京）国际房车露营展览会（Beijing International RV and Camping Exhibition）于每年春秋两季在北京房车博览中心·房车世界举行。自 2010 年首次举办至今，展会已经发展成为亚洲最大的房车露营交易盛会，堪称中国房车及露营产业发展的风向标和晴雨表，为品牌商、渠道商和购买者架起技术与贸易互通的桥梁。2017 年 3 月 27 日，由中国汽车工业协会旅居车（房车）委会员、21 世纪房车等单位主办的“第十四届中国（北京）国际房车露营展览会”在北京房车世界・房车博览中心正式落下帷幕。本届展览有来自国内外的企业约 400 家，现场房车超过 1000 台，展览面积达 8 万平方米；观众数量约有 8 万人次；300 多家媒体参与了报道。承办方北京露营者房车展览有限公司成立于 2002 年，是中国第一家以房车露营展会活动、国内外房车露营考察学习，房车、房车零配件与户外露营用品销售展示等多种形式传播推广房车与露营文化的专业公司。

（八）全球汽车产业展览发展历程小结

欧洲被公认为国际会展业的发源地，其会展活动起源于中世纪的集市。公元 629 年在法国圣丹尼斯举办的交易会，被西方学者认为是世界上最早的国际集市交易会。12 ~ 13 世纪的法国香槟集市，是古代展览活动中较为完善的形式。现代意义上的贸易展览起源于德国。15 世纪初以莱比锡为代表的一些德国城市已经成为著名的会展城市。15 世纪末开始的“地理大发现”进一步推进了会展业的跨地区和国界的发展。17 世纪以后的工业革命，促进了工业展览的出现，并成为会展活动的主导形式。1798 年，法国政府组织世界上第一个工业产品大众展，被公认为近代工业展览会的开端。1851 年，英国“万国博览会”成为展览活动由集市向国际贸易展览发展的重要标志。19 世纪末期，欧洲展览业进入快速发展阶段，即现代贸易展览会和博览会阶段。1894 年的莱比锡国际工业样品博览会是目前流行的国际专业博览会的前身，也是展览会形式成形的标志。1920 年的莱比锡技术博览会是世界上第一个专业技术博览会，展览会由单纯的商品交换发展为现代科技知识的相互交流与转移。德国莱比锡技术、经济和文化高等学院教授 Troll 博士认为，世界展览的发展经历了“以物易物”“以钱易物”“样品博览会”“技术博览会”“专业博览会”五个阶段（基希盖奥格等，2008）。

虽然我国会展活动的起源比欧洲可能更为久远[1]，但直到20世纪末，会展业的发展一直极为缓慢。1851年，中国商人第一次参加伦敦万国博览会；1904年，清政府派出代表团参加美国圣路易斯世博会；1951年3月，我国首次参加东德“莱比锡春季博览会”。1952年成立的中国国际贸易促进委员会大力推动了企业的出国参展。1957年春，中国进出口商品交易会（俗称“广交会”）在广州首次举办。中国会展业的产业化正式起步于20世纪末期。1999年，我国第一次主办世界博览会——云南昆明园艺博览会。2002年前后，国内高校陆续开办会展相关专业。2010年，我国在上海首次举办世界博览会。2015年，国务院印发《关于进一步促进展览业改革发展的若干意见》。目前，我国展览业的规模已经跃居世界前列。

从汽车发源地国家和汽车制造业后起国家的汽车产业展览发展历程来看，汽车产业及其展览活动的发展可以说是相辅相成。（1）汽车产业展览的演化紧随汽车的发明和发展（见图2.2–2）。以整车展览开始，接着出现了综合车展、改装车展和老爷车展等，综合车展随后又分化为后市场车展、材料能源展和零配件展（见图2.2–3）。但整车展在综合车展之后并没有消失；零配件展出现后，综合车展也没有完全消失。目前，后市场车展又延伸出汽车文化艺术展。（2）汽车产业展览不仅促进了汽车的市场销售，更重要的是传播了汽车知识和文化，展示了汽车技术和管理方面的创新成就，推动和加快了汽车系列发明的产业化（朱亮，2010）。（3）世界上绝大多数国家都先后举办过汽车产业展览，该类展览的举办、发展与当地汽车制造业基础和（或）汽车消费市场规模密切相关。（4）汽车产业的世界顶级品牌展览仍然集中在汽车产业发源地的德国、法国、瑞士、美国和日本等工业高度发达的资本主义国家。这些国家汽车制造企业不但历史悠久，汽车普及率高，而且产量大、技术先进，在国际上享有较高的声誉，具有举办

[1] 有文献表明，中国集市大约起源于3500多年前的殷周时代。至唐朝（618—907年）时，国际化的集市已相当发达。

世界品牌展览的号召力。（5）汽车展览的举办受国际形势影响。在两次世界大战期间各国车展几乎停办，经济萧条也会使车展规模有所缩小。

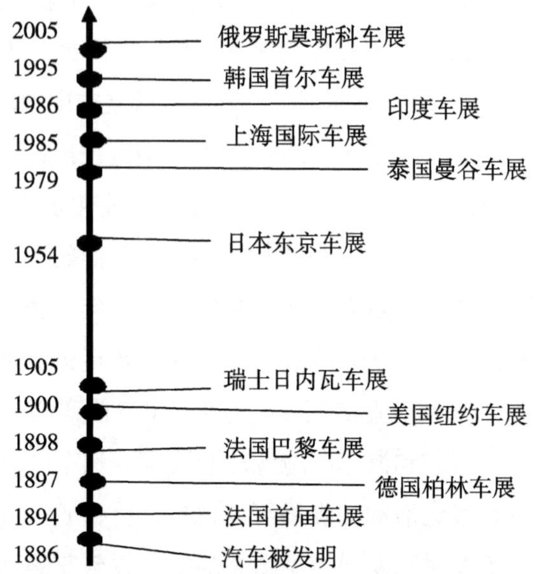

图 2.2-2　世界主要国家重点车展的首届举办时间

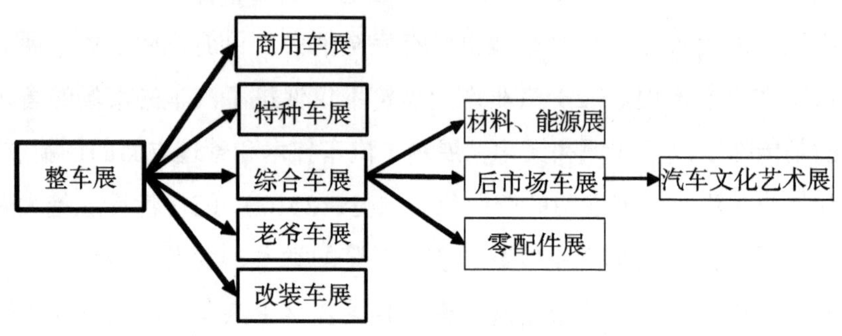

图 2.2-3　汽车产业展览的演化

第 3 节　全球汽车产业重要组织及其会议

（一）国际汽车工程师学会及其会议

国际汽车工程师学会（SAE[1] International）原为“美国汽车工程师学会”，是一个享有世界声誉的技术性学会。该学会在全球范围内拥有超过 14.3 万名会员，会员均是航空航天、汽车和商用车辆行业的工程师和相关技术专家。学会的核心竞争力是终身学习和自愿开发一致性标准。主办机构是 SAE 基金会。该基金会支持多项活动，包括“运动中的世界”和“学院设计系列赛”。

20 世纪初，美国和全球范围内出现了大量汽车制造商。其中有些制造商和汽车零部件公司加入了部分贸易团体。这些团体可帮助它们推动业务发展和提高公众对汽车这种新型运输工具的认知度。然而，专利保护、通用技术设计问题和工程标准制定方面的需求日趋明显，许多汽车行业中的工程师希望能够进行“免费的思想交流”以扩展他们个人的知识储备。当时，两位杂志从业人员彼德·赫尔德（《无马时代》工作人员）和贺拉斯·斯威特兰德（《汽车杂志》工作人员）是创建学会的坚定支持者。在两人的努力下，美国工程师学会于 1905 年在纽约成立。第一批会员中包括 30 名工程师，年费为 10 美元。

在第一个 10 年中，会员发展稳定，开始出版技术杂志和技术论文综合汇编。到 1916 年为止，会员已达 1800 人。会员埃尔默·斯佩里创造了术语“automotive”，分别取自希腊语 autos（自己）和拉丁语 motivus（运动），从

[1] Society of Automotive Engineers 的缩写。

而代表任何形式的可自行提供动力的机械装置（即自动机）。该学会由此变为汽车工程师学会[1]。1920 年，会员人数超过 5000 人。学会的标准制定计划在两次世界大战盟军的军事行动中均扮演着重要角色。第二次世界大战后，学会强调适度扩张，从主要以标准为中心的组织转变为进行广泛信息交换的组织。年度会议发展成为一个主要的展览和教育活动，现称为 SAE 国际汽车年会。20 世纪 50 年代期间，会员人数飞速增长，当时已超过 1.8 万人。SAE 的会议和展览开始发展壮大，并成为一个享有较高知名度的学会。

1973 年，由于组织规模的快速扩大以及对员工和空间的需要，组织迁到了现在的宾夕法尼亚州沃伦德尔市（匹兹堡市郊外）总部园区。当时，很多汽车行业内的关键材料供应商和技术供应商的总部均在匹兹堡市，诸如美国铝业公司、美国钢铁公司和西屋公司等，它们都是全球汽车领域的重要参与企业。20 世纪 90 年代，国际汽车工程师学会宣布成立巴西分会，会员超过 1500 人。学会现已在中国、俄罗斯、罗马尼亚、印度和埃及等国新设了分会，每年都会举行自己的国际年会。如表 2.3–1 所示。

表 2.3–1　2016 年下半年 SAE 举办的汽车类国际会议

会议	时间	地点
在线诊断技术研讨会	9.13 ~ 15	美国印第安纳州印第安纳波利斯
汽车电子大会与展览	9.19 ~ 21	美国密歇根州诺维市
重型柴油机排放控制技术研讨会	9.20 ~ 21	瑞典哥德堡
新能源汽车国际论坛	9.21 ~ 23	上海昆山花桥维景国际大酒店
北美国际动力总成大会	9.21 ~ 23	美国伊利诺斯州芝加哥
同济 2016 智能汽车驾驶技术研讨会	9.22	昆山花桥维景国际大酒店
第三十四届制动研讨会与展览	9.25 ~ 28	美国亚利桑那州斯科茨代尔
航空系统与技术大会暨国际动力提升大会	9.27 ~ 29	美国康涅狄格州哈特福德
热管理系统技术研讨会	10.18 ~ 19	美国亚利桑那州梅萨

[1] 这里遵从习惯译法。笔者认为译为“自动机工程师学会”更准确。

续表

会议	时间	地点
国际动力总成、燃油与润滑油大会	10.24 ~ 26	美国马里兰州巴尔的摩
商用车工程年会	10.4 ~ 6	美国伊利诺斯州罗斯蒙特
航空航天制造与自动紧固大会与展览	10.4 ~ 6	德国不来梅
小型发动机技术大会与展览	11.15 ~ 17	美国南卡罗来纳州查尔斯顿
汽车电气化与智能化技术论坛	11.30 ~ 12.1	上海银星皇冠假日酒店

注：资料来源于官方网站。

国际汽车工程师学会首届中国会议——“2008 SAE International 动力系统、燃油及润滑油大会”于 2008 年 6 月 23 日 ~ 25 日在上海万豪虹桥大酒店举行。本次会议由国际汽车工程师学会与中国汽车工程学会、中国汽车技术研究中心（CATARC）合作举办。作为世界范围内最权威、最高级别的技术创新会议，该会议历届均吸引了全球顶尖专家学者的参与。为期两天的大会主要活动议题包括大会专题演讲、CEO 或总裁座谈会、行业专题演讲、技术研讨会等。

（二）国际汽车制造商协会及其会议

20 世纪初，德国、法国、意大利、英国的汽车产业走在了世界各国前列，欧洲汽车产业已经具有了一定规模。国际汽车制造商协会（OICA）[1] 于 1919 年在巴黎成立，是由世界各国的汽车制造商协会组成的国际组织，总部设在巴黎。1986 年以前称为“国际汽车制造商常设局（BPICA）”，1986 年改为现名。协会现有 41 个会员单位，遍布五大洲，包括中国、美国、德国、日本、法国、意大利、韩国、印度、俄罗斯、巴西等 40 多个主要汽车

[1]　法文 Organisation Internationale des Constructeurs d’Automobiles 的缩写。英文全称为“the International Organization of Motor Vehicle Manufacturers”。

生产国，实际上覆盖了全球整个汽车工业。协会下设四个委员会：工业与经济政策委员会、展览委员会、统计委员会和技术委员会。技术委员会成立于 1956 年，主要工作是代表全球汽车工业界参与联合国世界车辆法规协调论坛（WP29）的活动，是全球汽车制造业唯一的国际组织和代表联盟。国际汽车制造商协会的最高权力机构是会员大会，每年召开两次会议。

（三）国际汽车工程师协会联合会及其会议

国际汽车工程师协会联合会（FISITA）[1] 于 1948 年在巴黎成立，目标是联合全球汽车行业的工程师互相合作，交流汽车行业技术发展的各种观点和讨论汽车产业未来发展的趋势。历经 60 多年的发展，现已拥有 37 个成员国，代表全球 21 万名汽车工程师，被称为世界汽车工程技术领域的“联合国”。FISITA 主办的重要会议有“世界汽车大会”“世界汽车峰会”和“欧洲制动年会”。

早在 1947 年，第一届“FISITA 世界汽车大会”就举办了。此后，年会每两年一届在各成员国之间轮流举办。每届年会都会吸引数千名来自世界各国的代表参与，已成为国际顶级汽车技术交流平台。“FISITA1994 年会”和“FISITA2012 世界汽车工程年会暨展览会”都在北京召开。2016 年 9 月 26 日 ~ 30 日，第 36 届 FISITA 年会在韩国第二大城市——釜山举行。“世界汽车峰会”是每年一次的高层次会议。大会将汽车界领袖与来自政界、学术界和非政府组织中的关键人员聚在一起，讨论对汽车未来有重要影响的关键技术和战略问题。参与者只能被邀请，并且人数不超过 100 名。而“欧洲制动年会”是世界上最大的制动技术研讨会暨展览会，每年也由 FISITA 主办。这一重大国际论坛将乘用车、商用车、铁路、航空航天、工

---

[1] 法文为 Fédération Internationale des Soci étés d'Ing é nieurs des Techniques de l'Automobile，缩写为“FISITA”，英文为“the International Federation of Automotive Engineering Societies”。

业界和学术界等领域的制动专家聚集在一起。此外，FISITA 还向被该联合会的技术委员会判定为对工程界很有价值或具有极高技术含量的会议提供支持。

（四）电气与电子工程师协会及其会议

电气与电子工程师协会（IEEE）[1] 的前身是 1884 年成立的美国电气工程师协会和 1912 年成立的无线电工程师协会，是一个国际性的电子技术与信息科学工程师的协会，会员人数超过 40 万，遍布 160 多个国家。该协会在经济上赞助的汽车相关类会议有：车辆技术会议（VTC）、车载无线通信国际研讨会（WiVec）、车载电子会议 - 国际电动车大会（VEC–IEVC）、车辆动力和推进会议（VPPC），等等。

电气与电子工程师协会的车辆技术协会（VTS）成立于 1949 年，由大约 5500 名工程师、科学家、学生、技术人员组成，涉及陆运、铁路或轨道交通、移动通信、车辆电工技术设备、空中和水上交通业务等领域，主要工作是组织技术会议和研讨会、出版技术期刊和图书、表彰奖励优秀人员、参与标准的制定、支持会员活动。该协会组织的车辆技术大会（VTC）因其技术论文和出席者的高品质而出名，车辆工程的创新发展经常在这些会议上首次公开。会议从 1950 年到 1998 年每年举行一次，从 1999 年开始改为半年举行一次。2016 年 5 月 15 日至 18 日，第八十三届 IEEE 车辆技术大会在中国南京希尔顿酒店举行。

（五）世界电动车协会及其会议

20 世纪中期，汽车所带来的空气污染引起各国注意。1975 年，美国立

[1] Institute of Electrical and Electronics Engineers，缩写为“IEEE”。

法对汽车废气排放进行严格控制。采用新技术实现节能减排只是一种权宜之计，根本上解决问题还要采用新能源。1977 年，第一次国际电动汽车会议在美国举行。此后，发达国家的电动汽车有了进一步的发展。世界纯电动车、混合动力车和燃料电动车大会暨展览会（EVS）[1]，简称为“世界电动车大会及展览会”，是当今世界电动车、新能源汽车领域最大规模、最高层次的大会和展览会，由世界电动车协会发起，亚太电动车协会、美国电驱动运输协会（美洲电动车协会）和欧洲电动车协会联合所在区域承办国共同举办。世界电动车大会及展览会是由总部位于美国加利福尼亚州帕罗奥图市的世界电动车协会（WEVA）[2] 主办的世界最大规模的电动车盛事，首届于协会成立的 1969 年举行，迄今已有 40 多年的历史（见表 2.3–2）。大会聚集与会国家政界、企业界、科技界、工程技术界和人文科学界的领袖人物、知名企业家、学者、教授、工程技术人员，共同探讨纯电动车、混合动力车和燃料电池车等新能源与节能环保汽车、汽车零部件最新技术发展与应用，研讨和交流各国政策导向、发展战略、配套基础设施扶持、新产品市场营销和产业升级等情况，探索产业高端及前沿技术的研发与创新，并为国际电动车产业经济技术合作与交流搭建平台。

表 2.3–2　世界电动车大会暨展览会的历史

届数	时间	举办地点	届数	时间	举办地点
1	1969.11	美国亚利桑那州凤凰城	16	1999.10	中国北京
2	1971.11	美国新泽西州大西洋城	17	2000.10	加拿大蒙特利尔
3	1974.2	美国华盛顿特区	18	2001.10	德国柏林
4	1976.9	德国杜塞尔多夫	19	2002.10	韩国釜山
5	1978.10	美国宾西法尼亚州费城	20	2003.11	美国加利福尼亚州长滩
6	1981.10	美国马里兰州巴尔的摩	21	2005.4	摩纳哥
7	1984.6	法国凡尔赛	22	2006.10	日本横滨

[1] 即 The International Vehicle Symposium and Exposition，缩写为“EVS”。

[2] 即 World Electric Vehicle Association。

续表

届数	时间	举办地点	届数	时间	举办地点
8	1986.10	美国华盛顿特区	23	2007.12	美国加利福尼亚州安那海姆
9	1988.11	加拿大安大略省多伦多	24	2009.5	挪威斯坦万格
10	1990.12	中国香港	25	2010.11	中国深圳
11	1992.9	意大利佛洛伦萨	26	2012.5	美国洛杉矶
12	1994.12	美国加利福尼亚州安那海姆	27	2013.11	西班牙巴塞罗那
13	1996.10	日本大阪	28	2015.5	韩国首尔
14	1997.12	美国佛罗里达州奥兰多	29	2016.6	加拿大蒙特利尔
15	1998.10	比利时布鲁塞尔	30	2017.10	德国斯图加特

注：资料来源于官方网站。

（六）国内主要汽车产业会议组织及其会议

改革开放以后，中国汽车产业突破了诸多原有的政策限制，得到了快速发展。我国目前已成为世界最大的汽车生产和销售市场。国内汽车产业会议也伴随汽车产业的发展而兴盛。主办行业重大会议的组织主要是各类协会、学会和汽车研究院所。

中国汽车工程学会（SAE-China）[1]的前身是中国机械工程学会汽车工程分会，1963 年成立于长春，1984 年加入国际汽车工程师协会联合会（FISITA），1985 年成为全国性学会，办公地点位于北京，下设 25 个专业分会。1983 年，学会与澳大利亚、印度尼西亚、日本、韩国、美国等国的汽车工程学会共同发起“国际太平洋地区汽车工程会议（IPC）”，现已更名为“亚太汽车工程年会（APAC）”。第十九届亚太汽车工程年会（APAC 19）将于 2017 年 10 月 24 日 ~ 26 日在上海举办。“中国汽车工程学会年会”由该学会主办，到 2016 年已成功举办 23 届，成为国内学术水平最高、

[1] 即 Society of Automotive Engineers of China，应准确地称为“中国汽车工程师学会”。

技术交流最活跃、最有影响力的综合性、国际化学术交流活动。2016 年会（SAECCE）的参会代表有 2604 人，技术展览面积超过 1 万平方米。2016 年该学会主办的会议有：第十届中国（花都）汽车论坛暨新常态下汽车行业国际并购高峰会、电动汽车消防安全专题交流会、第二届汽车可靠性技术研讨会、中国汽车工程学会第十九届汽车安全技术国际学术会议、2016 中国汽车工程学会年会暨展览会，等等。

中国汽车工业协会（CAAM）[1]，是在中国境内从事汽车、摩托车、零部件及汽车相关行业生产经营活动的企事业单位和团体，在平等、自愿基础上依法组成的全国性工业行业协会。该协会成立于 1987 年 5 月，办公地点在北京，业务范围包括会展服务。中国汽车工业协会设置了 28 个分支机构，由管理型、产品型和其他类型三大类组成。该协会近年来主办的会议有：2016 年第四届中国国际汽车照明论坛、2016 年第三届国际城市新能源车辆运营发展论坛暨展览会、2017 年第三届氢燃料电池汽车产业高峰论坛、2017 中国汽车智造与测控技术大会等。

中国国际贸易促进委员会汽车行业分会（CCPIT-Auto）[2]，简称"汽车贸促会"，1988 年 6 月于北京成立。其职责之一就是组织会展活动。2010 年，汽车行业委员会开始主办每年一次的"全球汽车论坛"。全球汽车论坛第一届至第三届年会的主办方是中国国际贸易促进委员会汽车行业委员会和成都市人民政府，第四届和第五届的主办方是中国国际贸易促进委员会汽车行业委员会和武汉市人民政府，第六届和第七届的主办方是中国国际贸易促进委员会汽车行业委员会和中国重庆国际汽车工业展组委会。而每届的主题依次为"2010 在变革的时代塑造行业的未来""2011 从生产大国到创新强国的跨越""2012 在变革的时代塑造行业的未来""2013 汽车工业未来发展之路""2014 中国汽车产业转型升级之智慧与远见""2015 大变革：重

[1] 即 China Association of Automobile Manufactures，应准确地称为"中国汽车制造商协会"。

[2] 即 China Council of the Promotion of International Trade，Automotive Sub Council。

构产业体系”“2016 新一轮产业发展的战略支点，中国机遇”。

（七）世界汽车产业会议发展历程小结

会议源于原始人类的聚会，讨论如何处理各种事务和举行祭祀活动。国际会议是人类社会历史发展到一定阶段的产物，源自古代国家的外交活动。公元前 8 世纪，希腊各邦之间举行过有关战争的会议。公元前 651 年，齐桓公和宋、鲁、卫、吴等国的诸侯就在葵丘（今河南兰考）会盟。1648 年，在德国威斯特伐利亚（Westphalia）召开的和会结束了欧洲各国之间长达 30 多年的宗教战争，被西方称为具有现代意义的国际会议。国际会议与国际组织的产生、发展密切关联，后者使国际会议的举行经常化、制度化。从某种意义上说，国际组织实际上是一种固定性的国际会议。西方资本主义工业革命出现后，大量国际组织的涌现使国际会议更为频繁。1914 年，美国国家会议局协会成立。1922 年 4 月 10 日，在意大利热那亚（Genova）召开了世界历史上第一次国际经济会议。1963 年，国际大会及会议协会（ICCA）成立。1972 年，国际会议专业人士联盟（MPI）成立，会议策划成为公众认可的专业。在现代社会，会议更是人们工作中必不可少的社会活动。

按参会者的组织来源，会议可分为组织内部会议、组织外部会议和混合会议。组织内部会议是行政会议，又称为“管理会议”“工作会议”，召开该类会议是为了完成组织的功能、实现组织目标，如企业供应商大会、产品发布会、任务布置会、工作问题讨论会、年终表彰会等。组织外部会议是组织为了加强与外部的信息沟通而召开的会议，如各种行业论坛、技术研讨会、商业培训会、优秀企业颁奖大会等。组织内部会议召开时间较为灵活，数量难以统计。组织外部会议具有一定的公开性、商业性、重复性和前沿性，数量上相对于组织内部会议要少。组织外部会议从根本上决定了会议产业的产生和发展，而组织内部会议对会议产业发展的作用是有限的。

以汽车相关内容为主题的会议活动在早期汽车发明人之间和汽车制造企业诞生以前就大量存在了。毫无疑问，考察世界上第一个汽车产业会议应该从汽车制造、销售和服务企业以外的组织活动中寻找，尤其是行业协会、学会和汽车学院或研究所主办的组织外部会议活动。这是因为，产业协会、学会和汽车学院或研究所主办的外部会议要比汽车制造、销售和服务企业所举办的外部会议具有更大的评判公正性、参与者平等性和信息来源广泛性的优势。但是，无论是组织内部会议还是外部会议，由于其数量众多，对外公开的记录有限，因此很难确定哪一次会议是首次举办的、有重大影响的汽车产业会议。世界主要汽车社团组织的成立时间，如图 2.3–1 所示。

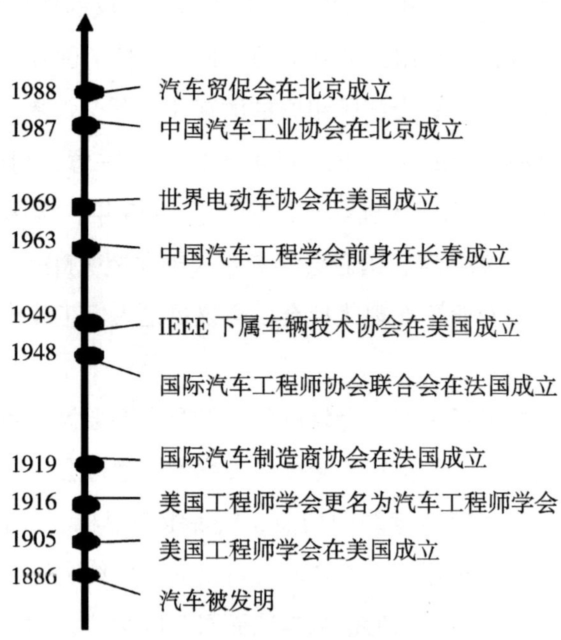

图 2.3–1　世界主要汽车社团组织的成立时间

本文对国内外汽车产业中的重点外部会议的主办方和议题进行了考察，认为：（1）参与国际权威组织主办的国际会议对汽车企业创新和持续发展具有不可替代的重要意义；（2）组织外部会议的主题应该与时俱进，具有代表性、创新性、应用性和前沿性；（3）会议相对于展览、赛事、节庆活动在时间上具有超前性，在参与和组织成本上更低，是汽车企业的首选会展活动；（4）汽车产业的会议组织及外部会议的发展与汽车产业的发展紧密相连，会议主题应当紧扣并反映汽车产业发展的时代主题。

第4节　全球汽车产业主要赛事的发展历程

（一）国外汽车产业赛事发展历程

汽车赛事的起源距今已有100多年的历史。1867年8月30日，两个自供动力车辆之间的配对赛就曾在英格兰阿什顿安德莱恩和老特拉福德的约12.8千米长的道路上进行。第一次有记载的赛车运动是1887年[1]4月28日法国人巴顿（Bouton）驾驶一辆四轮蒸汽车从巴黎沿塞纳河到达努伊，赞助商为《汽车》杂志的主编弗谢（Fossier）。有人认为，虽然只有一位选手，但这次活动具有了现代赛事的基本要素：赞助商、赛车和车手（陈翌等，2010）。严格说来，这还不能称之为汽车“赛事”。此后数年内，法国出现了多场汽车赛事。

虽然德国人发明了汽车，英国是工业强国，但两国政府早期对汽车运动均不感兴趣，出于安全考虑甚至一度在国内禁止赛车。赛车运动最终起源于法国。当时，汽车制造商为了推广汽车这一新事物，想方设法参与各种展示活动，特别是商业展览和赛车运动，以获得消费者的认可，体现相对于竞争者的优势。其中，法国标致汽车公司最为典型。1889年该公司

[1] 汽车被发明之后的第二年。

第一辆以“标致”命名的汽车问世，当年就在巴黎万国博览会上展出。自1890年以来，该公司热衷于参加世界上各类汽车赛事，成为享誉全球的品牌汽车制造商（见表2.4-1）。1894年6~7月，法国《乐珀蒂日报》的皮埃尔·吉法德组织了世界上第一次汽车国际比赛。线路是从巴黎到鲁昂（Rouen），全长127千米。有102辆汽车报名参加比赛。其中，汽油车30辆，酒精车7辆，蒸汽车28辆，电动车4辆。比赛目的是为了检验汽车的性能，宣传汽车的安全性和可靠性。在比赛结果中，只有9辆汽车到达终点。时速为每小时24千米的蒸汽汽车获得第一名。但该车因费用高被取消名次，一等奖颁发给了第二名的“标致”汽车。

表2.4-1　法国标致汽车赛车运动荣誉榜

年份	获得奖项	年份	获得奖项
1894	在127千米的“巴黎－鲁昂无马车大赛”中获得冠军	1996、1997	凭借306 Maxi连续两年获得法国拉力锦标赛冠军
1895	凭借Peugeot type 7获得巴黎－波尔多－巴黎拉力赛冠军	1997	凭借406获得德国超级旅行车锦标赛冠军
1913、1916、1919	三次获得印第安纳波利斯500英里拉力赛冠军	2000、2001、2002	凭借206 WRC连续三年获得世界拉力锦标赛冠军
1963、1966、1967、1968	凭借Peugeot 404四次获得东非拉力赛冠军	2004	凭借406 Coupé 获得法国超级旅行车锦标赛冠军
1975	凭借504在东非拉力赛、摩洛哥拉力赛和班达马拉力赛中获胜	2005	凭借206 WRC获得法国拉力锦标赛冠军，凭借407获得法国超级旅行车锦标赛冠军
1976	凭借504再次在摩洛哥拉力赛中获胜、凭借504 V6 Coupé 在班达马拉力赛中获胜	2007、2008、2009	凭借207 Super 2000获得洲际拉力挑战赛车手和厂商双料冠军

续表

年份	获得奖项	年份	获得奖项
1978	凭借 504 V6 Coupé 在东非拉力赛和班达马拉力赛（科特迪瓦）中获胜	2007	凭借 908 HDi FAP 赛车赢得勒芒系列赛冠军
1985、1986	凭借 205 Turbo 16 连续两年获得世界拉力锦标赛厂商和车手双料冠军	2009	凭借 908 HDi FAP 赛车包揽勒芒 24 小时耐力赛冠亚军
1987、1988、1989、1990	先后凭借 205 Turbo 16 和 405 Turbo 16 连续四年在巴黎 – 达喀尔拉力赛中夺得冠军	2010、2011	获得勒芒洲际大奖赛和勒芒系列赛冠军
1988、1989	凭借 405 Turbo 16 获得派克峰国际爬山赛冠军	2013	塞巴斯蒂安·勒布驾驶标致 208 T16 Pikes Peak 创派克峰国际爬山赛新纪录
1992	凭借 905 获得世界超级跑车锦标赛冠军、勒芒 24 小时耐力赛冠军	2015	凭借标致 2008DKR 包揽中国丝绸之路拉力赛冠亚军，标致汉森团队在国际汽联世界汽车拉力锦标赛中摘得团队桂冠
1993	凭借 905 在勒芒 24 小时耐力赛中包揽前三名	2016	标致车队携 2008DKR 摘得达喀尔拉力赛桂冠，在“2016 丝绸之路拉力赛（莫斯科 – 北京）”中荣膺冠军
1994	凭借 405 获得法国超级旅行车锦标赛冠军		

注：资料来源于官方网站。

1895 年 11 月 12 日，法国汽车俱乐部成立。该俱乐部是国际汽车联合会（FIA）的前身。1895 年 6 月，法国汽车俱乐部举办了从巴黎到波尔多、往返 1178 千米的长途汽车赛事。1899 年 7 月，法国汽车巡回赛（Tour de France Automobile）首届比赛举行，组织者为马丁。在法国汽车协会控制下，整个比赛分 7 个赛段进行。开始有 49 辆车，完成比赛的有 21 辆车。

直到20世纪80年代被整合进欧洲拉力锦标赛中并于1986年停办之前，法国汽车巡回赛几乎每年定期在法国公路上进行。1992年，该项比赛恢复举办古董车赛，并成为定期举办的活动。

1903年，在法国汽车俱乐部举办的“巴黎－波尔多－马德里”的比赛中，有近300万名观众在赛道两旁观看比赛。早期的汽车赛事在城镇到城镇之间的公路上进行。许多车手因为公路比赛存在的危险而丧生，赛车对道路两旁的观众也会造成伤害，于是专业比赛赛道应运而生。1896年，在美国罗得岛首府普罗维登斯一个长1.6千米、宽22米的赛马场举办了世界上最早的汽车跑道赛。1906年，法国汽车俱乐部在勒芒市一个环形跑道上组织了第一场真正意义上的场地汽车大赛。该场比赛被业内人士认为是汽车运动开始走向发展的重要标志。“赛车”一词就来自法文“Grand Prix”，意思是“大奖赛”。1923年，该赛道又首次举行了著名的24小时世界汽车耐力赛。

国际汽车联合会的成立大大推动了世界赛车这项体育运动的发展。1904年，法国、英国、德国、比利时等欧洲一些国家发起成立国际汽车联合会（FIA），总部设在法国巴黎，以推动汽车工业发展为宗旨，主要负责全球汽车俱乐部和各种汽车协会的活动，最高权力机构是世界汽车旅游理事会和世界汽车运动理事会。1948年在法国Pau小镇举行的比赛首次采用了统一的规则。国际汽车运动联合会成立后举办的重大汽车赛事有：1950年开始的世界一级方程式锦标赛（F1）[1]，1973年开始的世界拉力锦标赛（WRC），1997年开始的GT世界锦标赛，2005年开始的世界房车锦标赛（WTCC）[2]。2009年，国际汽车运动联合会的总部移至瑞士苏黎世，负责与汽车比赛有关的一切事项，包括世界赛车运动的组织、道路安全、环境、弯道、机动性及车辆使用人员的保护等。

---

[1] 正式全名为“FIA Formula One World Championship”（国际汽车联合会一级方程式赛车世界锦标赛）。

[2] 其前身为欧洲房车锦标赛。

随着时间的推移，一些“过时”的汽车也被纳入不同于传统车赛的专门比赛。1925 年，在德国慕尼黑举办了世界上最早的古董汽车拉力赛。1927 年，意大利开始举办一年一度的古董车千里赛。但这些比赛对古董车有很大损害，后来的古董车赛不得不改变规则。1929 年 9 月 1 日，意大利埃斯特庄园老爷车赛（Concorso d’Eleganza Villa d’Este）在科莫湖畔的埃斯特别墅举办。此后每年四月的最后一个周末（直到 2010 年）都会吸引全球最优秀的老爷车在此云集，是经典老爷车的高雅竞赛。现在，游客可以分类欣赏在 1920 ~ 1970 年间建造的约 50 辆汽车。汽车制造商也借此活动展示一些他们即将推出的新车型。优雅的环境，无可挑剔的热情好客，高效的组织，埃斯特别墅和埃尔巴别墅大酒店的活动，热情的观众，在国际媒体和电视上的公众知名度，更重要的是参展车辆的原创性和保存状态，均是埃斯特庄园老爷车赛的特征。“埃斯特别墅杯”是最传统的奖项，由在埃斯特别墅的公众投票决定。而授予当代概念车的奖项自 2002 年开始，并持续至今。如表 2.4–2 所示。

表 2.4–2　埃斯特庄园老爷车赛的发展历程

年份	人事记
1929	1929 年 9 月 1 日第一次举办，此后每年四月的最后一个周末。由科莫汽车俱乐部、埃斯特别墅大酒店和科莫护理委员会发起。场馆的名声、奥尔莫别墅和埃斯特别墅花园提供的独特场地、无可挑剔的物流选择，使此事件在其他办了许多类似活动的知名场馆中拔得头筹
1930	建立观众不记名投票评奖制度
1932	竞赛吸引了政府注意。由时任民兵总参谋长，后来成为一名内阁部长的阿蒂利奥・柯林斯颁奖
1933 ~ 1934	原因不明的分裂引起埃斯特别墅公司从活动组织者中退出，由科莫汽车俱乐部独立主办。在获得玛丽亚・何塞公主的支持下，活动更名为“皮埃蒙特公主杯”。活动全部在奥尔莫别墅举行，包括颁奖典礼，但公众投票被取消了

续表

年份	大事记
1935	爱摩恩·萨沃亚·奥斯塔王子以意大利皇家汽车俱乐部主席的身份，授权主办方推出了一系列以自己的斯波莱托公爵称号命名的奖项。但最高奖仍是皮埃蒙特公主杯。参赛选手数量减少，下跌至 80 人，而以前曾突破百人
1937 ~ 1940	1938 年的行业普遍危机促使取消了米兰车展和科莫竞赛活动。接着是战争的传言。1939 年 9 月 4 日政府颁布了一项不允许私家车上路的法令
1940 ~ 1947	至 1940 年 9 月，意大利一直处于战争状态。民用汽车生产被停止，包括竞赛活动。1947 年 9 月 27 日 ~ 28 日，埃斯特别墅恢复活动原有名称和组织结构，表明汽车行业渴望恢复原来生活的愿望
1951	1951 年原计划 9 月的展会被取消。意大利赛车运动的管理机构 7 月 24 日宣布，赛事已被无限期推迟。专业媒体认为，新的 3 年期大赛可能于 1952 年举行。但那时危机已经严重影响到车身设计与制造行业，只有极少数企业能转型为工业化生产而避免倒闭
1995 ~ 2001	1995 ~ 1997 年恢复活动，1998 年再次停办。20 世纪 90 年代末，在切尔诺比奥的活动吸引了宝马集团的关注，它的品牌有 BMW、MINI 和劳斯莱斯。1999 ~ 2001 年，在宝马集团的克里斯蒂安·艾希管理下，宝马集团成为活动唯一的赞助商，并一直持续至今。此后活动一直处于改进和扩张之中。参与汽车的选择和高品质，强大的国际存在，平稳的组织结构，埃斯特别墅大酒店的独有标准，科莫湖的美丽景色和众多的观众，均使得活动成为世界上最重要的竞赛之一
2002	2002 年成为恢复赛事活动的一个里程碑。设立了对概念车、原型车最新研究的奖励，也是对经典赛事的补充。活动一般是在五月最后一个周末举行的。艾斯特别墅大酒店在星期六对参与者、媒体和应邀嘉宾并不开放。星期天的老爷车比赛在靠近酒店附近的艾尔巴别墅公园对公众开放。由国际裁判团裁判的摩托车大赛在艾尔巴别墅场地对公众开放，开放日为星期六和星期天。每年的主题展览也将放在艾尔巴别墅。特别展览成为庆祝著名设计师的周年纪念
2005	宝马集团与埃斯特别墅大酒店联手举办活动
2011	主办方决定在每年五月的下半月举行活动
2015	增加 BMW 艺术车展

注：资料来源于官方网站。

随后人们又尝试了难度更大的爬坡比赛。1936 年，英国古德伍德庄园主人里士满公爵举办了一场私人爬山赛。1948 年，又开始了古德伍德汽车场地赛。半个世纪以后，里士满公爵的孙子马驰勋爵，本着继承爷爷遗愿和复兴古德伍德庄园的意图，创建了古德伍德速度节（Goodwood Festival of Speed）。每年 6 月末在此举办的经典车聚会，竟成了目前世界上首屈一指的经典赛车聚会，同时还延展出复古节、复古车赛等附属活动。古德伍德速度节已不仅仅是一个汽车爬山竞赛，还可以称得上是世界上最大和最具多样性的汽车体育历史庆祝活动，但其最重要的看点仍然是汽车爬山竞赛。

美国汽车赛事的起源稍微晚于欧洲，但产业发达程度不亚于欧洲，并成为一些现代著名赛事活动的发源地。1901 年，福特汽车公司创始人亨利·福特与凭赛车活动而称霸同行的温顿汽车公司创始人亚历山大·温顿驾驶各自制造的汽车，在密歇根州的一个赛马场上进行比赛。最后，福特胜出，从此名声大振，吸引了大批投资商，为他成立新的汽车公司奠定了基础。1903 年，在伦森·奥尔兹和亚历山大·温顿之间进行的一个历史性比赛后，美国德通纳海滩成了赛车爱好者的圣地。在 1905 年和 1935 年之间，15 项纪录在该海滩赛道被设立。在 20 世纪 20 ~ 30 年间，美国德通纳海滩被称为世界汽车驾驶速度纪录之地，取代了法国和比利时的首选位置，并在 1927 ~ 1935 年间连续创造了 8 个世界纪录。

美国印第安纳波利斯商人费希尔在资助朋友参加法国汽车赛，看到欧洲在汽车设计和工艺方面占据上风后第一个想到了修建赛道。他想到了在把汽车卖给消费者之前测试车辆的更好办法。他注意到临时借用来比赛和测试的公路存在极大危险，也不适合要求。他还认为，观众花的钱不值，因为他们只能看到汽车在一条直线上加速的短暂情景。他建议修建一条 5 ~ 8 千米长，30 ~ 45 米宽，有平整表面的圆形道路。在其推动下，美国印第安纳波利斯赛道于 1909 年建成。

1946 年，从海军造船厂退伍的老比尔·佛朗斯建立了全美汽车比赛协会（NASCAR）的前身——“全国赛车冠军联盟（NCSCC）”，将分散在各地的私人车赛归纳到联盟的掌握之下，并设立了全美第一个赛车积分制度

和优胜者基金。1948 年，全美汽车比赛协会成立，制定了一套标准化的汽车比赛规则，建立了根据比赛成绩来产生全国冠军的制度。最初，赛车手从经销商处购买全新的汽车，并在坎坷颠簸的泥土赛道上进行比赛。然而未经改装的汽车无法承受这种恶劣的环境，协会开始允许改装赛车以提高耐用性，但对所有改装严加控制，其赛车已与大街上的汽车迥然不同。协会每年组织约 1500 场比赛，分为 12 个独立的系列，在全美 39 个州和加拿大的 100 多个赛场举行。后来，NASCAR 又在日本的铃鹿和茂木赛道、墨西哥的罗德里格斯兄弟赛道和澳大利亚的卡尔德公园举行展示比赛。目前，协会成员人数超过 5 万人，每年有超过 1.5 亿人次现场观看比赛。电视收视率更是远超棒球、篮球和橄榄球等体育运动。全世界有 150 多个国家电视台转播。NASCAR 在职业体育特许经营权方面仅次于全国足球联赛，是美国规模最大、最受欢迎的汽车赛事。因此有人称它为美国人的“F1”比赛。更重要的是，赛车车型往往就是汽车厂商在市面上销售的车型。车迷在观看比赛后，可以立刻冲进遍布全美国各地的汽车销售店，购买与冠军赛车最为相似的车型。

传统的汽车赛事往往是速度、技术、质量、技能和智慧的竞赛。其中的 F1 赛事是世界上速度最快、科技含量最高、最昂贵的运动，是高科技、团队精神、车手智慧与勇气的集合体，也是商业价值最高、最吸引人气的体育赛事。该赛事包含了世界上在空气动力学、无线电通信、电气工程等方面最先进的技术，很多新的科学技术都是最先在 F1 赛事中进行实践检验的。20 世纪 60 年代，F1 方程式赛车上出现了形形色色的贴纸，它们代表着各个车队的赞助商。有了赞助商的资金，车手的收入也逐渐赶上刚刚兴起的影视行业明星们的收入，F1 方程式开始从业余走向职业化。20 世纪 70 年代初，随着 F1 方程式赛事更加商业化和带来的收益逐渐增多，F1 方程式赛车竞争更加激烈。

20 世纪后 70 年代以来，世界汽车产业发达国家的赛车运动又出现了许多新的形式和非运动类汽车赛事活动，其中较为著名的有美国的最大卡车赛和汽车智力大赛、德国的房车锦标赛和古董车赛、日本的汽车漂移比赛、瑞士的零碳车赛、韩国的汽车营销大赛，等等。这些赛事带有鲜明的鼓励创新、支持环保、倡导娱乐和大众参与等时代色彩。

世界最大卡车竞赛起源于美国。在 20 世纪 70 年代，大量改装的皮卡车在泥沼中行驶和卡车牵引运动在美国越来越受欢迎。几个卡车车主提升了卡车高度以便在这些活动中竞赛，不久产生了“最大卡车竞赛”。最受人关注的卡车有钱德勒的“大脚”，简斯墨的“美国 1 号”，谢斐和威廉的“熊脚”，杰夫和戴恩的“金刚”。当时，卡车轮胎的直径已达 1.2 米。1981 年 4 月，钱德勒驾驶“大脚”卡车碾压汽车，该卡车被认为是第一个怪物卡车。当时，他在一个田野里驾驶“大脚”跨过两辆汽车来检测卡车性能，并将整个过程拍摄下来作为他的四轮驱动维修店的一个促销手段。一名活动发起者看到了汽车被粉碎的视频，并要求钱德勒在公众面前表演。钱德勒最初担心产生“破坏性”形象而犹豫不决，最终还是答应了。1982 年，他在庞蒂亚克银色天幕运动场举行了大型表演，将卡车轮胎增大到 66 英寸。后来一家赛车运动促销公司的老板把这种卡车称为“怪物卡车”。“怪物卡车”就成为具有超大轮胎的所有卡车的通用名称。在 20 世纪 80 年代初，怪物卡车主要作为卡车牵引或泥沼活动的一个附加表演。1985 年，USHRA 和 TNT 汽车运动公司作为主要发起人开始定期举办怪物卡车赛事。

世界汽车智力竞赛同样起源于美国。1976 年，美国南卡罗来纳大学的史蒂文斯博士发起“迷你巴哈（Mini Baja）”大学生汽车设计比赛。当时只有 10 支队伍、90 名学生参加了第一场比赛。从那时起，该赛事已经发展成为国际汽车工程师协会（SAE）运行的一个重要工程设计赛。每个参赛队伍需设计和建造一个坚固、单座的越野娱乐车的样机，供非专业周末越野爱好者购买。按照比赛要求，设计车辆必须安全，易于运输和维护，富有驾驶乐趣，能够适应崎岖的地形而没有损坏。每次比赛时间为 3 ~ 4 天。1978 年“迷你巴哈”分为“东部迷你巴哈（Mini Baja East）”“中西部迷你巴哈（Midwest Mini Baja）”和“西部迷你巴哈（Mini Baja West）”三个比赛。三个比赛通过添加主办机构、城市或州的名称来区分。2006 年，比赛名称改为“Baja SAE”[1]。1995 年该项赛事进入巴西，1996 年进入韩国和南非，2015 年进入中国。2016 年注册参赛队伍达到 100 个，参赛学生 1250 名。

除了巴哈大赛外，国际汽车工程师协会针对本科生和研究生的校际工程设计比赛还有：SAE Clean Snowmobile Challenge，SAE Aero Design West，SAE Aero Design East，Formula Hybrid，Formula SAE Michigan，SAE Supermileage，Formula SAE Lincoln，Formula SAE Electric 等。这些竞赛为参与者提供了在比赛中应用所学课堂理论、培养工程设计和项目管理技能的机会。其中，大学生方程式比赛（Formula SAE）较为突出。1981 年开始的大学生方程式比赛涉及汽车行业所有方面的知识和技能，包括研究、设计、制造、测试、开发、营销、管理和财务。该比赛主要在美国密歇根州举办。现在在澳大利亚、巴西、意大利、英国、奥地利、德国、日本均有 SAE 授权的相同比赛。此后又产生了系列方程式大赛：2012 年开始的 Formula SAE Lincoln，2013 年开始的 Formula SAE Electric 和 2008 年开始的 Formula SAE at VIR 等。2006 年由达特茅斯的泰勒工程学院创办的“混动方程式（Formula Hybrid）”每个春季都在新罕布什尔州的汽车赛道举行。该比赛被认为是 SAE 国际大学生设计系列赛中最复杂的比赛。选手必须协作设计和建造一个类似方程式比赛车型的电动或插电式混合动力赛车，并在一系列活动中比拼，重视在高性能应用中的动力传动系统创新和燃油效率。

老时光古董车节（Old Timer Festival）是德国汽车俱乐部纽博格林地方分部 1983 年以来主办的汽车运动会，主要针对战后至 19 世纪 70 年代的古董汽车、摩托车和翻斗三轮摩托车进行的三天赛事。参赛车辆多数是观众年轻时非常熟悉的车辆。观众免费进入场地，可以直接接触参赛车辆。场地按比赛序列和参加的俱乐部划分。汽车比赛要遵循国际汽车联合会（FIA）的运动要求，相对于以前的古董车赛事更为正式。摩托车和翻斗三轮摩托车进行的常规比赛遵循德国汽车运动协会的规则。常规比赛不要求最快速度，有利于保护古董车。20 世纪 70 年代以前，德国汽车和摩托车

[1] 我国称之为“巴哈大赛”。

混合比赛是很普遍的。由于对安全的讨论不断增加和安全条例的强化执行，主办方安排混合比赛非常困难及花费昂贵，老时光古董车节成为同类比赛中最后一个经德国汽车比赛管理机构（DMSB）同意的大型活动。

首届德国房车锦标赛（DTM）[1] 于 1984 年 3 月 11 日在比利时的佐尔德赛车场举行。德国房车锦标赛由总部在德国威斯巴登市的“国际房车赛协会（ITR）”[2] 组织。后者代表了参加德国房车锦标赛的生产厂商的利益，协调比赛规划、组织和实施，同时也负责商业化运作和公众宣传。它与德国赛车运动协会（DMSB）[3] 合作，为参赛厂商提供了为广大车迷和观众认可的表演舞台。该赛事每年一共设有 10 个分站比赛，其中 6 站在德国境内举行，另设有荷兰、英国、西班牙和法国 4 个海外分站。德国房车锦标赛无论是参赛车辆的性能、科技含量，乃至参加比赛的资金投入，都称得上是房车赛中的最高境界，是国际房车系列比赛中最吸引人气的比赛。

日本是世界上在赛车界漂移水平最高的国家。汽车漂移比赛起源于日本秋鸣山的街头赛车，在日本已发展 20 多年。2001 年，土屋圭市和大田稻二郎等人创办的 D1 漂移大奖赛（D1GP）[4] 可称为世界上第一个正规的汽车漂移赛事。与其他任何赛车运动不同，该大赛比的既不是速度，也不是耐力，而是漂移驾驶技术。每场比赛有 30 名选手参加。比赛分为两种：一种为单车漂移赛，另一种为双车追逐漂移赛。2003 年，美国也组织了本土的漂移赛事，包括方程式漂移赛（Formula D）和世界汽车漂移系列赛（WDS）。其中，世界汽车漂移系列赛是经世界汽车漂移运动联合会（FID）授权在世界范围内举办的汽车漂移专业赛事，是世界汽车漂移运动专业选手的排名赛也是锦标赛，每年在世界范围内举办 4 ~ 6 站比赛。评委们对车手的漂移技术水平有 4 个评判依据，分别是漂移速度、漂移角度、漂移线

[1] 德文为 Deutsche Tourenwagen Meisterschaft，原英文名为 German Production-Championship，德文缩写为“DPM”。

[2] 即 Internationale Tourenwagen-Rennen。

[3] 德文为 Deutscher MotorSport Bund。

[4] 即 D1 Grand Prix。

路和整体表现。

尽管传统汽车运动在发达国家蓬勃发展，但迄今未纳入奥运会比赛项目。原因有两点：一是奥运委会官方规定，所有机械动力项目均不允许参赛；二是汽车的尾气污染和奥运会倡导的绿色环保理念不相符。由于实际车辆的赛事运动费用高、危险大，并且需要占用较大的场地，为满足人们对赛车运动的爱好，现代虚拟赛车运动逐渐产生。这些众多的虚拟赛事包括遥控模型汽车轨道赛和电子游戏操作赛两大类。虚拟赛车运动的出现满足了普通人对该类活动的参与和欣赏需要。槽车赛（Slot Car Racing）就是一种微型动力汽车在带槽轨道上的比赛。参赛车辆可能是实际车辆的微型版本，也可能是爱好者购买零部件自己组装或改装的模型车。商业性的槽车赛在 20 世纪 60 年代的美国开始流行。1964 年，英国开始举办槽赛车全国锦标赛。2007 年，法国首届遥控汽车漂移锦标赛（Grip Zero Challenge）举办，每年有 50 ~ 80 名选手参赛。虚拟汽车赛是借助于电脑和网络的汽车游戏操作比赛。汽车游戏软件往往模拟真实汽车赛事，如《汽车总动员之全国大赛》《FIA 世界汽车拉力锦标赛》《世界汽车拉力锦标赛 4 PC 中文版》，等等。赛事主办方可以在游戏爱好者中举办线下或线上游戏操作大赛。2006 年，国内最大的全民网络游戏线下大赛（K1 锦标赛）举办。

为增强各国民众环境保护的意识，努力开发和推广新能源汽车，世界上也出现了新能源汽车赛事。1985 年 6 月，世界上首次太阳能汽车竞赛在瑞士举行，有 68 辆汽车参赛，获得第一名的奔驰牌汽车时速达 71 千米。“零碳车赛”则是由联合国环境署支持的一项独特的环球汽车赛事。2010 年 8 月 16 日，来自瑞士、德国、韩国、澳大利亚等国的车队从瑞士日内瓦的万国宫广场出发向东行驶，沿途经过 16 个国家的 150 个城市，其中包括中国的乌鲁木齐、兰州和上海。车队经过当年联合国气候变化大会的承办城市——墨西哥的坎昆。和传统车赛不同的是，参加本次比赛的车辆全部是小型电动车，其电力来源于太阳能或风能等可再生能源，因此碳排放为零。举办方制订了一套综合标准来衡量参赛车队的表现，包括车辆的可靠性、安全性、能效、速度、续驶里程、设计和受公众欢迎程度等诸多方面。

汽车非运动类赛事产生比运动类赛事稍晚，但其种类和数量在 20 世纪后期的发展似乎并不亚于后者。如美国“福特 / 汽车协会学生汽车技能比赛（Ford/AAA Student Auto Skills Competition）”是一个在有兴趣成为汽车技术人员的全美中学生中进行的汽车技术竞赛。通过书面考试以及诊断、修复故意损坏车辆的限时比赛来测试学生的汽车知识、操作能力和解决问题的能力。1950 年，福特汽车公司和美国汽车协会（AAA）开始致力于此项比赛，作为对美国汽车未来服务承诺的一部分。2016 年，为鼓励女孩在科学、工程、技术、艺术和数学领域（STEAM）的创新和成为未来领袖，福特公司与四个女童子军委员会合作在底特律举办了首届女孩迷你车径赛（Ford Girls’ Fast Track Races）。这些女童子军应用工程知识和颜料亲手制作汽车模型，并进行激烈的速度比赛。

现代汽车营销创意大赛源自韩国，至今已成功举办了 12 届，在韩国大学生中有着高度的关注度和持续的影响力。现代汽车公司是韩国最大的汽车企业，创立于 1967 年。2010 年汽车年销量实现 360 万辆，成为世界五大汽车制造商之一。早在 1998 年及 1999 年，现代汽车公司就已参加了 WRC 的 F2 组别赛事。2010 年第一届现代汽车大学生营销创意大赛在中国举办。

（二）国内汽车产业赛事发展历程

1907 年 3 月初，法国驻华公使巴斯德致函清政府外务部，宣称巴黎汽车联合会拟自中国北京至法国巴黎举行汽车拉力赛。这可以称得上是世界上最早的汽车拉力赛。6 月 10 日有五辆汽车到达中国参赛，包括博奥尼 · 波基斯亲王驾驶的意大利伊塔拉牌汽车、一辆法国康塔尔牌三轮汽车、两辆法国德迪翁 • 布通牌汽车和一辆荷兰世爵牌汽车。最终确定的路线是由北京出发，经张家口、库伦前往恰克图，经乌拉尔、波兰、德国回到巴黎，赛事全程约 1.7 万千米。拉力赛在中国境内得到了清政府的特殊照顾，让许多中国人第一次看到了汽车。

20世纪中后期，世界各国的赛车运动得到了高速发展。不但赛车运动的种类和数量增加，而且对赛车运动的管理水平也大大提高。20世纪末期，在引进国外知名赛事活动的基础上，我国也开始举办各类赛车运动会。但相对于欧美国家，我国赛车运动的数量和种类还相当少。

我国的汽车产业赛事是从20世纪80年代起步的，远远落后于西方发达国家。随着汽车工业不断进步，汽车销量的增加，汽车赛事也在飞速发展。国内真正意义上的第一次汽车运动赛事是由香港汽车协会和中国摩托车运动协会发起、英美烟草公司赞助，于1985年9月15日举行的“香港－北京拉力赛”。当时参赛的车辆只有23辆，比赛线路是从广东深圳入境，经广东、湖南、湖北、河南、河北到达北京，全长3400多千米。1985～1996年间，“香港－北京拉力赛”一共举办了7届，让国人了解了汽车赛事。

此后，中国也见证了多项国际汽车赛事。1988年，20位法国青年驾驶雪铁龙汽车从巴黎开到北京；1989年，伦敦到北京的老爷车赛也轰动一时。1992年，世界上路线最长、规模最大、最艰苦和耗时最多的“巴黎－莫斯科－北京拉力赛”举办。可以说，当代中国赛车运动是从拉力赛开始的，尽管现在增加了场地赛、越野赛、方程式等多种项目，但拉力赛始终是最重要的汽车类比赛项目。

1993年，由香港汽车协会管理，中国珠海赛车组织委员会组织的“中国珠海汽车街道赛”，是珠海举办的第一次国家级盛事。超过10万人在现场观看了这次比赛。1994年国家体育运动委员会宣布成立中国汽车运动管理机构——中国汽车运动联合会，以规范各类汽车运动比赛。同年，由中国汽车运动联合会向国际汽车运动联合会申请，珠海获得批准在4.1千米街道赛道上举办中国首次国际赛事“94美孚翠湖珠海国际汽车赛”。1996年11月，珠海国际赛车场建成，这是中国第一个永久性的国际赛车场。这条获得国际汽车运动联合会批准、长4.3千米的赛道成为亚洲的赛车中心。“万宝路中国珠海国际汽车赛”于当年11月1日～3日举办。

1996年，国内开始正式举办汽车拉力赛。一汽大众生产的捷达轿车为河南恒运汽车拉力赛的指定用车。国内首支厂商队——一汽大众 FRD 车队通过赛事来检验完善自己的产品。捷达汽车在赛场上的表现赢得了消费者的好评。1997 年 6 月，首届全国汽车拉力锦标赛（北京拉力赛）在北京郊区的怀柔举行。时隔一年，全国拉力锦标赛已经有了三站比赛。当年年底，一汽大众生产的捷达 GTX 汽车通过了国际汽车联合会的注册，成为我国第一个可以参加国际赛事的合资品牌车型。捷达车的成功注册，为中国制造的汽车参加国际比赛彻底打开了道路。1999 年，中国在北京第一次举办世界级赛事——世界超级跑车锦标赛（FIA GT）。

2003 年，全国超级卡车越野大赛由国家体育总局批准、中国汽车运动联合会主办。比赛目的是“超越梦想，快乐体验”，为赛车爱好者提供参赛机会。2015 年，中国汽车运动联合会和国际汽车运动联合会联合举办“中国卡车公开赛（CTR）”（见表 2.4-3）。该赛事在拥有 12 年历史的全国超级卡车越野大赛的基础上发展而来，有广泛的观众基础，并形成巨大的品牌影响力。中国卡车公开赛升级后实现了赛车从单一品牌向多品牌转变；使该赛事成为更加开放的赛事平台，各商业合作伙伴在竞技中彰显品质，以品质树品牌；实现了从越野赛向场地赛的转变。赛事得到了欧美、俄罗斯、巴西、印度、韩国等 10 个国家汽车联合会的支持。

表 2.4-3　中国卡车公开赛大事记

年度	大事
2003	中国商用车领域内的第一个国家级汽车体育赛事，掀起中国赛车运动新篇章
2004	大赛标志申请注册，在行业中率先推出赛事形象代言人选拔活动
2005	中国卡车大赛奔赴欧洲，中欧卡车大赛开启全面合作
2006	中国卡车大赛“赴欧梦之队”走出国门，首次登上 CCTV-1 的《新闻联播》
2007	首创中欧卡车精英挑战赛
2008	欧洲车手组队来华挑战
2009	中国首创、世界唯一的卡车越野赛诞生
2010	首创央视 5 套收视率当日最高
2011	赛车全面升级，赛事空前震撼

续表

年度	大事
2012	卡车赛公益活动扬帆起航，“卡卡爱心小书包”公益活动开启全国之旅
2013	实现全年赛事，央视全程直播，收视率如日中天
2014	FIA 卡车委员会主席来华，亲自为中国卡车大赛制定发展目标
2015	卡车界中的 F1——中国卡车公开赛诞生，实现了从越野赛向场地赛的转变
2016	印度卡车大赛赞助商——康明斯代表团到中国卡车公开赛广东站比赛现场考察
2017	首次举办“缔途杯”轻卡挑战赛。女性车手首次参加卡车公开赛

2004 年，上海市政府率先投资 50 亿修建赛道，申请举办 Fl 比赛。F1 中国大奖赛由国际汽车运动联合会与国家体育总局、上海市人民政府共同主办，从当年起落户上海国际赛车场。Fl 赛事的引进大力推动了长三角地区赛车运动的发展，提升了上海的国际形象，塑造了上海城市品牌。同年，中国房车锦标赛（China Touring Car Championsip，简称“CTCC”）经国家体育总局、国际汽车联合会和中国汽车运动联合会批准，列入年度全国体育竞赛计划、国际汽车联合会赛历，是国内最高级别的房车赛。2004 年举办的全国汽车场地锦标赛（China Circuit Championship，简称“CCC”）也是中国高级别的赛车项目。

为便于我国赛车运动的统一管理，并与国际接轨，经民政部批准，中国汽车运动联合会和中国摩托车运动协会于 2015 年 10 月 31 日合并，成立中国汽车摩托车运动联合会。联合会成立以后，加强了与国际汽车运动联合会的合作，引进了大量国外汽车赛事，对推动国内汽车赛事的发展起到重要作用。中国汽车运动联合会 2010 年组织汽车赛事 73 场，而中国汽车摩托车运动联合会 2016 年组织汽车赛事 123 场。

相对于多品牌的汽车赛事举办，近年来国内单一品牌的汽车赛事也逐渐兴起。2009 年，大众汽车将“尚酷杯”首次引入中国。赛车使用 2.0T 引擎、DSG 变速箱，由大众汽车运动部改装。车手大部分来自港澳台地区和国外。自 2014 年 7 月起，来自全国各地的明星赛车手也驾驶着北京汽车股份有限公司生产的绅宝 D70，在亚洲四条顶尖赛道上展开了巅峰对决。

如果说早期国内汽车产业赛事更多的是为了宣传、运动和娱乐，那么相对于欧美汽车赛事，我国汽车赛事对汽车产业技术创新的影响是有限的。可喜的是，国内汽车企业，特别是民营汽车企业已经意识到，相对于其他会展活动，参与赛事活动对企业生存发展的重要意义。

我国自主品牌汽车与国际品牌汽车还有很大差距。除了通过中外合资（合作）生产外，国内汽车制造厂商迫切需要通过整车赛事，特别是国际赛事来提高技术水平。1958 年我国试制成功"红旗牌"轿车。1960 年，CA72 红旗轿车送莱比锡国际博览会参展；1976 中国红旗轿车赴菲律宾参展。2005 年，一汽两款新车型：红旗 HQ3 和概念车红旗 HQE，亮相"2005 上海国际车展"。总的说来，红旗轿车极少参加过汽车比赛，其产销量也一直不高。

而长安、长城、吉利、奇瑞、比亚迪等民族汽车品牌企业发展迅速。这些企业近年来非常重视参与国内外各类赛事，并获得较好成绩。1951 年改名的长安机器厂于 1983 年进入汽车行业。1957 年，该厂开始试制吉普车，1963 年年底停产。1994 年，长安机器厂和江陵厂合并成立长安汽车有限责任公司。2009 年，长安汽车自主品牌排名世界第十三位、中国第一。在 2015 年中国量产车性能大赛（CPC）珠海首战决赛中，长安汽车凭借卓越的操控性能在 100km/h–0 直线制动测试中获得组别冠军。2016 中国汽车拉力锦标赛（CRC）于 6 月 10 日至 12 日在河南登封嵩皇体育小镇举行。来自国内的近 40 支车队的 133 辆赛车在此竞技角逐。首次出征专业拉力赛事的长安逸动拉力车队夺得 S2 组首站冠军，并超越众多大排量、深度改装车组，获两驱组亚军。

1984 年，长城汽车制造厂成立。近年来参与了国内外多项赛事活动。2010 年，长城汽车股份有限公司旗下的"哈弗牌"汽车代表中国汽车参加"2010 年达喀尔拉力赛"；"风骏 5"在鄂尔多斯举行沙漠挑战赛，开创了皮卡行业沙漠综合性能检验先河；获得 2010 中国东川泥石流汽车越野赛总成绩第一名、柴油组第一名、柴油车组俱乐部杯第一名。2012 年，两辆哈弗赛车征战 2012 年达喀尔拉力赛，取得总成绩第六名和第十九名，刷新中国车队最好成绩；举办中俄旅游年“北京—莫斯科”自驾游活动，为俄罗斯丝绸之路拉力赛赞助 11 台汽车作为媒体用车。2014 年，哈弗第五次征战达喀尔，取得总成绩第八名，并获首个赛段冠军。至此，哈弗车队已连续 3 年进入总成绩前十。2015 年，哈弗车队获得环塔（国际）拉力赛汽车组总冠军。哈弗出征第三届中国越野拉力赛，夺得第三、第四名，并斩获俱乐部杯冠军。2016 年，未经改装的哈弗 H9 量产车在内蒙古阿拉善 T3 争霸赛中表现优异，毫发无损顺利完赛。

浙江吉利控股集团始建于 1986 年，1997 年进入汽车行业。近年来，吉利积极参与各项社会活动，特别是体育活动。2015 年 9 月，吉利“帝豪杯”市民汽车挑战赛上海站正赛在上海国际赛车场举行。2016 年，吉利“博越”携手卫冕冠军韩魏强势出征“2016 中国环塔（国际）拉力赛”。“环塔拉力赛”作为亚洲第一、国内最大的权威越野国际赛事在全球享有盛名，被称为“东方达喀尔”。2017 年 5 月 20 日 ~ 21 日，于成都国际赛车场举行“吉利杯”超级联赛。“吉利杯”超级联赛是吉利汽车主办的专业房车赛事，最早可追溯到 2006 年。2017 年是该赛事的第十一个赛季，并在 2016 年吉利“帝豪杯”市民汽车挑战赛暨帝豪赛车体验营的基础上进行了升级。

奇瑞汽车股份有限公司成立于 1997 年 1 月 8 日，是我国改革开放后，通过自主创新成长起来的最具代表性的自主品牌汽车企业之一。产品出口到海外 80 余个国家和地区，在全球范围内具备一定的品牌知名度。截至目前，公司累计销量已超过 500 万辆，其中，累计出口超过 110 万辆，总销量和出口量均位居中国乘用车企业第一位。奇瑞已与 16 家世界 500 强企业展开了合资合作。2016 年奇瑞携三款重磅车型在沙特阿拉伯展开极限之旅。2016 年 3 月 6 日，由奇瑞汽车公司主办的主题为“技术奇瑞，国际品质”的“全球汽车制造工艺技能大赛”正式启动。参赛单位包括奇瑞在国内的芜湖、大连和鄂尔多斯生产基地，伊朗、巴西等海外生产基地以及两大合资公司。2017 年，在中国汽车场地越野锦标赛（COC）第四站比赛中，奇瑞瑞虎车队获“汽油厂商杯冠军”和“个人冠军”；在中国环塔（国际）拉力赛中，奇瑞车队以“瑞虎 7”未改装车首次参赛，顺利跑完全程，获得 T2.1 厂商队杯全场冠军。

除了发展赛车运动，本世纪以来国内汽车产业的其他赛事更是蓬勃兴起。比较知名的有全国大学生智能汽车竞赛和方程式汽车大赛、企业员工营销技能大赛、全国小型电动车测试大赛，等等。事实上，由于我国人口众多、居民经济收入有限，当前发展非运动类汽车赛事更具有市场优势。

教育部高等学校自动化专业教学指导分委员会主办的全国大学生“飞思卡尔”杯[1]智能汽车竞赛起源于韩国，是韩国汉阳大学汽车控制实验室在飞思卡尔半导体公司资助下举办的大学生课外科技竞赛。在比赛中，组委会提供一个标准的汽车模型、直流电机和可充电式电池。参赛队伍要制作一个能够自主识别路径的智能车，在专门设计的跑道上自动识别道路行驶，最快跑完全程而没有冲出跑道并且技术报告评分较高为获胜者。自 2006 年首届举办以来，该竞赛每年 8 月份进行全国总决赛，已经成功举办 11 届，现已发展成全国 30 多个省市自治区近 500 所高校广泛参与的全国大学生智能汽车竞赛。2016 年第十一届全国大学生智能汽车竞赛有近 500 所高校的约 2500 支队伍报名参赛，并在全国八个赛区展开激烈比拼。全国总决赛于 8 月 17 日 ~ 20 日在中南大学举行，共有 141 所学校、283 支队伍参加比赛，参赛学生 929 人，指导教师 399 人。

中国大学生方程式汽车大赛（简称“中国 FSC”）是一项由高等院校汽车工程或汽车相关专业在校学生组队参加的汽车设计与制造比赛。2010 年第一届中国 FSC 由中国汽车工程学会、中国 20 所大学汽车院系、国内领先的汽车传媒集团——易车（BITAUTO）联合发起举办。各参赛车队按照赛事规则和赛车制造标准，在一年的时间内自行设计和制造出一辆在加速、制动、操控性等方面具有优异表现的小型单人座休闲赛车，能够成功完成

[1]　由于 2016 年原主协办单位飞思卡尔公司与恩智浦公司合并为恩智浦公司，故竞赛最终名称为全国大学生“恩智浦”杯智能汽车竞赛。

全部或部分赛事环节的比赛。

2014 年 11 月 20 日下午，中国一汽 TQC 营销技能大赛总决赛颁奖典礼在中国一汽营销培训（长春）基地举行。这次大赛有近千家经销商、超万名服务人员参与，历时近 200 天。

2016 年 5 月 25 日 ~ 30 日，全国小型电动车测试大赛在山东省德州市经济开发区举行。借助此次全国性测试大赛，行业将集中检验国内小型电动车产品的技术水平，促使一批优势企业、优质产品脱颖而出，以推动国内小型电动车产业更快、更好地发展。

（三）全球汽车产业赛事发展历程小结

为了追求旅行和运输速度，人类在很早以前就有交通工具方面的赛事活动。公元前 680 年，赛战车在第二十五届古奥运会上被列为比赛项目。最初分为 4 匹马拉的战车比赛和 2 匹马拉的战车比赛，在长 800 米、宽 320 米的赛马场举行，战车需跑完大约 10 千米的路程。公元前 648 年，赛马在第三十三届古奥运会上被列为比赛项目。在我国古代赛马活动中，最有名的是大约发生在公元前 340 年的“田忌赛马”。近代科技成果在竞技运动中的广泛应用，有力地促进了运动器材的发展。内燃机重量的减轻、引火装置和气化器的发明，使汽车和摩托车成为陆上速度竞赛最合适的器材。各类赛车运动的组织几乎紧随汽车的发明而发展。如表 2.4–4 所示。

表 2.4–4　世界汽车运动发展大事记

年份	大事记	年份	大事记
1894	世界上第一次汽车国际比赛在法国举行	1979	巴黎 – 达喀尔汽车拉力赛（1.3 万千米）于当年 1 月 1 日举行
1895	法国汽车俱乐部和《鲁・普奇・杰鲁纳尔》报联合举办了世界上最早的长距离汽油车公路赛，线路由巴黎到波尔多往返，全程 1178 千米	1982	中国摩协加入世界汽车运动联合会。美国举办“大脚怪”汽车表演赛

续表

年份	大事记	年份	大事记
1904	国际汽车联合会（FIA）成立	1984	德国举办首届房车锦标赛
1905	法国勒芒市举行了第一次真正意义上的场地汽车大奖赛	1985	中国汽车运动联合会举办了香港—北京汽车拉力赛。英国卡车大赛在银石赛道举行
1907	全球第一条汽车专用赛道在英国萨里的布鲁克兰（Brooklands）建成。北京到巴黎的拉力赛举行	1992	世界上路线最长、规模最大、最艰苦和耗时最多的“巴黎－莫斯科－北京拉力赛”举办
1911	第一届全美印地500赛事在印第安那波利斯赛道举行	1994	中国汽车运动联合会成立
1925	古董汽车拉力赛在德国慕尼黑举办	1998	首届米其林必比登挑战赛举办
1940	东欧国家开始出现卡丁车赛	2001	世界第一个正规的汽车漂移赛在日本举办
1950	全世界第一场F1在英国银石赛道上举行	2009	世界著名的达喀尔越野拉力赛因安全问题转移到南美洲举行
1962	国际汽车联合会成立卡丁车委员会	2010	世界零碳车赛首次举办
1968	在F1比赛中首次出现赞助商	2015	中国汽车运动联合会和中国摩托车运动协会合并成立中国汽联。中国卡车公开赛实现了从越野赛向场地赛的转变
1976	与众多品牌赛车不同，大众汽车于该年开始举办“尚酷杯”赛事，深刻影响了全球单一品牌赛车领域。美国史蒂文斯博士发起“迷你巴哈”大学生汽车设计比赛	2016	我国举办小型电动车测试大赛

从国内外汽车产业赛事的发展史来看，我们至少可以得到以下结论。

（1）汽车产业赛事具有极强的竞争性。相对于其他会展活动，坚持“公开、公平、公正”原则的赛事（尤其是国际赛事）在推动汽车产业技术和管理创新方面的效果更突出。赛车不仅仅是为了参与者的娱乐和荣誉，更是对汽车性能的检验和比较，是对参赛汽车最生动形象的广告。毫不夸张地说，汽车厂商如果不参加赛车运动，无论在技术创新上还是在市场销售上将很可能落后于竞争对手。如福特汽车公司参加的赛事就包括量产车赛、直线竞速赛、拉力赛、公路赛、越野赛、漂移赛、耐久赛等多类世界级活动。

（2）现代汽车产业赛事已由传统的竞技运动向其他领域延伸。正如 Mallen 和 Adams（2013）所言，传统活动日趋市场细分化。最初的赛车运动很可能受到历史上类似体育运动的启发和新产品现场促销的需要而产生。随着汽车的全社会普及，非运动类的汽车赛事（设计大赛、生产技能大赛和文化艺术大赛）、虚拟赛事（遥控汽车和电子游戏赛事）、非运动专用汽车赛事（家用轿车、特种车赛事）、古董车赛事、单一品牌汽车赛事也逐渐出现。虽然这些赛事目前不是主流形式，但种类繁多，功能全面，深受社会各界欢迎。汽车产业赛事未来发展的趋势是大众化、娱乐化、国际化、规模化、市场化、绿色化、专业化和品牌化。

（3）汽车产业赛事的发展直接推动了汽车工业的技术创新和高速发展，同时也带动了城市旅游产业、体育产业、文化产业和会展产业等第三产业的发展，为城市经济转型和就业问题的解决做出了贡献，极大地丰富了居民生活，满足了人类的多项需求。如在 F1 赛事中，像“梅赛德斯和红牛（Mercedes and Red Bull）”这样的大型车队将雇用 600 ~ 700 人，而像“印度力量和索伯（Force India and Sauber）”这样的中场队伍也将雇佣约 300 名员工。

（4）尽管在世界各地都可以举行某种形式的汽车产业赛事，但世界顶级品牌赛事仍然集中于汽车发源地国家和汽车产业强国，目前主要是美国、法国、英国、德国、意大利和日本等少数资本主义国家。我国自主汽车品牌企业参与汽车产业赛事仍然较少（王峰，2014）。一些专业性赛车运动具有门槛高、投入高、风险高的特点，不是所有国家都有赛车手，也不是所有国家都有能力主办赛车运动。但发展中国家可以在非运动类和虚拟类赛事中有所作为。

（5）管理制度对汽车赛事乃至汽车产业的发展有深刻的影响作用。19世纪出现的蒸汽汽车以及新生的现代汽车对道路行人存在严重的安全隐患。英国1865年颁布的《道路机车法》规定：机动车需配一名专职“红旗手”，步行于车辆前方55米的地方，手持一面醒目的红旗以提前警示前方行人和马车。因此，该法又被称为“红旗法”，它限制了汽车的行驶速度以及汽车技术、汽车赛事的进一步发展。直到1896年，该法被取消。英国皇家汽车协会（RAC）甚至为此每年举办一场世界最长行程的古董车驾驶活动[1]以示纪念。而法国政府对汽车及其赛事持开放态度，汽车产量和汽车赛事均领先于欧洲其他国家。直到1935年，英国汽车产量才超越法国，成为欧洲最大汽车生产国。

第5节　全球汽车产业主要节庆活动的发展历程

（一）国外汽车产业节庆活动发展历程

国外汽车产业节庆活动大致产生于20世纪30年代。1933年，国际汽车、房车露营联盟（FICC）[2]于英国成立。当时包含了来自7个国家的16个俱乐部。经过80多年的发展壮大，联盟已经囊括了来自58个国家和地区的60个俱乐部和协会，会员总数已经超过了120万个家庭、350万名露营者。联盟每年在不同的国家举办世界房车露营大会，是世界露营者的盛大节日。1933年第一届大会在英国汉普敦宫廷花园举行，2017年第八十六届

[1] 即The Bonhams London to Brighton Veteran Car Run。

[2] 即法文The Fédé ration Internationale de Camping et de Caravanning。

大会在台湾金山举行。该大会的宗旨是提倡环保、节约，以自然和自由的方式度假休闲，通常被称为国际露营的“奥林匹克运动会”。当前联盟总部设在比利时布鲁塞尔，是联合国下属的非政府组织和全世界汽车露营的权威机构。

20 世纪 70 年代初，汽车的高性能和可靠性似乎是“鱼与熊掌不可兼得”的两件事情。跑车在追求高性能的同时，需要丢掉机械的稳定性和耐用性。在 1976 年的法兰克福车展上，德国大众的“GTI”汽车首次被世人所知。“GT”源自意大利语“Gran Turismo”，意为“制造标准比得上赛车的高级轿车”；字母“I”则代表英文“Fuel Injection”，意为“燃油喷注”。如果说畅销全球的高尔夫是大众汽车的“皇冠”，那么 GTI 则是这顶皇冠上的明珠。从 1976 年沃尔夫斯堡生产的第一辆高尔夫 GTI 起，到今天的第七代高尔夫 GTI 为止，该车型的全球销量已经突破了千万辆，拥有超过 170 万 GTI 车迷。1981 年第一届 GTI 车迷聚会在欧洲著名旅游胜地——沃尔特湖边小镇举行。最初这只是一些欧洲的大众高尔夫 GTI 车迷自发举行的聚会活动，后来逐渐发展为欧洲有名的 GTI 改装车展，是欧洲最大的改装车迷聚会之一。2006 年，大众汽车正式成为赞助商后，活动转变成为高规格的大众官方车迷派对。每年夏天，全世界 GTI 车迷们都要在这个奥地利克恩滕州的赖夫尼茨小镇（Reifnitz）进行狂欢。为期四天的活动吸引近 20 万人的参与。“沃尔特湖 GTI 车迷大会（Wörthersee GTI Treffen）”[1] 已成为大众汽车高性能运动车爱好者的盛大节日。

2016 年 8 月 19 日 ~ 28 日，美国宝马汽车和摩托车俱乐部在加利福尼亚州的蒙特利举行了一百周年庆祝活动。活动期间举办了各种各样的驾驶和社交活动，包括宝马私家车展示评比、普通公路拉力赛、驾驶学习、古董车赛和绕桩驾驶等。1969 年成立的美国宝马汽车俱乐部（BMW CCA）[2] 是美国宝马汽车（包括 MINI）的爱好者和车主的非盈利组织，分为五个地

[1] 英文为 Worthersee Meeting 或 Worthersee。

[2] 英文为 BMW Car Club of America。

区和 67 个分会，拥有超过 7.5 万名成员，是世界上最大的宝马车主 / 爱好者组织。该俱乐部每年都会举行一个星期、名为“十月节（Oktoberfest）”[1]的世界知名聚会，有时简称为“奥节”（O’fest），以庆祝宝马汽车发生的一切事件，是汽车运动家族的终极聚会。首届“十月节”于 1970 年在马萨诸塞州的康科德（Concord）举行，此后举办地点遍布全国，并且每年不同。2016 年，“十月节”返回位于蒙特利的马自达赛道“拉古纳塞卡（Laguna Seca）”举行，其上次在该地举行的时间是 2013 年。至 2017 年，该节已举办 48 届。2003 ~ 2007 年间，美国宝马汽车俱乐部还组织过针对俱乐部成员、宝马技术专家和供应商的节庆活动，名为“技术节（Techfest）”。德国同样有宝马车迷的节庆活动，那就是 2011 年开始举办的“M Festival”[2]。1972 年，宝马汽车运动股份有限公司（BMW Motorsport GmbH）成立；1993 年，公司更名为宝马 M 公司（BMW M），M 品牌汽车由此诞生。每年全球有数万名宝马 M 车迷前往德国纽博格林赛道狂欢。为期三天的 M Festival 活动包括：驾驶体验，文化交流和观看纽博格林 24 小时耐力赛。2017 年，主办方首次把该节出口到中国上海举办。

在 2015 年全球汽车销量排行中，丰田汽车以超过 1007 万的销量夺得第一，在其历史上第八次销量超千万。在富士赛道举办的“丰田 86 节”（又称为“Fuji 86 Style”“86 嘉年华”），是作为全球 86 车迷共聚一堂的交流和深刻体验专属于丰田 86 跑车文化的盛会。自 2009 东京车展首次以 FT-86 Concept 概念车身份亮相以来，继承过去 AE86 精神的丰田 86，便受到全球车迷的关注。2011 年东京车展丰田正式推出丰田 86 后，其更是在全球车坛中掀起了一股热潮。2010 年，丰田在国际顶级赛道之一的富士赛道首次举办了“Fuji 86 Style”的活动。该活动每年举办一次，有丰田 86、AE86、BRZ 的改装及涂装大赛，以及主办方准备的多场由车手、设计师主讲的

[1]　名称与世界知名的德国啤酒节相同，但其主要活动与宝马汽车有关。为与前者区别，此处译为“十月节”。

[2]　国内称之为“BMW M 嘉年华”。

“脱口秀”节目，让广大车迷进一步了解日本发达的改装以及赛车文化。“Fuji 86 Style with BRZ 2014”是继2010年的“Fuji 86 Style”活动之后，在富士赛道上举办的第五届丰田86节。与以往相同，除了经典的AE86和丰田86继续一展风采之外，丰田还特邀斯巴鲁BRZ一同参加聚会。到场的车辆已经超过了1000台，现场参与活动的人数也已经过万。除赛道巡游、个性展示和改装件/纪念品售卖外，现场还涉及漂移特技、古董名车、乐队表演、美女模特、风味美食等。

（二）国内汽车产业节庆活动发展历程

我国汽车产业节庆活动真正开始于本世纪初。2005年9月28日，第一届“上海汽车文化节”由上海国际汽车城建设领导小组办公室、上海市精神文明建设委员会办公室、上海市经济委员会、上海市文化广播影视管理局、上海市嘉定区人民政府主办，在嘉定安亭汽车城内首次启用的上海汽车博览公园举行。至2016年，该活动已举办九届。整个文化节融汽车论坛、汽车展览、汽车赛事、经贸交流为一体。“F1中国大奖赛”是该汽车文化节历年来的重头戏。在文化节现场，多家展台安排了各种有趣的互动活动，如大转盘、飞镖游戏、猜景点、景点VR体验、模拟赛车、色彩嘉定涂鸦以及彩绘水贴。观众可以参观古董车、新能源车和CAS改装车展览，体验风洞飞行，“F1在中国”赛车文化展、“环行嘉年华”养车文化之旅。随后，2006年大庆市举办汽车文化节，2009年潮州汽车文化节举办。汽车文化节在各地风起云涌，武汉、贵阳、青岛、宁波等地均有自己的汽车文化节。

“Xmeeting车迷大会”是中国汽车历史上首次不属于单独或某几个品牌、完全属于车迷的非商业性质、自发的车迷大会。它诞生于“爱卡”汽车成立十周年的2012年。2014年9月13~14日在北京金港汽车公园举行，由爱卡汽车举办。两天内大会吸引数千名车迷。车迷在大会上可观赏超级跑车巡游、漂移表演，零距离接触各类经典车型，参与试乘、卡丁车绕桩赛等。

第八十届世界汽车房车露营大会暨首届中国汽车房车露营大会 2014 年 5 月 30 日 ~ 6 月 8 日在北京市延庆区旧县镇龙湾国际汽车露营地国际汽车露营地举行。2016 年 5 月 28 日，以"狂欢众分享"为主题的"一汽大众首届粉丝嘉年华"在苏州七都太湖迷笛营盛大举行，来自全国各地的超 2000 余名大众车迷驾驶爱车相聚"太湖迷笛营"。由一汽大众联袂大众公社共同举办，分为"酷车巡航""日场"和"夜场"三大部分。

（三）全球汽车产业节庆发展历程小结

节庆活动的产生可以追溯到原始社会的食物丰收和神灵祭祀。我国传统节日起源于 2000 多年前的周秦时代，奠基于汉魏、六朝，发展于唐宋，在明清时代又发生了较大变化（萧放，2011）。西方节庆活动起源于不同时期的宗教活动、农业庆祝和重大历史事件，为宗教、社会或地域群体提供归属感、娱乐和教育。现有节庆活动中既有传统节庆（如端午节、圣诞节、劳动节等），也有现代节庆（如各种科技节、艺术节等）。现代节庆活动是随着社会发展、特别是市场经济的发展而发展起来的，目的更多的是追求一定的经济和社会效益。

汽车产业特有的节庆活动则是距离汽车元年大约 40 年、有大量汽车消费群体之后开始出现的。考察汽车产业节庆活动的发展历程，可以发现以下特点：（1）汽车产业节庆活动的内容更多的是展示汽车文化发展的历程和最新成果；（2）汽车产业节庆总是和会议、展览、赛事和演出等会展活动中的一种或多种同时举办；（3）汽车产业节庆不仅是汽车消费者、爱好者的文化娱乐活动，也是汽车企业广告宣传和搞好客户关系的重要手段；（4）发达国家汽车产业节庆活动的管理相对成熟，而发展中国家（特别是中国）的数量增长较快。

第6节　全球汽车产业奖励旅游的发展历程

早在1906年，美国“全国现金注册公司”就向客户提供了一次免费参观其代顿总部的活动。20世纪30年代起，奖励旅游开始在美国盛行，主要集中在保险、金融、直销、汽车等高速发展的行业，然后逐步扩展到全世界范围，以及其他行业。在20世纪30年代的美国芝加哥的汽车销售业中，个别公司的管理者为了提高销售额而在开展销售竞赛活动时，为销售人员规定了任务指标，只要超额完成任务，销售人员就有资格参加免费的旅游活动。当时的组织者潜意识中把这样的免费旅游活动归纳为扩大销售量的一种手段，认为可以“生利还本”，即这种活动可以给公司带来足够的利润来支付免费旅游的费用，结果也证明了活动组织者预想的正确性。

1973年，国际奖励旅游管理者协会（SITE）[1]在美国成立。该协会是一个国际性的、非赢利性的专业协会，主要向会员提供奖励旅游方面的信息服务和教育性研讨会。会员通过参加由国际奖励旅游管理者协会举办或支持的奖励旅游展览和买家卖家见面会，了解国际奖励旅游市场，促进国际奖励旅游业务的发展。目前国际奖励旅游管理者协会在全球有2200个会员，分属87个国家。会员的专业涉及：（1）航空、游轮、目的地管理公司（DMC）；（2）顾问、酒店和度假地；（3）奖励旅游公司、旅游局、会议中心、旅游批发商、研究机构、景点、餐馆，供应商等。国际奖励旅游管理者协会中国分会于2006年成立于北京。

根据国际奖励旅游管理者协会近年来的报告：已有百分之五十的美国

[1]　也有人译为“国际奖励旅游精英协会”。

公司采用该方法来奖励员工，每年参加奖励旅游的美国人超过 50 万名，所花费用大约为 30 亿美元；在英国商业组织给员工的奖金中，有五分之二是以奖励旅游的方式支付给员工的；在法国和德国，超过半数企业实行奖励旅游方式，一半以上奖金是通过奖励旅游支付给员工；在东南亚一些国家如新加坡，以及中国香港地区，奖励旅游非常流行，已成为企业奖励员工的主要方式。

第一个社会主义国家苏联成立后也非常重视奖励旅游。列宁甚至指出，不会休息的人就不会工作。我国跟随苏联的做法。在 20 世纪的五六十年代，政府和国有大中型企业对劳动模范和先进工作者在国内风景名胜区建立一定数量的疗养院中实施免费的疗养休假，可以算是国内奖励旅游的雏形。改革开放后，随着国外企业进入中国，奖励旅游的管理理念也被带入国内。一些中外合资或外商独资的大型企业，甚至少数观念前卫的民营企业也开始对员工和经销商实施旅游奖励。目前，我国奖励旅游市场的开发刚刚起步，并呈现如下特点：第一，采用奖励旅游的企业多数是外资公司、合资企业，它们在奖励旅游市场中所占的比重远远大于国有企业；第二，由企业间的经验交流和“黄金周”假日经济带动，越来越多的中国企业逐渐认识并开始接受奖励旅游；第三，地区发展不平衡，当前奖励旅游发展比较快的地区有广州、北京和上海。

奖励旅游通常针对有一定经济基础的员工：一是有时间外出旅游，二是员工对旅游活动感兴趣，三是旅游活动能够真正起到激励员工的作用。奖励旅游能够缓解员工的工作压力，增强员工凝聚力和激发团队精神，是员工在物质需要得到一定满足之后更高层次的需要。被奖励者认为，旅游奖励比金钱奖励更能体现对人的尊重。员工对奖励旅游的需求有激励型奖励旅游、奖励性质的商务差旅和福利型的奖励旅游三种类型（李晓莉和刘松萍，2013）。目前国内学术界对奖励旅游的研究还不够深入，管理者对奖励旅游还存在很多误区，如认为奖励旅游就是一般的公费旅游、组团旅游、海外旅游，也出现过员工宁愿要现金奖励而不愿去免费旅游的尴尬现象。

2013 年，《华西都市报》联合科锐国际公司发布的调查报告显示，成都地区企业发放年终奖的形式越来越多样化：54% 的受访企业表示年终奖为“现金”，12% 的企业年终奖为“现金 + 购物卡”，15% 的企业年终奖为“现金 + 实物”，35% 的企业为“现金 + 旅游奖励”，31% 的企业为“现金 + 职业培训”，27% 的企业为“现金 + 股票分红”。可见，单独使用奖励旅游的企业所占比例仍然较小。

国内外专门调查汽车产业奖励旅游使用情况的历史资料极其少见。有研究文献（高静，2004）表明：1996 年欧美发达国家使用奖励旅游最多的 10 个行业中包括了“汽车零配件业”（第二名）和“汽车和卡车行业”（第四名）；2002 年美国一家奖励旅游公司的报告称“汽车和卡车行业”是使用奖励旅游较多的行业，仅次于“保险业”；2002 年同期我国使用奖励旅游最多的 10 个行业是：计算机 / 网络设备、学校 / 研究所、电信 / 通信、房地产 / 建筑、医疗 / 医药、家用电器、汽车、街道办事处、金融和食品；汽车行业使用奖励旅游的比例仅占整个市场的 3.53%，远低于美国同行报告的 15.6%。

事件管理网站认为：奖励旅游是激励公司人员和消费者的营销工具，免费旅游范围包括国外一个星期的长期旅游和附近度假村的周末短期旅游；奖励旅游能够激发销售落后团队的热情，使其干得更好；奖励旅游能够留住客户和维护顾客忠诚度。目前，国外奖励旅游已与员工管理、客户关系管理结合在一起，奖励对象从企业内部员工、外部经销商扩大到供应商、消费者，甚至包括了被奖励人员的家庭成员。

国内企业的外部奖励旅游也可能与企业公关活动结合在一起。如 2014 年 7 月 29 日，以“雏鹰在这里试翼”为主题的“红旗少年一汽行”大型公益活动在一汽轿车公司举行。来自吉林省、四川省的各 6 名精英少年走进中国一汽，与一汽子弟结成友谊对子，开启为期 6 天的精彩行程。“培养爱国情操”的活动包括情系友谊林、感悟国车红旗、参观革命教育基地，培养孩子们爱国主义的朴素情感；“树立质量意识”的活动包括快乐汽车拆装、质量教育基地实践活动等环节，培养孩子们树立认真负责的质量意识；

“感悟科技创新”的活动包括参观数字化工厂、长春电影城体验高端电影科技、动手组装编程机器人等环节，培养孩子们求知探索的创新精神；“磨炼坚强意志”的活动包括童子军训练营的拓展训练等环节，提高孩子们的团队协作能力，磨炼孩子们的意志品质。

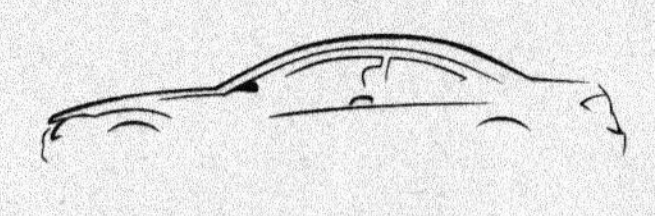

第三章

汽车产业会展活动与相关产业的发展

第 1 节　会展活动与汽车产业的发展

国际汽车制造商协会（OICA）认为：汽车产业是一个成长性产业，汽车代表自由和经济增长。汽车产业是全球经济增长的唯一最大引擎。汽车创造了就业，每生产 6000 万辆汽车需要 900 万工人生产零部件和组装整车，超过全球制造业就业总人数的 5%。据估计，一个汽车直接就业岗位将间接支撑至少另外 5 个工作岗位，产生 5000 多万个就业岗位，许多人在与汽车相关的制造业和服务业就业。因此，许多国家都非常重视汽车产业的发展。

早在汽车产业出现以前，会展活动就存在了。会展活动通过汽车研发、制造和销售单位，间接地对汽车产业的产生和发展起着孕育和催生的作用。最典型的例子就是福特和他的汽车事业。1876 年，福特的父亲参观了为纪念美国独立一百周年而在费城举行的万国博览会。回来后，他向自己的儿子讲述了会场中机械馆的盛况，特别是蒸汽汽车的惊人表现。福特深受影响，产生了对机械的爱好。16 岁时，福特决定离开农场，来到附近的底特律投身机械行业。在 1867 年的巴黎博览会上，欧特以四行程循环的自由活塞动力机参展而闻名于世。在此基础上，福特等人开始秘密研发汽油车。1896 年，由福特任总监的底特律汽车公司宣布成立。这是在底特律设立的第一家汽车制造公司。1900 年，公司在生产了 12 辆汽车后就倒闭了。当时欧美国家的汽车制造商都热衷于汽车竞赛，获胜公司将赢得市场。福特决心制造一辆世界上最坚固、速度最快的竞赛用汽车。最后他终于成功，并打败最强对手温顿，从而赢得投资商的青睐，成立了新的汽车公司。

反过来看，汽车产业的发展也为会展业的发展提供了舞台，汽车企业之间的竞争推动了会展业的发展。

汽车从一开始仅是少数人的奢侈品最终变为被大众所接受的交通工具，与企业各种促销手段的使用是离不开的。在汽车出现之前，人类的陆上交通工具主要是马车，但马车速度慢，马粪污染街道，马匹容易受惊吓，马的饲养也极为麻烦。尽管汽车相对于马车有一定优势，但当时的汽车也有许多问题，如机械故障多、安全性低、操作不方便、空气污染严重。很多人并不看好和认可这个响声较大的“怪物”。早期汽车的主要竞争对手主要是马车。汽车制造商需要做大量工作说服人们“放弃传统马车，改用汽车”。1888 年 8 月，现代汽车发明者卡尔·本茨的妻子伯莎·本茨（Bertha Benz）作为世界上首位女司机勇敢地驾车行驶了 144 千米，以证明汽车的优越性。1898 年 8 月 13 日，《科学美国人》杂志中出现了最早的汽车广告。一家位于俄亥俄州克利夫兰市、名为“The Winton Motor Carriage Co.”的汽车制造商刊登的广告内容为：“Dispense With a Horse.The Winton Motor Carriage”，意思是：“温顿牌汽车让马休息！”

国外企业一直将会展活动作为一种重要的综合性营销工具使用。会展活动能够从各个方面实施企业的经营活动（见表 3.1–1）。会议是参会者思想和智慧的“碰撞”。展览是展商借助展品与目标观众进行具体的、深入的交流。赛事表现不同企业在产品性能和人员操作技能方面的差异。节庆重视消费者体验和娱乐；奖励旅游侧重于人员对企业的喜爱和忠诚度。除了奖励旅游和节庆活动外，会议、展览和赛事对企业技术创新作用越来越大。并且，会议的创新功能在时间上先于展览和赛事：展览是对创新成果的展示，赛事是对创新成果的检验。由于观众甚多，展览、节庆和赛事的企业广告效果最大。

表 3.1–1　各类会展活动对汽车企业的主要功能

会展活动	技术创新	企业广告	人员激励	产品销售
会议	☆☆	☆	☆	☆
展览	☆☆	☆☆	☆	☆☆
节庆	☆	☆☆	☆	☆
赛事	☆☆	☆☆	☆	☆
奖励旅游	☆	☆	☆☆	☆

（一）展览与汽车产业的发展

很多年前，汽车销售就有了固定的专业商店，如汽车超市，又称为“汽车商场”“汽车大卖场”，国内多为4S店。尽管专业商店的购车环境和服务水平优于车展，但后者现场汽车品牌多、车型全（新）、价格更优惠。消费者逛很多个汽车销售店还不如逛一个车展，以节约时间和交通成本。相对于网络销售，车展对消费者来说也是一个最好的体验平台。汽车产业展览扮演了普及汽车知识和推动汽车工业发展的角色。现代车展主要起到了两方面的作用：它不仅仅是一个人们可以参观全世界车型的盛会，也是整个汽车行业专家的集会场所。

对展商而言，车展可以避免日益上涨的店铺成本和降低部分人工成本，销售效率较高。由中国国际贸易促进委员会汽车行业分会、中国汽车工业协会、中国汽车工程学会、中国汽车工业进出口有限公司等单位主办的大连国际汽车展览会（Dalian International Automotive Exhibition）自1996年举办第一届开始，在拓宽汽车及零部件产业的延伸、拉动汽车消费和汽车文化的升级等方面都起到了巨大的推动作用，是中国汽车销售量最大、连续举办时间最长、参展车辆最多、最惠民的汽车产业展览会之一。从1996年的第一届到2015年的第二十届，车展的展览面积、展商数、观众人次，特别是现场销售额、售车台数都是逐年上升的。从销售效率来看，除展览现场的单位面积销售额有所下降外，观众每百人次售车台数和现场每百平方米售车台数均有上升趋势。总体来看，整车类展览的短期销售绩效相当明显（见表3.1–2）。

表 3.1-2　大连国际汽车展览会历届展览数据

年份	面积（平方米）	展商	观众（人次）	销售额（亿元）	售车（台）	单位面积销售额（万元）	每百人次售车台数	每百平方米售车台数
1996	21 000	169	63 000	2.43	971	1.16	1.5	4.6
1997	21 000	185	83 500	4.12	1006	1.96	1.2	4.8
1998	21 000	186	89 000	5.01	1052	2.39	1.2	5.0
1999	22 000	203	119 300	6.19	1333	2.81	1.1	6.1
2000	23 000	211	158 700	6.82	1414	2.97	0.9	6.1
2001	22 000	220	188 000	7.33	1489	3.33	0.8	6.8
2002	28 000	226	205 000	7.63	1632	2.73	0.8	5.8
2003	30 000	232	227 000	10.2	2570	3.40	1.1	8.6
2004	35 000	240	230 000	9.16	2146	2.62	0.9	6.1
2005	80 000	426	301 000	11.29	3430	1.41	1.1	4.3
2006	80 000	432	305 000	11.66	3560	1.46	1.2	4.5
2007	80 000	486	310 000	11.99	4390	1.50	1.4	5.5
2008	80 000	403	310 000	12.12	4506	1.52	1.5	5.6
2009	100 000	436	350 000	13.95	5970	1.40	1.7	6.0
2010	120 000	421	350 000	14.06	6750	1.17	1.9	5.6
2011	120 000	380	360 000	14.29	8550	1.19	2.4	7.1
2012	120 000	382	380 000	12.71	8900	1.06	2.3	7.4
2013	120 000	375	380 000	12.56	9600	1.05	2.5	8.0
2014	130 000	377	370 000	11.98	9050	0.92	2.4	7.0
2015	130 000	369	330 000	–	7800	–	2.4	6.0

注：数据来源于网络，“–”表示缺乏数据。

参与国际展览是企业促进出口和获得全球视野的经济、高效手段（Jaideep 等，1992；Kellezi，2014）。期望走向世界的汽车厂商总是积极参与国内外车展，特别是国际车展。这些企业以车展为平台，建立起全球销售网络。如韩国双龙汽车公司，其前身是创立于 1954 年的河东涣汽车制造厂，1977 年改为东亚汽车公司，1988 年更为现名。公司主要以制造四轮驱动汽车为主，并生产大型客车、特种车、汽车发动机及零配件。近年来该公司参加的国内外车展有：日内瓦车展、法兰克福车展、上海车展、首尔车展、巴黎车展、北京车展、釜山车展、以色列特拉维夫车展、德国莱比锡车展、泰国曼谷车展、布鲁塞尔车展、泰国国际博览会、欧洲伊泽尔谷4×4展览、巴塞罗那车展、立陶宛车展，等等。

作为全球最大汽车制造商的丰田汽车公司近三年来参加的国际车展有：瑞士日内瓦国际车展、美国北美车展、美国纽约国际车展、印度德里汽车博览会、泰国曼谷国际车展、北京国际车展、阿根廷布宜诺斯艾利斯国际车展、德国法兰克福车展、上海国际汽车工业展览会、日本东京车展、印度尼西亚国际车展、中国（广州）国际汽车展览会、俄罗斯莫斯科国际汽车展览会、法国巴黎国际车展等。

展览是汽车创新技术和外观设计的展示。许多新技术在汽车上的使用都是在展览上首次向世人公布的。在1998年首届米其林必比登挑战赛上，日产汽车公司展示了一款配有锂电池的原型车（样车）。这项技术现已广泛应用于量产车上。在2007年的上海必比登挑战赛上，雷诺公司发布了一款正常行驶条件下每千米二氧化碳排放仅72克，名为Logan的车辆，随后引发了各汽车厂商的低碳排放产品竞争。2010年里约热内卢的必比登挑战赛期间，汽车每千米50克二氧化碳的超低排放量得到验证。2011年柏林挑战赛更进一步展示了燃料电池的市场潜力。此外，从诞生至今，汽车形状的外观设计经历了马车形、箱形（T形）、甲壳虫形、船形、鱼形、楔形多种类型。汽车外观设计不仅是为了从技术上减少风阻，也是为了使汽车成为吸引观众的艺术品。

在汽车行业，新产品介绍和促销奖励这两种营销活动被认为是重要的绩效驱动因素。研究发现：新产品介绍会增加长期财务业绩和企业价值，而促销不会；产品进入新市场能提高企业收入、利润和市场价值（Pauwels等，2013）。展览是汽车制造企业展示“量产车”、准备上市“新车”，以及不同研发阶段“概念车”的最受欢迎的场所。量产车的展示主要是为了促销，对企业竞争优势的反映作用有限。“概念车”是制造商为了测试投资人和潜在消费者反应，最终未必商业化为量产车（Kim，2013）。但有关新产品研发计划的公告、产品预告和新产品发布可以作为信号将企业内部创新能力反映到金融市场，体现了企业的市场竞争优势，从而改变企业的市场价值。Kim 和 Mazumdar（2016）调查了概念车和准备上市新车的展示对参展企业市场价值的影响，发现超常回报与产品研发阶段之间呈倒“U”形关系，即处于高级研发阶段的概念车展示比早期概念车和后期准备上市新车的展示能够给企业带来更高的市场回报。概念车的发布主要是调查市场反应和“筛选”概念。长期来看，概念车和新车的发布促进了产业内部企业之间的竞争，能够吸引大批观众，有利于技术创新的迅速传播和整个产业的转型升级（见图 3.1–1）。

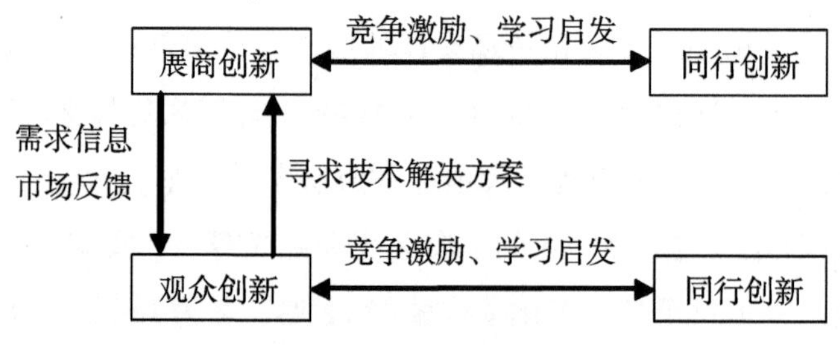

图 3.1–1　展览活动中创新概念的产生机制

注：摘自贾岷江等人所著《“互联网 +”时代我国展览的转型升级：从贸易到创新》,《成都大学学报》（社会科学版）2017 年第 2 期。

（二）会议与汽车产业的发展

国外经济地理学学者认为，包含专业会议在内的会展活动是一种临时集群，有利于参与者之间的知识交流、网络建设和思想创造（Maskell 等，2004）。从会议内容涉及的生产活动领域来看，汽车产业类会议可分为管理类会议、技术类会议，以及这两种类型兼有的混合类会议三种。管理类会议和技术类会议在许多方面存在较大差异（见表 3.1–3）。特别是，前者多数强调应用性，后者多数强调学术性。尽管参会者可能带有部门偏见，更重视某种类型的会议，但管理类会议和技术类会议对产业的发展多数时候起着同等重要的作用，部分同属于学术性会议的范畴。

表 3.1-3　管理类会议和技术类会议的比较

	管理类会议	技术类会议
主要主办方	行业协会、政府部门	学会、研究院所、高校
主要参与者	企业管理人员、协会和政府管理人员	技术人员、教师、研究员
主要目的	解决管理问题	解决技术问题
主要议题	行业发展趋势、环境影响、管理政策	技术发展趋势、产品和工艺创新
主要形式	市场信息发布、研讨	技术成果讲解、交流
典型案例	中国贸促会汽车行业委员会主办的“全球汽车论坛”、FOURIN 汽车咨询有限公司主办的世界汽车研究会	国际汽车工程师学会主办的“在线诊断技术研讨会”、中国汽车工程学会主办的“第八届国际汽车变速器及驱动技术研讨会”

上述会议类型属于组织外部会议，对组织的生产发展与组织内部会议（工作会议）一样重要。一个组织要生存发展，必然要与外界进行能量和物质的交换，否则就会停滞不前，甚至消亡。对企业而言，就是人员、资金、信息、原料、产品、能源的社会交换。组织外部会议的前瞻性和政策性使汽车产业的发展减少了盲目性。现有会议已经让我们了解到汽车技术的未来发展趋势：智能化和环保化。前者涉及无人驾驶技术、车联网技术；后者涉及新能源技术、节能减排技术、新材料技术。接下来如何产业化，仍然需要借助各种专业会议的反复召开来寻找具体措施。

“2015 广州国际电动汽车产业峰会”于 2015 年 11 月 20 日 ~ 21 日在广州琶洲会展中心举行。该会由中国国际贸易促进委员会汽车行业分会、中国汽车工程学会主办，广汽集团携手高工电动车及广东省汽车工程学会承办。广汽集团、大众汽车集团（中国）、三菱汽车、三星 SDI、高工电动车、上汽集团研究院、长安新能源汽车公司、比亚迪工程研究院等行业知名企业负责人，以及中国汽车工程学会等学术性团体、高等院校代表、行业协会领导和政府要员等300余人将出席活动，就电动汽车产业未来发展的一系列热点问题进行探讨。“2016中国广州国际投资年会电动汽车产业圆桌会”于2016年3月23日在广州市白云国际会议中心举行。该论坛由广州市人民政府主办，广汽集团承办。来自国家工信部相关部委和广州市政府的领导，广汽集团、青岛特锐德、杰士汤浅、乐视等汽车及互联网知名企业负责人，以及中国汽车技术研究中心、中山大学等科研机构及高等院校代表等120余人出席，就电动汽车产业应用与推广的一系列热点问题进行探讨。

此外，有实力的汽车厂商还向一些知名的大会或其他社会活动捐献“专用车辆”，借助重大会议宣传企业产品。2008年9月，郑州日产汽车厂商向第六届全国农运会递交20辆商务车“御轩MPV”，成为大会的指定用车。2016年，上汽大通向杭州G20峰会交付会议用车。上汽大通成为“9·3大阅兵”“APEC峰会”“青奥会”“上合组织会议”“亚信峰会”和九届“博鳌亚洲论坛”等一系列世界高端赛会和活动的官方指定用车，树立了“国宾车”高端品质的形象。

（三）赛事与汽车产业的发展

汽车制造厂商参与赛车运动，不仅仅是为了广告，更重要的是对车辆创新技术和性能的检验，是“未来汽车的实验室”（朱海霞，2009）。如世界一级方程式锦标赛被称作汽车产业的“高科技奥运会”，达喀尔拉力赛是对车辆涉水性能、耐高温性能、耐寒冷和干燥的性能、跋涉性能的综合检测。一个汽车厂商如果不参加这两项世界顶级赛事，是很难在全球竞争对手和消费者心中树立企业超强形象的。在许多汽车产业发达国家中，汽车竞赛是展示和加速汽车技术创新的重要手段。Jenkins 和 Floyd（2001）发现，F1 赛事中技术透明程度会影响技术演化的轨迹：当技术透明度较高[1]时，创新技术倾向于在企业之间共同衍变，产生互补技术和提高行业中主导设计出现的可能性；反之，创新技术倾向于在企业内部部门之间共同发展，导致企业优势技术的出现，提高了技术在企业内部的统治地位。另一方面，汽车的品牌形象在很大程度上是通过赛车运动建立起来的。许多新技术首先是在赛场上引起世人关注的。如 1895 年米其林兄弟亲自驾驶唯一装有充气轮胎的汽车参赛，其出色表现在赛后立即引起极大的社会轰动。

本着“制造更好汽车”这一根本思想，丰田汽车公司自诞生以来参与的著名赛事有：世界拉力锦标赛、世界耐力锦标赛、达喀尔拉力赛、纽博格林 24 小时耐力赛、NASCAR 赛事、美国 IMSA WeatherTech SportsCar Championship、SUPER GT、全日本超级方程式、全日本拉力锦标赛、穿越五大陆项目等。目前公司更是将所有赛车运动集中于“TOYOTA GAZOO Racing”这个共同旗帜下大力推进。公司创始人丰田喜一郎（1894 ~ 1952）认为，“所有的机器都应该能够按照人们的理想来工作，但人类所思考的理论往往不够充分，实际操作中也有很多创造未能实现。而赛车运动是唯一能够考验赛车，促进改良的途径。就像奥林匹克运动会中倾尽全力考验自己的力量一样，在赛车中发挥汽车的全部性能，不断改良进步，点燃车迷的兴趣。”他还认为，“作为日本汽车制造业不可缺少的轿车车型来说，为了测试其耐久性和其他性能，赛车可以将汽车的性能全部发挥出来，让它不断改良进步，点燃车迷们的兴趣。这不是单纯地为了兴趣而进行的比赛，更是促进日本轿车制造事业发达所必不可少的东西。”

从世界范围来看，没有一家知名汽车制造商未参加过竞赛活动，汽车赛事最终排名往往是厂商实力的反映（见表 3.1–4）。自从法国雪铁龙汽车公司 1919 年一诞生，就将公司活动与冒险、竞争结合在一起。雪铁龙一贯将系列量产车型与竞争联系在一起。在 50 年代末期，公司把汽车引入拉力赛和赛道比赛中，其目的是对应用到批量生产的新技术进行测试。1989 年，

[1] 指部件知识在企业之间转移的成本和难度低。

以前的比赛部门成了雪铁龙运动部，新的机构为公司在世界舞台上设立了第一个重大挑战：在巴黎－达喀尔比赛中获胜。1954 年，日本铃木自动车工业株式会社成立。在 1984 年越野摩托车世界 GP125 大赛中，铃木连续 10 年获得制造厂和个人冠军。本田公司（Honda）自创业伊始就积极参加各类赛车运动，在不断拼搏中追求更高的目标。在世界顶级赛事中，本田的挑战精神和卓越技术，让速度不断突破，使一次次胜利成为可能。我国汽车产业技术创新成果的数量和质量均与世界上老牌汽车生产国存在一定差距。除了制度上的原因外，国内汽车生产商参与世界级会议、展览和赛事活动较少也是其中原因之一。

表 3.1-4　2016 年 3 月澳大利亚 F1 大奖赛比赛结果

排名	车手	所属车队	排名	车手	所属车队
1	NicoRosberg	梅塞德斯	12	KevinMagnussen	雷诺
2	LewisHamilton	梅塞德斯	13	SergioP é rez	Force 印度 / 梅塞德斯
3	SebastianVettel	法拉利	14	JensonButton	迈凯伦 / 本田
4	DanielRicciardo	红牛 –TAG	15	FelipeNasr	索伯 / 法拉利
5	FelipeMassa	威廉姆斯 / 梅塞德斯	16	PascalWehrlein	Manor/ 梅塞德斯
6	RomainGrosjean	Haas/ 法拉利	--	MarcusEricsson	索伯 / 法拉利
7	NicoH ü lkenberg	Force 印度 / 梅塞德斯	--	KimiRäikkönen	法拉利
8	ValtteriBottas	威廉姆斯 / 梅塞德斯	--	RioHaryanto	Manor/ 梅塞德斯
9	CarlosSainz	ToroRosso/ 法拉利	--	EstebanGuti é rrez	Haas/ 法拉利
10	MaxVerstappen	ToroRosso/ 法拉利	--	FernandoAlonso	迈凯伦 / 本田
11	JolyonPalmer	雷诺	--	DaniilKvyat	红牛 –TAG

注：资料来源于网络。

国内汽车厂商参与展览、会议和节庆活动的较多，过去对“烧钱”的赛事活动并不感兴趣。可喜的是，我国汽车制造商已经认识到了赛车运动的重要意义，开始涉足世界汽车赛事。2004 年，郑州日产帕拉丁车队首次组队参加第二十六届达喀尔拉力赛，开创中国汽车涉足国际顶级越野赛事之先河。2005 年，郑州日产帕拉丁车队又参加了第二十七届达喀尔拉力赛。2006 年，帕拉丁车队再踏达喀尔征程。应该看到，我国本土汽车制造的技术水平和厂商的经济实力与世界顶级汽车制造商还有一定差距。如果我们不主动与世界汽车制造商强手在赛场“近身肉搏”和“班门弄斧”，这种差距有可能还会拉大。

汽车产业赛事活动本身也可带动相关产业的发展。英国的银石赛道（Silverstone circuit）位于距离伦敦约 100 千米的北安普敦郡。其前身是一座第二次世界大战时的军用机场。战争结束后，一些飞机机械师开始建造轻型汽车在飞机跑道上比赛。1948 年起该跑道开始举办英国国内汽车大奖赛。1950 年，银石赛道举办了全世界第一场 F1 赛事。这项全球最著名的汽车赛事使银石赛道成为现代赛车运动的发源地，被称为“F1 之家”。随着 F1 运动在当地的蓬勃发展，所有的 F1 参赛车队都将赛车研发和测试的基地设在了英国。伴随着车队的入驻，与 F1 运动相配套的赛车技术的研发工厂和试验中心也向银石赛道聚集，其中有著名的英国克兰菲尔德大学 F1 现场撞击模拟试验室。同时，北安普敦郡又兴建了两条赛道。除 F1 外，更多世界级的汽车赛事在当地举行。各类赛车的零部件供应和物流服务业也受到吸引。这种发展逐渐影响到北安普敦郡的周边地区，慢慢从牛津郡扩展至南安普敦郡。在赛车界和汽车制造业内，人们逐渐将西米德兰兹郡和牛津郡一带称为“赛车谷（motorsport valley）”。包括当前冠军队如红牛、莲花、梅赛德斯、威廉姆斯、卡特汉姆、马鲁西亚和迈凯轮等在内的 11 支车队都分布在距离赛车谷不到 80 分钟的车程范围内。政府企图将该区域建成为类似硅谷或伦敦城一样的地区，持续提供资金和激励措施，鼓励个人和公司创新。赛车企业为保持领先地位，将 30%的营业收入用于研发。相比之下，工程企业的研发支出比例一般为4%，汽车企业为6%，制药企业为15%。这样做的效果在赛道上非常明显。F1上赛季的20场比赛中，17场是由英国造汽车赢得的。自1950年开始的F1，英国制造商赢得了38项冠军，而意大利为16项，法国仅赢得1项冠军。由此，产业集群的发展进入良性循环。据英国汽车运动产业协会（MIA）统计，2012年赛车谷的年产值达到60亿英镑，其中出口36亿英镑；提供就业岗位达到4万个，分布于3500个企业，代表了世界上大约80%的高效率工程师。而全英国有4500家企业或多或少与汽车运动有关，年产值达到90亿英镑，且有87%的企业出口产品或服务。这些企业为F1提供尖端技术，并主导了当今世界大多数比赛中使用的零部件的设计和制造。

（四）会展活动与我国汽车产业的转型升级

我国汽车产业总体情况是：以整车组装为主，汽车研发能力有限，零部件企业规模偏小，企业国际竞争力不强，产业结构不合理，迫切需要转型升级。2009年，我国《汽车产业调整振兴规划》中特别提出“坚持自主创新，注重改造传统产品与推广新能源汽车相结合。加强技术改造，提高研发水平，加快产品升级换代和结构调整，着力培育自主品牌，积极发展节能环保的新能源汽车”。业内人士虽然对汽车产业转型升级的叙述各有不同，但主要集中在创新能力提升、产品结构调整、供应链优化三个方面（徐和谊，2011；王瑞祥，2014；谷祖威、于仁忠，2014）。从经济学角度来看，其实质是企业产品/技术创新和社会分工的问题。

如何发展会展业以促进汽车产业的转型升级是值得研究的一个重要课题。“汽车制造商们长期以来就将车展视为一个重要的营销平台，并作为整体品牌传播策略组合的一部分”；并且“车展经常作为品牌新款车型发布会或新产品展示及技术革新的舞台”（基希盖奥格等，2008）。国内学者非常重视汽车产业会展活动。李创（2009）考察了会展对中国汽车产业和社会发展的影响。尹娜（2013）提出要建立汽车博览园，促进产业转型升级。陈康仁（2009）认为，展览平台或将成为推动汽车零部件产业发展的新模式。中国模具工业协会（2010）认为，国际“模展”能够助力汽车产业升级。

产业集群的发展一般要经过简单聚集、分工、创新和衰落四个阶段（贾明江、蔡继荣，2004）。目前我国汽车产业集群（产业园区、开发区）正由简单聚集向分工阶段发展。按照产业集群理论，技术溢出效应的存在和交易成本的降低是企业聚集的主要优势。而会展活动现阶段最有利于技术溢出和交易成本降低，必然对集群企业的创新和分工发挥不可替代的重要作用。目前，国内许多学者认为，会展业与其他产业集群是互动或协同发展的（罗燕、胡平，2008；裴向军、陈英，2009；许啸尘、蔡仲芳，2012）。

我国车展不仅传播了国外先进的汽车文化，而且见证了国内汽车产业的发展历程。20 世纪 80 年代以来，国内举办车展主要目的是为了产品推广和销售。最近十年来，我国汽车整车展览数与汽车产量数均逐年上升（见图 3.1–2）。从国内会展活动数量来看，每年各地举办的汽车产业会展活动（包括车展、汽车会议论坛、汽车文化节等）数量居各产业之首，少数车展已经成为国际 A 级车展。但是，会展活动对企业和产业集群的创新推动作用甚微。在全球电子商务迅猛发展的新形势下，相关各方有必要充分发挥会展活动的创新功能，以推动我国汽车产业的转型升级（贾岷江等，2017）。

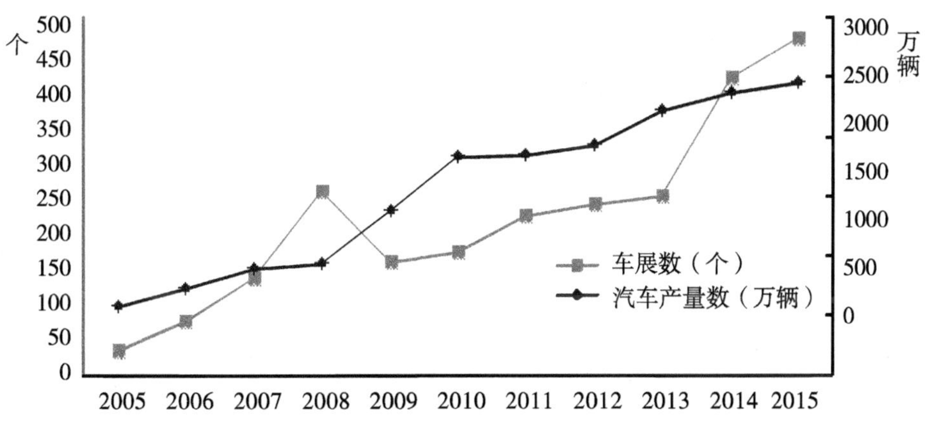

图 3.1–2　2005～2015 年我国汽车整车展览数与汽车产量数

（1）以会展活动提升汽车产业整体研发能力。

当前，我国汽车产业面临产业结构优化升级的压力，汽车产业将向智能化、网联化、电动化的新一轮汽车产业布局转换。主要作为一种营销工具的会展活动能够帮助企业洞察市场变化趋势，抓住市场机会，利用前沿技术信息，实现技术创新、产品创新的目的。

（2）以会展活动增强本土企业之间的生产配套能力。

国内汽车产业集群中本地零部件企业为本地整车企业配套的很少，大部分外销（部分零配件企业进入全球采购体系），整车对零部件产业发展没有形成有效带动。会展活动能够加强供需双方的信息沟通，相互匹配，一方面建立牢固的本土供应链，另一方面使本土供应链融入世界供应链中，避免汽车产业园区成为“飞地”。

（3）以会展活动扩大“本土造”地方汽车品牌的社会影响。

如 2014 年成都本土举办的车展有：成都商报春季车展、第三届成都精品汽车展、中国成都“客车、校车、旅游车”展览会、中国西部国际装备制造业博览会 – 国际汽车制造技术装备及零部件博览会、成都法兰克福汽车零配件展览会和第十七届成都国际汽车展览会。这些车展对本土汽车产业品牌起到了间接宣传作用，有利于招商引资。

（4）以会展活动延长汽车产业链。

传统汽车产业链仅仅限于汽车制造、贸易和服务。会展活动的开展将使汽车产业向旅游产业、体育产业、文化娱乐产业延伸。

要达到以上目标，政府、会展活动主办方和汽车制造企业也必须采取相应的措施。

（1）政府和会展活动主办方应当研究企业参与会展活动的动机。

不同类型的企业参展动机是不一样的，汽车展商和参观者参展的目标也不一样。2002 年，AUMA 调查发现，特定展商把“提高企业的知名度”排在参展目标的第一位（占被调查者的 85%），而“完成销售 / 合约”排在最后（占被调查者的 29%）；参观者把“了解新领域”排在参展目标的第一位（占被调查者的 60%），而“为购买产品做准备”排在倒数第二位（仅占被调查者的 17%）。实际上，会展活动主办方要调查参与者的动机和行为，理论界也非常重视展商和观众的动机和行为研究（Rittichainuwat 和 Mairb，2012）。发展会展业有必要首先调查会展活动参与者的动机。政府有责任采取措施引导企业的参展动机朝有利于产业发展的方向转变。

（2）企业应当积极参与各类会展活动。

为有效利用会展活动促进企业发展，汽车制造企业一是要聘用专业人才，设置专门的会展管理部门或由专人负责会展活动（见表 3.1–5）；二是增加资金预算，积极参与各类会展活动（见表 3.1–6 和 3.1–7）。

表 3.1–5　汽车制造企业的会展岗位、职责和人员要求

企业	岗位	岗位主要职责	招聘要求
吉利集团（总部）新业务部（吉利汽车互联网 + 新业务电商平台）	展览展示经理	制订销售公司全年展览展示项目规划；协调、保持与重点展会组委会关系；重大展览展示活动线下执行工作；负责展览展示项目供应商的开发与维护；负责销售公司全年 AB 级展览展示项目的线下执行活动；负责销售公司机场高铁站展示项目的线下执行活动；负责展品开发及制作工作	本科以上学历，会展会务、行政管理以及市场营销等专业优先
新恒基德胜国际汽车产业（武汉）股份有限公司	会展策划	负责撰写营销活动策划方案；活动期间进行场务控制工作（主要分工：时间掌控与安排、物资准备、声光电控制等）；参与活动前期筹备（如与供应商沟通、与场地方谈判，准备及分发物料）；参与活动现场的管理，解决突发问题，传达项目更新资料；活动人员执行分工活动节点的控制；活动完成后，进行效益评估，数据汇报管理	具有商业地产、大型卖场活动策划经验 2 年以上者优先

续表

企业	岗位	岗位主要职责	招聘要求
四川野马汽车股份有限公司	市场企划专员	根据公司整体战略方针、结合项目制订总体营销方案；负责公司产品和项目的全案策划，包括产品的命名、定价、渠道规划、宣传推广等；负责制订阶段性的价格策略和促销策略，并根据市场情况及时修正和调整；负责大型活动、会展的策划，指导大型活动、会展的执行；撰写活动总结报告，为后续工作提供经验和指导	大专以上学历，市场营销相关专业
广州汽车集团乘用车有限公司（广汽传祺汽车销售有限公司）	活动策划专员（市场企划专员）	年度国际车展 / 品牌营销活动实施战略；A 级车展的规划、参展指引与推进实施管理；品牌及新车发布 / 赞助活动策划与推进实施管理；管理活动 / 展览年度推广预算；促销支持物料及礼品策划与制作管理；品牌展厅规划及管理	本科及以上学历，5 年及以上工作经验，市场营销、会展等专业优先

注：资料来源于网络。

表 3.1-6　2015 年一汽集团主要会展活动一览表

时间	名称	内容	活动类型
3.22	集团公司领导干部会议	落实从严治党要求、加强反腐倡廉建设、保持干部职工队伍稳定、确保实现全年生产经营目标	会议
4.20	第十六届上海车展	参加车展，在一汽展区发布“挚途”互联智能技术战略	展览
4.24	B70 公益文化行活动	近百名奔腾车主来到一汽轿车公司，参加由一汽奔腾吉林区域组织的主题为“因爱而悦，一路同行”B70 公益文化行活动	奖励旅游
5.7	集团公司中层以上管理人员大会	宣布党中央、国务院关于中国第一汽车集团公司主要领导变动的决定	会议

续表

时间	名称	内容	活动类型
5.15	骏派 D60 五星安全及健康报告媒体发布会	天津一汽夏利高层领导与安全专家、全球 500 强汽车供应商代表以及来自全国的媒体记者，参与 C-NCAP 的 SUV 碰撞结果与内饰环保测试结果的发布会	会议
6.29	反腐倡廉警示教育大会	一汽集团公司领导班子成员、全体高级经理、重点领域的二级经理及重点岗位人员共 1300 余人参加会议，开展“三严三实”专题教育	会议
8.58 ~ 29	一汽丰田服务技能大赛决赛	本次广州比赛包括钣金、喷漆和保修三个项目，共 27 名选手进入决赛，选手从一汽丰田全国 227 多家经销店的 502 名报名选手中选出	赛事
8.30	“理想创造未来”试驾体验日	让钟爱自主品牌“红旗”的北京精英们体验了红旗 H7 的超凡驾控和自主品牌国产车的独特魅力	奖励旅游
9.14 ~ 16	德国焊接机器人国际大赛	一汽代表队中解放公司车桥分公司的闫洪波和王才分别获得金牌和铜牌的优异成绩	赛事

注：资料来源于一汽集团官方网站。

表 3.1-7　凯迪拉克汽车制造公司 2016 下半年参加的会展活动

活动名称	时间	活动名称	时间
圆石滩老爷车竞赛	8.18	夏洛特国际车展	11.17
鹌鹑谷赛车大会	8.19	加州中部车展	11.18
皮雷利世界挑战赛 – 米勒赛车公园	8.26	康涅狄格国际车展	11.18
皮雷利世界挑战赛 – 索诺玛赛道	9.16	洛杉矶国际车展	11.18
橘郡国际车展	10. 6	达拉斯车展	11.19
皮雷利 – 拉古娜塞卡马自达赛道	10.7	圣弗朗西斯科国际车展	11.19
西雅图国际车展	10. 8	坦帕湾国际车展	11.20
萨克拉门托国际车展	10.4	佛罗里达州中部国际车展	11.24
拉斯维加斯改装车零配件展览会	11.1	亚利桑那州国际车展	11.26
迈阿密国际车展	11. 16	拉斯维加斯国际车展	11.27

注：资料来源于网络。

第 2 节　汽车产业会展活动与旅游产业发展

会展业囊括了旅游业的诸多元素（费尼奇，2016）。会展旅游是借助会展活动开展的旅游形式。目前国内学者对会展旅游的认识并不统一和明确（孔永生和冯红英，2009；李力和余构雄，2010；李映洲和江燕，2011）。一类学者认为，会展旅游是参与者在完成展览会、博览会、交易会、运动会、招商会等会展活动之余所进行的旅游活动，其吸引物是传统的旅游景点；另一类学者认为，会展活动本身也可以成为旅游吸引物，参与者需要这种事件旅游来达到商业的或个人的目的（见图 3.2-1）。绝大多数学者认为，会展旅游主要有会议旅游、展览旅游、节庆旅游、赛事旅游和奖励旅游等几种形式。奖励旅游属于旅游业这一事实得到了大多数人的认可。个别学者甚至将其独立于仅包含会议旅游和展览旅游的“会展旅游”之外，并合称为“会奖旅游”（张文建，2005；唐彩玲，2013）。

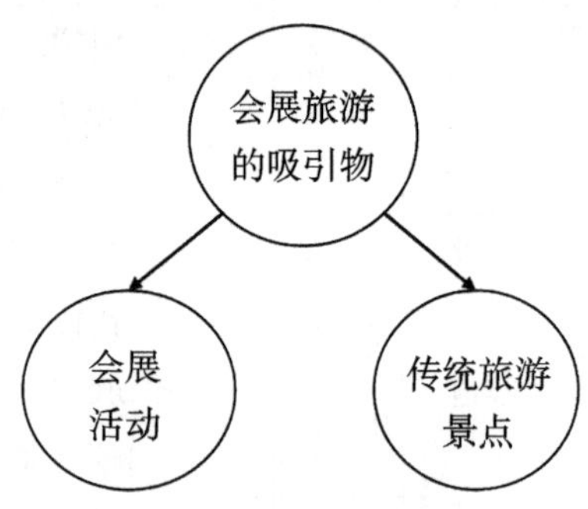

图 3.2-1　会展旅游的吸引物

因单个会展活动参与人数众多，且花费较高，年度会展活动数量和种类繁多，会展业对当地旅游产业的产出贡献极大。2015 年，我国入境外国游客达 2598.54 万人次，其中“会议 / 商务”游客、“服务员工”游客合计占三分之一左右（见图 3.2-2）。研究表明，大型体育赛事（如国际赛车运动）对东道国的目的地形象（从旅游角度）和国家形象（从国际市场角度）也会产生积极影响（Kim 等，2014）。

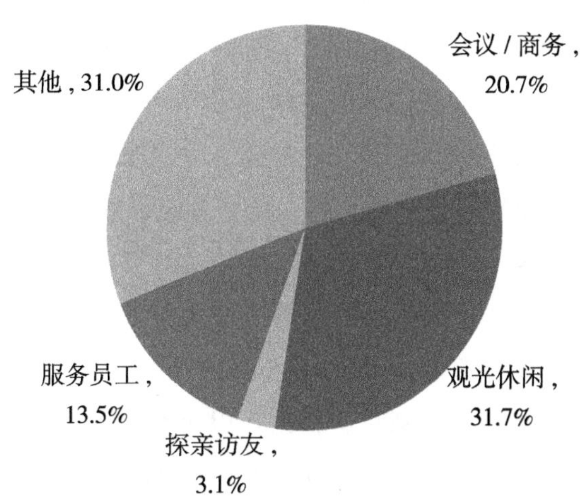

图 3.2-2　2015 年入境外国游客人数（按目的分）

注：数据来源于国家旅游局。

在 20 世纪 50 年代，乘坐汽车旅行还是一个奇妙的想法，但被越来越流行的年度假期变得更普及。“带着自己的酒店去旅行”成为 1957 年露营拖车宣传册的标题。汽车的出现不仅仅是给人们远距离旅游带来方便，汽车产业发展带来的相关会展活动也逐渐成为旅游吸引物，开拓了商务旅游和个人旅游新的领域。这是因为，会展活动一方面可以引致旅游，另一方面其本身就是旅游活动。前者表明会展业与旅游业二者之间的发展可能相互影响、相互促进。后者表明会展活动既可能属于商务旅游、生产旅游（Vaid 等，2016）[1]，又可能属于消费旅游，是一种旅游活动形式。但国内很多教科书的编写者和论文作者都没有明确说明这一点。

[1]　Vaid 等人（2016）认为，商务旅游即 MICE 旅游。

国际上，一度认为会展活动（主要是MICE）是旅游业的一种形态。世界旅游组织（UNWTO）将其定义的会议业分为“核心（狭义）会议业”和“广义会议业”（PWC，2014）。核心会议业是指那些专门提供与会议相关的服务，并作为其主要经济活动的商业单位，包括专业会议组织单位、会议或展览中心、奖励旅游公司或目的地管理公司、会议与旅游局（目的地营销组织）四大部分。这四部分分别与北美产业分类体系（NAICS）划分的产业对应。广义会议业还包括从事于会议组织或参加直接干预（联系）的服务企业，这些企业向会议参加者、展商、会议组织者或主办方提供组织或参与会议所需的辅助服务、设备和人员，具体包括住宿、交通、技术设备、文秘、餐饮、翻译、展位搭建等企业。

2001年11月，中国政府签署的《加入世贸组织议定书》附件九中规定，中国会议、展览服务业属于完全对外开放领域。2009年12月，《国务院关于加快发展旅游业的意见》指出：以大型国际展会、重要文化活动和体育赛事为平台，培育新的旅游消费热点；特别要抓住举办2010年上海世界博览会的机遇，扩大旅游消费。2012年，我国教育部在新颁布的《普通高等学校本科专业目录（2012年）》中，将“会展经济与管理”专业（现专业代码为120903）与旅游管理（专业代码为120901K）、酒店管理（专业代码为120902）同时归入旅游管理大类（专业代码为1209），不再归属于公共管理大类（《普通高等学校本科专业目录（1998年）》中“会展经济与管理”专业代码为110311S）。这些规定至少表明，会展活动是与旅游业分不开的。在美国和加拿大，会展相关课程（会展专业）也主要是在酒店管理和旅游管理专业（系或学院）中开设。

会展产业链的总价值形成了所谓会展经济，它是集商贸、交通、运输、宾馆、餐饮、购物、旅游、信息等为一体的经济消费链（孟淑娟，2010）。会展业的收入与会展经济不同。会展业的直接收入是会展产品购买者的直接支出。会展产品购买者为参加会展活动，还可能支付其他费用，主要是旅行费用、运输费用和广告费用，具体包括交通、住宿、餐饮、现场临时服务、展位设计搭建、会展物流、印刷、通信、购物、娱乐等费用，是会展业直接拉动的相关行业的收入。会展业的直接收入和直接拉动的相关行业收入是会展产品购买者的消费成本，构成广义会展业的总收入。会展产品购买者因参展参会获得的收入可称为会展业间接拉动收入，主要是商品贸易收入和创新收入。会展经济是会展业的直接收入、直接拉动收入和间接拉动收入的总和（见图 3.2–3）。据统计，巴黎车展直接收入约 85 亿法郎，实现交易额 1500 亿法郎。总体看来，会展业的直接收入相对于直接拉动收入和间接拉动收入通常仅占极小的比例。

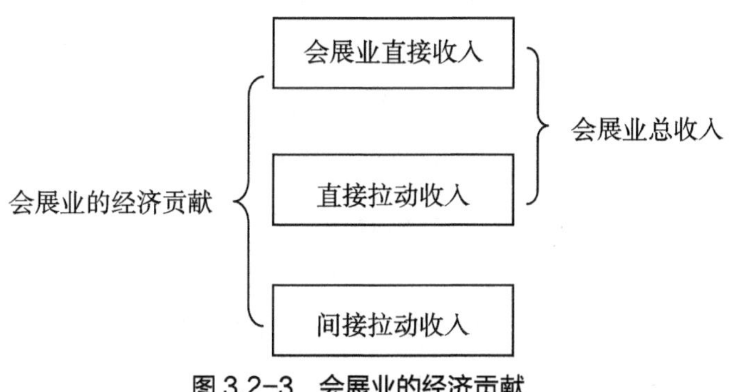

图 3.2–3　会展业的经济贡献

注：摘自贾岷江所著《我国会展业发展中的诸“化”问题研究》第 20 页，中国旅游出版社 2016 年出版。

如果把会展活动全部归属为旅游活动，那么会展业总收入就是会展活动对旅游业的经济贡献。通常认为，会展旅游具有组团规模大、消费档次高、客人停留时间长、受季节性影响小[1]、经济效应联动效应强的特点。因此，举办汽车产业会展活动能够推动旅游业的发展。

现以 2014 年第十七届成都车展为例来说明会展旅游业收入的构成和计算。成都车展作为当地展出时间较长的大型品牌展览，吸引了大量外地厂商代表、专业观众来蓉参展、观展，对成都会展、旅游、交通、住宿等服务业发展发挥着较大拉动作用。根据主办方的统计报告，本届车展共接待

[1] 从本书后文对汽车产业会展活动的时间研究来看，该观点值得商榷。

外地客商超过 17 万人次，拉动服务业增收 11.86 亿元。其中，拉动零售业 2.90 亿元、会展业 2.48 亿元、交通运输业 1.46 亿元、住宿业 1.06 亿元、餐饮业 0.72 亿元、娱乐业 0.68 亿元、广告业 0.50 亿元、其他服务业 2.06 亿元。此外，提供临时就业岗位 3.7 万人 / 天。按每年 250 个工作日计算，可折算为长期就业岗位 147 个。

（1）主要宾馆接待情况。

车展期间，成都宾馆酒店入住率和房价小幅提升，经济型商务酒店、三星级和四星级酒店上涨明显。受调查酒店平均入住率由平时的 63.4% 上涨约 8.1%，达到 71.5%；房价平均上涨 9.6%；营业收入平均上涨 23.6%。

（2）外地参展厂商和专业观众参展情况。

外地展商以省外为主，超过 80% 者乘坐飞机抵蓉。外地观众以省内周边城市和周边省市为主，以自驾赴蓉参展为主，占比 69.2%。展商集中于 8 月 28 日之前到达成都，主要集中于 9 月 7 日离开，平均在蓉停留 9.5 天；外地观众平均停留 2.1 天。外地客商主要入住非星级旅馆 / 商务酒店、三星级及以下酒店、四星级及以上酒店、住宅小区，分别占比 33.7%、19.3%、13.3% 和 9.6%。21.7% 的外地客商有在川旅游计划或者已经在川旅游。

（3）参展客商参展费用。

根据组委会公布的展位面积、结构，结合参展商调查，厂商展位租赁布展、装修和撤展费合计约 21 998 万元，包括展位费、展具租赁等；参展商布展、撤展共提供临时就业岗位约 17 923 人 / 天。展商主要通过网络、户外广告、成都本地电视报刊和行业刊物进行广告宣传，户均广告宣传花费约 11.46 万元，以此推算 440 家展商广告宣传总费用 5044 万元。此外，展商的参展车辆和物料物流运输费、商务接待费、临时营销人员用工费户均 3.15 万元、3.02 万元和 3.1 万元，以此推算所有展商的物流运输费用、商务接待费、临时用工费用分别为 1386 万元、1328 万元和 1365 万元。展商共提供临时营销岗位 18919 人 / 天。

（4）参展客商个人花费。

外地展商人均花费 8842 元，具体由餐饮、住宿、市内交通、休闲娱乐、购物、会外旅游和单边异地交通费等构成。外地展商代表约 0.21 万人，外地展商个人总花费约为 1914 万元。外地观众约 17.41 万人，人均花费约 4554 元，具体由餐饮、住宿和单边异地交通费等构成，总花费约 79 298 万元。本地客商约 50 万人，人均餐饮、市内交通费等花费约 70 元，总花费 3505 万元。此外，观众门票花费约 2765 万元。本外地客商个人总费用 87 487 万元。

第 3 节 汽车产业会展活动与体育产业发展

国内很少有人认为体育赛事属于会展业。有学者明确指出，体育赛事活动应该属于会展业。过聚荣（2010）认为，“狭义的会展就是会议、展览等集体性活动的简称，是指在一定的地域空间，由多个人集聚在一起的、定期或不定期的集体性的物质、文化交流活动；广义的会展业包括大型会议、博览会、展览展销活动、体育赛事和其他节事活动等”。王先亮和张瑞林（2013）认为，体育会展不仅包括以体育为核心的会议和展览展销，还应将体育赛事视为体育会展的重要组成部分。汽车赛事是一项竞技运动。但由于竞技运动的专业性较强，目前国内竞技体育赛事一直属于国家体育总局竞技体育司管辖，而不是受政府部门的“会展办”或“博览局”管辖。

汽车产业与体育产业有密切的联系，首先表现在汽车制造厂商经常是体育活动的重要赞助商之一。20 世纪 70 年代，网球赛场似乎成了标致汽车公司展示自我形象理所当然的场所，网球运动完美地体现了标致汽车活力与优雅并存的特质。1984 年，标致汽车公司成为“法国网球公开赛”的主要合作伙伴；1989 年，该公司成为“法国网球公开赛”的官方合作伙伴和交通工具官方供应商。为了庆祝成为法国网球公开赛的官方合作伙伴，标致汽车公司甚至推出了“法网”特别版系列车型。标致在网球事业上的热

情，也影响着在中国的合资企业。自 2012 年，东风标致携手法网成功举办“大狮杯”业余网球大赛。此外，东风标致始终着力于落实和推动“中国青少年网球未来大师”发展计划，陆续开展网球夏令营、网球体验课，选拔并资助“未来大师”实现网球梦想。优雅高端的帆船比赛，符合沃尔沃汽车高端、豪华汽车制造商的定位，因而沃尔沃汽车公司选择帆船比赛作为其赞助商。沃尔沃环球帆船赛起源于 1973 年的怀特布莱德帆船赛。作为全世界比赛时间最长的赛事，沃尔沃环球帆船赛已成为世界顶级的离岸帆船赛事。现代汽车公司于 1999 年开始与国际足球联合会（FIFA）联系，将作为汽车官方合作伙伴继续成为 FIFA 的顶级赞助商直到 2022 年。该公司支持所有国际足联比赛，包括下一个国际足联世界杯、联合会杯、女子世界杯、U-20 和 U-17 世界杯。2010 年，现代汽车（中国）投资有限公司主办的现代汽车营销创意大赛在中国成功举办第一届，此后每年举办一次。2016 年，第五届现代汽车大学生广告创意大赛分别针对“现代汽车世界汽车拉力锦标赛”和“现代汽车 Veloster 车型”展开主题创意比赛。

国内汽车厂商也热衷于充当体育赛事的赞助商。2008 年，广州汽车集团股份有限公司（简称“广汽集团”）赞助了当年的“广汽杯”全国职工篮球赛。2010 年，广汽集团赞助亚运会交通服务车辆，后来又与国际乒乓球联合会签约，冠名赞助 2011 年世界乒乓球锦标赛和 2013 年世界杯乒乓球赛。其独家冠名赞助的 2014 年国际乒联世界巡回赛总决赛在泰国曼谷开赛，来自 12 个国家和地区的 38 位乒乓球选手在 4 天内争夺单打及双打年度冠军宝座；独家冠名赞助的国际乒联世界巡回赛 2015 年中国乒乓球公开赛在四川省成都市开赛，来自 16 个不同国家和地区的近 200 名世界顶级乒乓球选手齐聚蓉城同台竞技。

汽车产业发展史表明：（1）汽车的出现开创了新的运动器材和运动领域，（2）汽车厂商及其代表车队是汽车竞技运动不可或缺的重要参与者。汽车运动可以作为汽车新构造、新材料等技术革新的道路实验，以检验其性能。它尤其是汽车动力性和安全性最重要的检测手段，被称为汽车性能的“试金石”。统计表明，现阶段赛车运动在体育界吸引的观众人数最多，已经超过了篮球、足球和高尔夫球比赛。精明的汽车厂商从没有丢掉汽车广告的机会。

法拉利汽车公司是一家意大利汽车生产商，1929 年由恩佐·法拉利创办，主要制造一级方程式赛车、其他赛车及高性能跑车，是世界闻名的赛车和运动跑车生产厂家。早期的法拉利汽车公司赞助赛车手及生产赛车，1947 年独立生产汽车。法拉利从 20 个世纪 50 年代初期就参加各类比赛，迄今参加过的比赛场地有：澳大利亚、巴林、中国、俄罗斯、西班牙、摩纳哥、加拿大、欧洲、奥地利、大不列颠、匈牙利、德国、比利时、意大利、新加坡、马来西亚、日本、美国、墨西哥、巴西、阿布扎比。

法国雷诺汽车公司宣称“Motorsport is part of our DNA”，意为“汽车运动是公司的传统之一”[1]。早在 1898 年，年轻的路易斯·雷诺意识到参与运动对独立品牌形象非常重要。1898 年 12 月 24 日，雷诺驾驶 Voiturette A 型车在巴黎勒皮克街的陡坡上，展示了他的第一个重大发明——变速器的优越性。这项奠基性的成就催生了法国雷诺汽车公司。从此，赛车场成为雷诺汽车最喜爱的场地。在 19～20 世纪之交，公司取得了一系列大奖赛胜利，包括 1899 年巴黎－特鲁维尔、1902 年巴黎－维也纳以及 1913 年汽车俱乐部迪耶普大奖赛。第一次世界大战虽然使汽车运动一度停止，但是雷诺很快回到赛场。20 世纪 20 年代，以雷诺 40CV 的压倒性统治为标志，在 1925 年蒙特卡洛拉力赛获得首场胜利，并继续创立了多个赛道速度纪录。

目前国内公认属于体育产业的是赛车运动，其他汽车产业赛事活动（主要是非运动类赛事，如工作技能竞赛、设计策划方案比赛等）是否属于体育产业尚不明确和统一。2015 年，我国统计局公布《国家体育产业统计分类》，将体育产业范围确定为：体育管理活动，体育竞赛表演活动，体育健身休闲活动，体育场馆服务，体育中介服务，体育培训与教育，体育传媒与信息服务，其他与体育相关服务，体育用品及相关产品制造，体育用品及相关产品销售、贸易代理与出租，体育场地设施建设等 11 大类。按此

[1] 无独有偶，法国标致汽车公司也认为“汽车运动已成为其基因的内在组成部分”。

分类，与汽车产业明显相关的赛车活动、汽车表演活动、赛车会议与展览、汽车露营、运动汽车及其配件制造、卡丁车场和赛车场等设备制造、赛车场设施建设与管理等细分产业都属于体育产业的统计范围。可见，本质上属于会展业的部分汽车产业会展活动又可归属于体育产业。这些会展活动的发展和繁荣必将对传统体育产业领域的扩展和产业规模的扩大起着不可忽略的作用。

第 4 节　汽车产业会展活动与文化产业发展

文化产业基本上可以划分为三类：一是生产、销售以相对独立的物态形式呈现的文化产品的行业，如生产与销售图书、报刊、影视、音像制品等行业；二是以劳务形式呈现的文化服务行业，如戏剧舞蹈的演出、体育、娱乐、策划、经纪业等；三是向其他商品和行业提供文化附加值的行业，如装潢、装饰、形象设计、文化旅游等。

2004 年，国家统计局《关于印发〈文化及相关产业分类〉的通知》（国统字 [2004]24 号）规定，“文化及相关产业”是指为社会公众提供文化产品和文化相关产品的生产活动的集合，“会议及展览服务”（行业代码为 L7491）属于“文化及相关产业”中的“广告和会展服务”类别，包括大型活动文化商务服务中的以下活动：（1）文艺晚会策划、组织活动；（2）运动会策划、组织活动，大型庆典策划、组织活动；（3）艺术与模特大赛策划、组织活动；（4）艺术节与电影节等策划、组织活动；（5）展览与博览会策划、组织活动等。

我国《文化及相关产业分类（2012）》又在 2004 年《文化及相关产业分类》基础上进行了修订，内容与联合国教科文组织的《文化统计框架—2009》规定的范围基本一致。文化及相关产业分为五个层次，第四层共有

120个小类，是文化及相关产业的具体活动类别，直接用《国民经济行业分类》（GB/T4754—2011）相对应行业小类的名称和代码表示。第二层次中的“文化产品生产的辅助生产”含第三层次中的“会展服务”和“其他文化辅助生产”。在第四层次中，“会展服务”指明为“会议及展览服务”，“其他文化辅助生产”包括“大型活动组织服务”，具体涉及“文艺晚会策划组织服务”“大型庆典活动策划组织服务”“艺术、模特大赛策划组织服务”“艺术节、电影节等策划组织服务”“民间活动策划组织服务”“公益演出、展览等活动的策划组织服务”“其他大型活动的策划组织服务”。

从两次文化产业的分类标准制定来看，会展活动与文化产业有着密切联系，是文化产品的一种辅助生产方式。此外，我国政府多次出台文件，支持会展活动的开展。2008年12月，《国务院办公厅关于搞活流通消费的意见》指出，努力发展节假日和会展消费。2011年11月，中共十七届六中全会《中共中央关于深化文化体制改革推动社会主义文化大发展大繁荣若干重大问题的决定》指出，发展壮大出版发行、演艺、会展等传统文化产业。2012年文件《文化部“十二五”时期文化改革发展规划》提及“促进文化与旅游、体育、信息、物流、工业、建筑、会展、商贸、休闲等行业融合。重点发展演艺、文化旅游、艺术品、工艺美术、节庆会展等文化产业”。2014年3月，国务院《关于加快发展对外文化贸易的意见》指出，推动文化产品和服务出口交易平台建设，支持文化企业参加境内外重要国际性文化展会。2015年，中央办公厅、国务院办公厅《关于加快构建现代公共文化服务体系的意见》指出，积极发展与公共文化服务相关联的教育培训、演艺会展等产业，引导和支持各类文化企业开发公共文化产品和服务，满足人民群众多层次的文化消费需求。这些文件至少说明，文化产业与会展活动是分不开的，会展活动是文化产业的一种生产方式。

汽车诞生以后，许多新的文化娱乐活动随之产生，主要有汽车影院、汽车摩天轮、艺术汽车、汽车表演、汽车绘画、汽车博物馆、汽车模特、汽车游戏、汽车竞赛、汽车节庆活动、汽车餐饮等。

1933年6月6日，美国新泽西州的霍林斯黑德在他家后院创办了世界上第一家汽车电影院。该电影院有 12m×15m 的银幕，可以停放 400 辆车，每车或每人收费 0.25 美元。几年后，汽车电影院这种娱乐休闲方式随着汽车的普及很快风靡美国和整个北美地区。1960 年，德国新伊森堡露天汽车电影场开放，是中欧的第一个汽车电影院。1999 年，美国西雅图建成汽车摩天轮。

起源于 20 世纪 60 年代的艺术汽车（art car）是车辆驾驶人（所有人）受涂鸦文化的影响，将车身按个人喜欢的艺术形式进行改造的车辆，其内容并不等同于一般的车身广告。这些创作者往往自称为“汽车艺术家”，多数为没有经过艺术训练的普通人。而宝马艺术车项目由法国赛车手和拍卖师赫尔韦·普兰（Herv é Poulain）发起，并得到宝马公司的一贯支持和重视。1975 年，普兰委托美国艺术家朋友亚历山大·考尔德（Alexander Calder）装饰了第一辆宝马艺术车，并驾驶该车在 1975 年勒芒耐力赛中参赛。此后，世界各地的许多知名艺术家被遴选邀请在比赛和常规制造宝马汽车上已经创造了 17 个艺术汽车。艺术卡车（Dekotora）是日本一种奢侈装饰的卡车。1975 年，日本一部名为《卡车人》的电影引发了全国热爱艺术卡车的时尚。出于娱乐目的的卡车司机，以及为了参加特殊活动的爱好者都可能创造艺术卡车。带有区域特色的卡车艺术在南亚地区比较盛行。为阿富汗服务的巴基斯坦卡车经常采用花卉图案、书法和铃铛装饰，被驻阿美军和承包商称为“铃铛车”。

1998 年 2 月开业的艺术汽车博物馆是位于美国德克萨斯州休斯敦的当代艺术私人博物馆。其重点是在其他文化机构中很少见到的艺术汽车、优秀艺术和艺术家，展示了汽车文化的后现代精神，体现了艺术家按个人独有形象和想象对量产车的改造。2002 年，美国人彼得·艾莉特（Peter Aylett）在南加利福尼亚州的世界汽车之都创立了汽车艺术公司，并将世界上最好的艺术家集中于网站“CarArt.US”，发展了对汽车设计的早期鉴赏。该网站是互联网上最大的汽车艺术画廊，提供最广泛的原创油画、签名的限量版印刷品、海报、雕塑甚至汽车艺术手表。从网站统计数据来看，全球汽车艺术爱好者主要分布于欧美发达国家。

艺术汽车出现后，受到社会普遍欢迎。大量艺术汽车社团在 20 世纪 90 年代形成。与艺术汽车为主要展示物的展览和节庆活动开始举办。1984 年开始举办的美国休斯顿艺术汽车游行（Houston Art Car Parade）是休斯顿一年一度的重要活动，现场有 250 多辆车和约 25 万名观众，是世界上第一个，也是最大的一个艺术汽车游行活动。美国旧金山湾区艺术汽车节（ArtCar Fest）成立于 1997 年，是美国第二大艺术汽车节。该节庆活动由费洛·诺斯芦浦（Philo Northrup）和汉诺德·布朗克（Harrod Blank）创建，现由艺术汽车的艺术家团队管理，是专门针对官方许可、注册和参保的艺术汽车举行的节日，其宗旨是通过行驶的汽车将艺术带入日常生活的各个角落。卡蒂斯汽车艺术节（Cartist Automobile Art Festival）是在印度拉贾斯坦邦首府斋浦尔举行的年度艺术节，2015 年由印度一名老爷车修复者兼老板 Himanshu Jangid 创建，旨在倡导印度文化艺术以及对老爷车的热爱。

1866 年，美国放牧人查尔斯·古奈特（Charles Goodnight）发现，在野外放牧期间烹饪是多么困难。他买了一辆坚固的陆军老车皮，内部装上货架和抽屉，放上原料和餐具，由此诞生了美国第一辆食品卡车，又被称为“移动厨房 / 食堂”“蟑螂车”“大胃卡车”“食品拖车”。后来在街上出现了售卖各种高品质食品的流动餐车。大约在 2008 年，全美有包括芝加哥、纽约、佛罗里达、迈阿密等 16 个地方开始流行举办食品卡车节（Food Truck Festival、Food Truck Rally、Food Truck Gathering、Food Truck Rodeo）。

汽车特技表演包括汽车原地烧胎、汽车穿桩和绕桩表演、汽车单边（双轮）行驶、汽车漂移、汽车极限飞跃、队形变换、汽车舞蹈、怪物卡车秀等，是最受节庆活动主办方和观众欢迎的汽车运动。雷米·朱利安（R é my Julienne，生于 1930 年）是法国汽车驾驶特技表演的先锋，指导过多部电影的汽车特技，曾获得室内不同路面拉力赛（rallycross）的冠军和 1956 年法国摩托车越野赛（motorcross）冠军。国内第一支专业汽车特技表演队（中国汽车特技队）和公司成立于 2007 年。2008 年至今，中国汽车特技队已经获得了 12 项世界吉尼斯纪录。

在汽车生产和使用过程中，人们逐渐形成了一套行为方式、习俗、法规和价值观念，如“红绿灯通行规则”和“汽车礼让行人”。从汽车外表到内饰，从风格到品质，从汽车驾驶到道路和行人，都深深地刻下文化的烙印或表现出特有的文化现象。有人认为，汽车文化的内涵包括汽车广告、汽车电影院、购车指南、汽车法规、汽车俱乐部、汽车展览、汽车博物馆、汽车与体育、汽车竞赛、汽车模型、汽车书刊、车名趣谈、汽车与文艺、汽车与休闲、汽车与教育等，而汽车厂家的企业文化和产品品牌文化是汽车文化的重要内容。可以说，汽车技术是构建和发展汽车文化的物质基础，汽车文化是以汽车产品为载体并与人类社会相结合的产物。

2015 年，国内许多地方新建了汽车文化产业园。浙江台州“酷车小镇”是华东首家汽车个性主题文化创意产业园，业态涵盖整车展示贸易区、汽车文化体验区等六大功能区。正定国际汽车文化产业园是全国唯一的融合汽车品牌历史文化、地方文化、饮食文化、影视文化、旅游文化于一体的新型多元化汽车产业平台。广州白云区规划建造国际汽车文化产业园，是一个集总部经济、汽车展览、旅游汽车主题公园等功能于一体的现代化汽车产业园区。广东顺德南宏汽车文化创意产业园的汽车文化园区（建立有汽车文化、历史博物馆，经常举办大型车展和汽车零件、用品等各种展示会）和汽车娱乐园区（建立有汽车旅游自驾会，顺德特色餐饮及无国界餐饮、健身中心）。路能达·秦皇岛国际汽车文化创意产业园是环渤海首座汽车产业综合体，也是华北最大的国际名车交易的集散地和高端汽车的展示中心。此外，还有一些以汽车文化为内涵的展览也在各地举办，如 2016 年中国（青海）国际汽车文化博览会、2016 年枣庄第十届汽车文化博览会、2016 年娄底第十七届汽车文化节暨汽车博览会，等等。

由上述事实可见，汽车产业的发展，带动了汽车文化的发展，以及汽车文化会展活动的发展。汽车产业会展活动对文化产业发展的推动主要有两条路径。一是展示汽车专属文化的会展活动（主要是展览、节庆和赛事活动）本身就属于文化产业的活动范畴，其发展必将对文化产业的发展做出重要贡献。如美国于 1897 年 5 月 13 日首次举办了汽车刊物展览。二是汽车产业的许多会展活动为了吸引人气、更有利于会展功能的实现，也会融入非汽车专属文化（如音乐和舞蹈）的内容，弘扬社会价值观，拉动相关文化产业的发展。如美国学者 Penaloza（2000）的案例研究发现，贸易展览具有文化功能。

早期的车展就融入了文化艺术的内涵。鉴于海外战争的如火如荼，以及对美国卷入欧洲战争的担忧，1941 年的第四十一届芝加哥车展成为鼓舞士气和宣扬爱国的聚会。该届车展正如后来所证明的一样，成为美国卷入二战前的最后一场展览。18 家汽车制造商展出了 400 辆车。免费舞台秀"美国不会停下来"在有 12 000 个座位的国际圆形剧场的环形展览厅举行，观众是平时的两倍。音乐节目包括将汽车历史推向舞台的众多舞蹈家和歌唱家。伴随着流线型的四门"Torpedo"轿车登上舞台，由社区竞赛选出的 20 位城市和郊区美女站在车后。在颂扬军队和美国的歌曲中，整个表演结束。事实上，现代汽车产业会展活动现场更是经常以各种文化活动来吸引人气。

汽车产业的管理制度可能对汽车文化的发展有一定限制作用，也不利于相关文化会展活动的发展。如我国《机动车登记规定》对汽车改装有某些要求。2014 年 10 月 1 日起实施的《机动车登记规定》对改装车的规定有所放宽，原厂改装车有了合法身份，但不是所有改装车都是合法的，合法的改装车只能是原厂改装车，车主私自加装尾翼、更换车标等车身外观和更换发动机等改装行为依然属于违法行为。确实需要改装的车主，必须先到车管所申请备案，才能改装。车身颜色、防撞装置、车身贴纸可在变更后 10 天内到车管所进行变更登记。但《中华人民共和国道路交通安全法实施条例》第 13 条规定，"机动车喷涂、粘贴标识或者车身广告的，不得影响安全驾驶"。目前，国内汽车文化活动刚刚起步，还需要依赖于会展活动加强文化宣传，让更多人去关注和接受国内新兴的汽车文化及其产业。

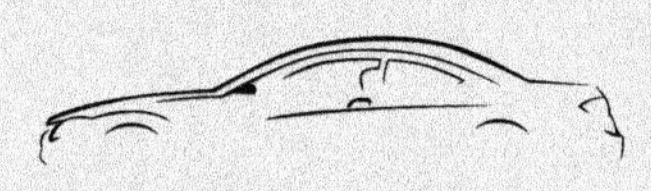

第四章

汽车产业展览的管理要点

第 1 节　汽车产业展览的组织者

汽车产业展览的主办方在活动内容政策、“展商 – 观众”配对政策和允入政策三个方面影响展览的发展（Tuijl 和 Dittrich，2014），主要类型有专业的展览公司、汽车行业协会和政府部门。其中，专业展览公司和协会办展的较多，而政府主办展览的较少（见图 4.1–1）。国外（特别是发达国家）汽车产业展览主要由专业的会展企业和协会主办（见表 4.1–1），国内（以及一些发展中国家）则是会展企业（或行业协会）和政府联合主办（或其支持协办）的展览较多。为办好活动，展览主办方经常借助总服务承包商（GSC）和专业服务承包商（SSC）的力量。

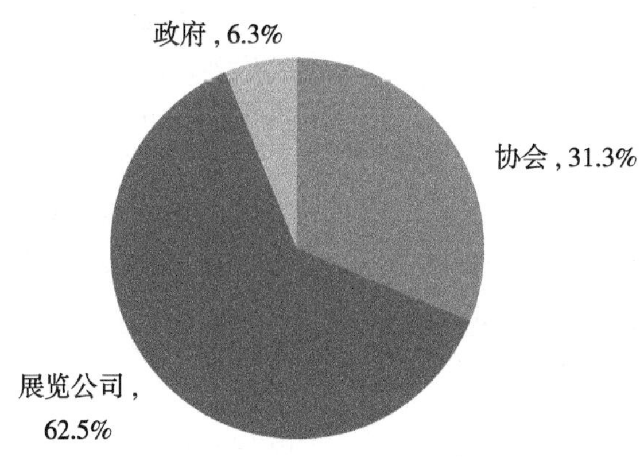

图 4.1–1　2014 年全球汽车产业展览主办方分布情况

表 4.1-1　国外部分展览的主办方

展览名称	主办方
东盟（柬埔寨）中国汽车摩托车零部件及用品出口巡展	柬埔寨商业贸易部、柬埔寨工商会
巴西轮胎展	Francal Feirase Empreendimentos Ltda（公司）
德国埃森国际轮胎展	德国 MCO 展览集团
第十届乌兹别克斯坦国际汽车及配件展	英国 ITE 展览集团
东盟越南汽车空调冷藏技术展	越南工商联合会、越南汽车制造商协会、越南汽车摩托车行业协会
俄罗斯汽配展	IEC、Crocus Expo（公司）
法兰克福（阿根廷）国际汽配展	德国法兰克福展览公司
肯尼亚汽配展	肯尼亚展览集团
美国改装车展	拉斯维加斯会议中心
美国汽配展	美国汽车零部件协会（APAA）、美国汽车维修服务业协会（ASIA）和美国汽车与设备商（MEMA）
南非汽配展	南非全国汽车零部件及制造商协会、南非全国汽车制造商协会、南非全国汽车工业发展中心、南非全国汽车零售工业协会
第十七届中东阿曼国际新车及汽车配件展	阿曼展览集团
第八届阿尔及利亚汽配展	高美司博巴黎展览集团
第七届斯里兰卡汽配展	亚洲会展公司
泛阿拉伯 / 非洲地区（埃及）国际汽车、摩托车及配件展	ACG-ITF 公司
第六届中亚（哈萨克斯坦）国际汽车零部件、加油站、汽车维修及服务设备展览会	哈萨克斯坦 CATEXPO 国际展览有限公司
印尼国际整车及设备展	GEM 国际展览公司
圣彼得堡汽配展	俄罗斯 RESTEC 展览公司
印度国际汽车、摩托车及零配件展览会	印度汽车零部件制造协会、印度工商联合会及印度汽车制造协会
孟加拉（达卡）国际汽车、摩托车及零配件展	孟加拉 CEMS 展览公司

德国慕尼黑国际贸易展览服务公司（IMAG）[1]成立于1946年，是第一个德国国外展览公司，至今参与举办国际展览超过5000个，业务涉及贸易展览、服务和展位搭建。1981年后成为慕尼黑展览集团的一部分。该公司主办或参与主办的车展有：韩国首尔车展、伊朗德黑兰国际汽车零部件展等。

成立于1952年的中国国际贸易促进委员会（简称"中国贸促会"）认为其职责有：管理全国出国举办经贸展览会，负责中国参加国际展览局和世界博览会事务；举办和组织企业参加经贸展览会、论坛、洽谈会及有关国际会议。20世纪80年代以前，以计划经济主导的出国展览和来华展览统一归中国国际贸易促进委员会主办。80年代以后，这些展览市场才逐渐由市场经济为导向的众多机构参与主办。目前，中国国际贸易促进委员会及其各地分会仍然参与了大量有影响的会展项目（主要是展览）的主办和承办。汽车类展览由中国国际贸易促进委员会汽车行业分会负责。该协会主办的车展有：重庆国际汽车工业展、上海国际汽车新能源及智能技术展览会、上海车展、大连国际汽车展览会等。

国外政府部门参与主办汽车类会展活动的较少，而国内相对较多。但在"会展业市场化"呼声下，近几年来政府主办、承办，甚至支持或协办会展活动的数量有减少的趋势。会展业市场化改革的结果就是要让市场主体成为展览业竞争、发展的主角。如2005年《上海市展览业管理办法》规定：除国家有关部门或者上海市人民政府批准外，各级行政机关不得主办或者承办经营性展览，并不得违背企业意愿，采取或者变相采取行政手段要求企业参展。

汽车制造企业也可能成为展览活动的主办方和唯一展商。但这种展览的规模往往较小。2015年1月5日~8日，"福田汽车集团 & 福田戴姆勒汽车首届山东汽车展览会"在济南市舜耕国际会展中心隆重举行。本次活动

[1] 德文为 Intternational Messe-und Ausstellungsdienst GmbH。

集福田汽车全系车型及周边展品展示，客户大型体验活动，政府、媒体和社会公众参观等多重功能于一体。福田汽车展览会是汽车行业首次整合自身资源、自主单品牌、全系列汽车展览会，通过产品亮相凸显福田汽车的品牌实力。

汽车产业展览活动的组织也经常采取“主承办制”，即一个（或多个）主办方、一个（或多个）承办方，甚至还有协办方、支持方等相关组织来举办活动。如全国汽车配件交易会的主办单位有：中国机械工业联合会、中国汽车工业配件销售有限公司；承办单位有：中国汽车工业配件销售有限公司、中机联华（北京）科技发展有限公司；协办单位有：活动举办地所在的人民政府。重庆国际汽车工业展主办单位：重庆市人民政府、中国国际贸易促进委员会汽车行业分会、中国汽车工业协会；承办单位：重庆市经济和信息化委员会、重庆市人民政府汽车工业办公室；展会管理机构：重庆展览中心有限公司、中国国际贸易促进委员会汽车行业分会会展部。

展览的举办必须得到相关部门的备案或审批。这些部门有：会展行业管理部门、交通管理部门、公安部门、工商行政税务管理部门、商务部门、海关、统计以及展品所属行业主管部门等。现在国内一些地方的会展主管部门实施了多部门“一站式”审批或备案管理流程，大大方便了主办方和承办方的展览申报工作。

第 2 节　汽车产业展览举办地点的选择

（一）展览举办区域的选择

主办方可以通过选择展览举办地来影响展商和观众的参展收益和成本，进而影响展商和观众的数量和质量。假如展览举办地远离展商或观众，则需要考虑提高展商或观众的参展收益，或降低其参展成本，才有可能保证展览具有足够的展商和观众数量。展览举办地靠近展商（或观众）所在地，有利于降低展商（或观众）的参展成本。一般情况下，观众的数量要远大于展商的数量，主办方有必要将展览举办地靠近观众，以吸引更多观众参展。在买方市场情况下，主办方更会将展览举办地安排在大多数观众所在区域内，特别是有较多优质观众的区域内。

汽车制造商为降低物流成本，会选择有一定数量和消费能力人口的城市布局制造基地，甚至研发基地。汽车零配件生产商为降低物流成本，加强与汽车制造企业的联系，会选择汽车制造商所在地布局生产基地，从而形成汽车产业集群。大量汽车售后服务商也随之产生。在这些地方办展，可以大大降低展商和观众的参展成本。也有研究发现，主办城市产业集群在行业中的领导地位相对于其他因素对展商的吸引力较大（Jin et al., 2012）。这就是为什么经济发达、人口众多的地区，汽车制造业较为发达，与汽车产业有关的展览业也同样发达的原因。而且，这些地方可以举办专业观众类、社会观众类和综合类各种类型的汽车产业展览，而不是局限于社会观众类展览。在没有大量汽车制造商和零部件制造商的区域，往往只能举办社会观众类汽车产业展览，即汽车消费展。

目前，各大洲面积和人口为：亚洲（4456 万平方千米，41 亿人）、非洲（3020 万平方千米，11.5 亿人）、欧洲（1016 万平方千米，7.3 亿人）、北美洲（2423 万平方千米，4.6 亿人）、南美洲（1797 万平方千米，3.8 亿人）、大洋洲（897 万平方千米，0.3 亿人）。2016 年，全球十大汽车生产国依次为中国、美国、日本、德国、印度、韩国、墨西哥、西班牙、加拿大和巴西。世界著名品牌汽车制造商主要分布在汽车发源地的西欧、北美和汽车产业发展较早的东亚少数国家（见表 4.2–1）。世界著名的汽车产业集群主要分布在：德国斯图加特和沃尔夫斯堡、意大利都灵、法国巴黎、英国伯明翰、美国底特律和日本爱知县。汽车消费大国主要分布在经济社会较为发达的欧洲、北美洲和大洋洲。

表 4.2–1　世界著名汽车制造商及旗下知名品牌

国家	著名汽车厂商	成立时间	知名品牌	国家	著名汽车厂商	成立时间	知名品牌
德国	宝马	1916	宝马、迷你、劳斯莱斯	美国	福特	1903	福特、捷豹、路虎、林肯
	奔驰	1886/1926	迈巴赫、奔驰、精灵		通用	1908	通用、别克、凯迪拉克、悍马
	保时捷	1926	保时捷		克莱斯勒	1925	克莱斯勒、吉普、道奇
	大众	1938	大众、奥迪、斯柯达、布加迪、宾利、兰博基尼	日本	马自达	1920	马自达
法国	标致雪铁龙	1890	标致、雪铁龙、地平线、桑巴		雷诺－日产	1933	雷诺、日产、尼桑
意大利	菲亚特	1899	法拉利、菲亚特、玛莎拉蒂、依维柯		丰田	1937	皇冠、丰田、雷克萨斯
瑞典	沃尔沃	1927	沃尔沃		本田	1946	本田、讴歌
韩国	现代起亚	1967	现代、起亚		三菱	1970	三菱

汽车产业发达，人口数量众多，且消费能力强的国家和城市通常是办展的理想之地。瑞士虽然没有自己的汽车制造公司，但因该国居民很富裕，拥有一个庞大的汽车消费市场，所以瑞士车展历来是豪华汽车及高性能改装车厂商的必争之地。从全球车展的分布来看，由于欧洲居民消费水平高，汽车产业发达且历史悠久，其车展的数量和种类均较多，世界上有利于举办汽车产业展览的主要城市也集中于欧洲（见图 4.2–1、表 4.2–2）。欧洲车展主要分布在德国、法国、意大利、英国和瑞士，北美洲主要分布在美国和加拿大，亚洲主要分布在中国、日本和印度，非洲主要分布在南非和埃及。

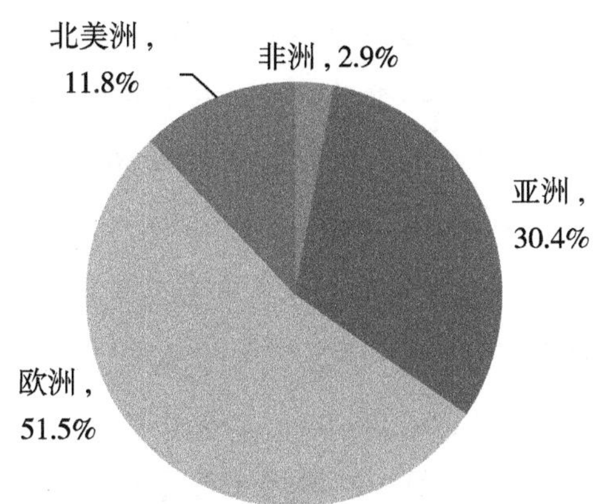

图 4.2-1　2016 年全球车展数量分布

表 4.2-2　世界汽车产业展览举办最佳城市

重点国家	主要城市	最佳城市
美国	底特律、纽约、芝加哥、拉斯维加斯、洛杉矶	底特律
德国	汉诺威、法兰克福、柏林、汉堡、斯图加特	汉诺威、法兰克福
法国	巴黎、里昂、南特	巴黎
瑞士	日内瓦、巴塞尔、苏黎世	日内瓦
日本	东京、大阪	东京
中国	北京、上海、广州、深圳、重庆、成都、武汉、郑州、青岛、长春、沈阳	上海

汽车制造城市未必是办展的理想之地。地域面积较小的国家，其知名车展的举办地一般不在知名汽车的生产地，而位于商业、交通和经济发达城市。如德国的斯图加特（奔驰和保时捷汽车公司所在地）、沃尔夫斯堡（大众汽车公司所在地）、吕塞尔斯海姆（通用汽车公司最大海外子公司所在地）、慕尼黑（宝马汽车公司所在地）的车展就不如汉诺威和法兰克福的车展有名。汉诺威是大陆轮胎、大众商用汽车和威伯科汽车控制系统生产地，汽车产业虽然不是德国最发达的，但该市位于德国铁路南北干线和东西干线的交叉点，濒临中德运河，旅游业和会展业高度发达；法兰克福的汽车产业虽然弱小，但该市是德国最大航空和铁路枢纽中心，是欧洲金融

中心，人均 GDP 和收入居德国城市前列。另一个特例是英国。英国原本是世界汽车发源地之一，但一个世纪以来本土资本所有的品牌汽车公司（如劳斯莱斯、宾利）几乎消失。目前超过 30 家汽车生产商在英制造 70 多种型号的汽车，涉及 2350 家汽车零配件供应商。世界产量最大的 7 家轿车生产商、8 家跑车生产商、8 家商用车生产商和 10 家大客车生产商均在英国投资设厂。但英国却没有多少世界知名的汽车产业展览。1903 年开始在伦敦举办的英国国际车展（British International Motor Show）于 2009 年起被取消。号称英国规模最大、最成功的汽车行业展览——伯明翰商用车展的面积也仅有 8 万平方米，展商数量为 800 家。

鉴于欧洲、北美甚至大洋洲的发达国家居民汽车拥有量已达饱和，欧洲和北美的汽车厂商近年来开始向亚洲和非洲等地的发展中国家展开国际贸易，展览就成为首选的跨国营销工具。有实力的展览公司纷纷带领汽车企业到这些国家办展，如全球知名的法兰克福汽配展就多次在国外举办，其重要举办城市有：上海、莫斯科、迪拜、伊斯坦堡[1]等（见表 4.2-3）。但世界顶级车展仍然在展览输出国继续举办。

表 4.2-3　近两年法兰克福汽配展的全球分展

举办地	举办时间	往届规模				
		面积（平方米）	展商数量	国家数	观众数量	国家数
中国上海	2016.11.30 ~ 12.3	280 000	5395		109 686	
中国成都	2017.5.25 ~ 27	35 000	728		15 956	
英国伯明翰	2017.6.6 ~ 8	15 000	600		12 068	
阿根廷布宜诺斯艾利斯	2016.11.9 ~ 12	30 000	322	19	27 000	28
美国芝加哥	2017.5.10 ~ 12		450		6000	
阿联酋迪拜	2017.5.7 ~ 9	70 000	2017	58	30 018	138
土耳其伊斯坦堡	2017.4.6 ~ 9	38 173	1282	34	42 781	

[1]　有的译为“伊斯坦布尔”。

续表

举办地	举办时间	往届规模				
		面积（平方米）	展商数量	国家数	观众数量	国家数
沙特阿拉伯吉达	2017.1.31 ~ 2.2	7110	184		5009	
南非约翰内斯堡	2017.9.27 ~ 30		608	21	11 157	
西班牙马德里	2017.3.29 ~ 4.1	35 000	603	21	51 484	76
马来西亚吉隆坡	20173.23 ~ 25	7465	300		8000	
墨西哥墨西哥城	2017.6.14 ~ 16		470		11 000	
俄罗斯莫斯科	2016.8.22 ~ 25	43 445	1127	35	32 018	
印度新德里	2017.3.21 ~ 23	16 000	436	17	12 861	
俄罗斯圣彼得堡	2017.3.14 ~ 16	9157	38	1	2442	
德国法兰克福	2016.9.13 ~ 17	296 400	4660	74	137 982	173

注：资料来源于官方网站。

我国汽车产业集群主要分布在长江三角洲、珠江三角洲、京津地区、东北地区、华中地区和西南地区（潘福林等，2013）。汽车产量较大的地区有华东地区和华南地区，这也是我国经济相对发达的地区。从产量排名来看，北京、上海、广州、重庆和长春是汽车产量最高的城市。北京、上海和广州三个一线城市的汽车年产量均在 200 万辆左右，各占全国汽车总产量的 10% 左右，汽车产业在城市工业经济中排名前一、二位。三地产业区位优势突出，“研发——零部件制造——整车组装——贸易”的汽车产业链发展成熟，特别是研发能力和销售能力均较强。上海甚至将汽车产业链延伸到了汽车旅游和文化。重庆和长春的汽车年产量均超过 200 万辆，产业链也相当完善，汽车产业是当地工业行业中排名第一的支柱产业。与一线城市相比，这些城市发展汽车产业的区位优势较为明显，但研发能力略显不足。总的来看，北京、上海、广州代表了中国汽车制造业的技术水平。五地汽车年产量占国内汽车总产量的 50% 左右。

从数量和知名车展来看，除二线城市的重庆和长春稍弱外，国内车展也主要分布在上海、北京和广州（见表 4.2–4）。其中，上海车展数量最多、规模最大。2015 年，展览面积最大的汽车类展览为“第十六届上海国际汽车工业展览会”，展览面积为 34.65 万平方米，仅次于“第三十六届中国上海国际家具博览会”（展览面积为 36.67 万平方米），在国内展览中按展览总面积排名第三。在国内展览中按展览总面积排名前十的汽车类展览还有：上海国际汽车零配件、维修检测诊断设备及服务用品展览会（28 万平方米），第二十届中国国际汽车用品展览会（25 万平方米），中国国际汽车零部件博览会（25 万平方米），第九届中国国际汽车商品交易会（23.9 万平方米）。除“第二十届中国国际汽车用品展览会”位于北京外，其他排名前十的汽车类展览会均位于上海。毫无疑问，上海的经济、贸易、技术极为发达，区位优势明显，是会展活动发达地区。从历史上看，上海与汽车结缘在国内也是最早的。1901 年，第一辆汽车从上海登陆中国；1963 年，上海牌轿车问世，至 1991 年停产时共生产了 79 525 辆，成为我国当时公务用车和出租车的主要车型。

表 4.2-4 2015 年国内主要省 / 直辖市车展数量

地区	省 / 直辖市	2015 年车展数量	2015 年汽车产量（万辆）	地区	省 / 直辖市	2015 年车展数量	2015 年汽车产量（万辆）
华东地区	上海	25	243	东北地区	辽宁	6	116.7
	浙江	10	40		吉林	4	224.9
	江苏	13	121.8		黑龙江	2	24.5
	安徽	3	125.8		合计	12	366.1
	山东	11	117	华中地区	湖南	6	63.6
	福建	3	19.4		湖北	6	196.8
	合计	65	667		河南	14	53
华北地区	北京	9	221.9		江西	1	42.2
	河北	2	112.9		合计	27	355.6
	天津	3	53.1	华南地区	广东	23	242.2
	山西	0	–		广西	3	229.4
	内蒙古	0	2.4		海南	0	6.99
	合计	14	390.3		合计	26	478.59

续表

<table>
<tr><th>地区</th><th>省/
直辖市</th><th>2015年
车展数量</th><th>2015年汽车
产量（万辆）</th><th>地区</th><th>省/
直辖市</th><th>2015年
车展数量</th><th>2015年汽车
产量（万辆）</th></tr>
<tr><td rowspan="6">西南
地区</td><td>云南</td><td>3</td><td>13.4</td><td rowspan="6">西北
地区</td><td>陕西</td><td>4</td><td>34.1</td></tr>
<tr><td>四川</td><td>6</td><td>105</td><td>甘肃</td><td>1</td><td>2.5</td></tr>
<tr><td>重庆</td><td>10</td><td>304.5</td><td>宁夏</td><td>1</td><td>–</td></tr>
<tr><td>贵州</td><td>0</td><td>–</td><td>新疆</td><td>5</td><td>1.1</td></tr>
<tr><td>西藏</td><td>0</td><td>–</td><td>青海</td><td>0</td><td>–</td></tr>
<tr><td>合计</td><td>19</td><td>422.9</td><td>合计</td><td>11</td><td>37.7</td></tr>
</table>

注：数据来源于2015年车展网络统计、各地统计公报，“–”表示缺乏详细统计数据。

北京作为全国政治经济文化的中心，拥有其他城市无法比拟的全国辐射力，城市汽车拥有量高居全国之首。北京在2008年就已成为全国最大的汽车消费城市与汽车用品消费市场。广州是泛珠三角经济区域的中心，毗邻港、澳、台，辐射东南亚，海、陆、空交通便利，市场辐射面广，经济发达。随着丰田、日产、本田的落户，广州本田第二工厂、东风乘用车公司的相继投产和扩产，韩国现代、法国雷诺、日本日野、北汽福田、上海大众等项目的上马，广州以轿车为龙头的汽车工业新格局已形成，广州已成为中国第二大轿车生产基地。

依托于强大的汽车制造能力和产品特色，重庆在西部地区具有举办汽车产业展览的巨大潜力。重庆国际汽车工业展（简称“重庆车展”）创办于1998年，是中国西部最早创立的汽车工业展。2011年后，业内有名的中国国际汽车用品展览会（CIAACE）将重庆长期作为一个重要的巡展地（见表4.2–5）。2009年国务院正式行文确立了重庆作为国家五大经济中心城市和长江上游经济中心的城市定位，城市经济发展速度和对周边地区的经济辐射能力快速提升。2014年7月，国务院批准在重庆设立了西部内陆地区首个整车进口口岸。2014年重庆汽车产量达到263万辆，全国占比超过11%，成为中国最大的汽车生产基地。城市及周边地区快速发展的道路网络，更预示着汽车消费市场的增长将继续提速并维持相当长的一段时间。作为一个重要的汽车生产基地和中西部区域的连接点，重庆对于西部汽车市场具有不可替代的示范和辐射效应。

表 4.2-5　中国国际汽车用品展览会历年数据

届数	时间	地点	面积（平方米）	展商（家）	观众（人次）
1	2005.6.10–12	北京农展馆	16 000	304	18 465
2	2006.3.9–12	北京农展馆	30 000	594	24 169
3	2007.4.9–12	北京农展馆	30 000	432	28 726
4	2007.8.18–20	成都	12 000	290	11 000
5	2008.3.7–10	北京农展馆	45 000	800	38 074
6	2008.8.15–17	上海	20 000	300	20 189
7	2008.10.10–12	福州	16 000	124	10 257
8	2009.2.20–23	北京农展馆	45 000	1200	61 027
9	2009.12.16–18	兰西（包括哈尔滨数据）	22 000	569	21 390
10	2010.3.12–14	北京农展馆	86 000	2089	126 842
11	2010.11.26–28	哈尔滨（包括亚麻会数据）	20 000	800	20 000
12	2011.2.25–27	北京新国展	120 000	3217	154 786
13	2011.5.27–29	重庆	15 000	608	31 987
14	2012.2.14–17	北京新国展	250 000	6103	221 864
15	2012.5.26–29	重庆	15 000	600	30 000
16	2013.3.1–4	北京农展馆	250 000	6530	289 642
17	2013.5.24–26	重庆	30 000	600	50 173
18	2014.2.20–23	北京新国展	250 000	6530	289 642
19	2014.5.16–18	重庆	40 000	800	
20	2015.3.7–10	北京新国展	250 000	6271	319 113
21	2015.5.15–17	重庆	40 000	1000	

注：数据来源于网络。

随着汽车市场的快速发展和汽车电子价值含量的迅速提高，我国汽车电子产业将形成巨大经济规模效应，成为支持汽车工业发展的相对独立的新兴支柱产业，汽车电子的发展会给我国经济的发展带来新的经济增长亮点，产生极大的经济效益。据调查，深圳占据了全国 90% 以上汽车电子相关产品的生产厂家或 OEM 厂家。为充分利用这一优势，深圳市政府于 2003 年出台了《深圳工业结构调整实施方案》，将汽车电子产业作为今后重点发展的产业。但这一行业目前存在缺乏行业间的交流和产品展示平台这一弊端，导致许多品牌汽车电子产品失去了广泛的交易与推广机会。在这种形势下，由中国企业报、HC360 慧聪网·汽车用品行业频道、深圳广播电台交通频率主办，粤华·奥特城汽配用品专业市场承办的深圳首届汽车电子行业交流暨产品展示会于 2004 年 7 月 30 日至 8 月 30 日在粤华·奥特城汽配用品专业市场隆重举行。来自深圳各大汽车电子生产厂家、异地品牌深圳区域总经销商、深圳本地 4S 店、汽车连锁机构、大型汽车维修厂及各级网络经销商、车友俱乐部等共同参加此次盛会。本次汽车电子行业交流暨产品展示会，以交流、展示、品牌推广为宗旨，整合各种资源，通过厂、商、消费者、媒介之间的立体沟通，以促进汽车电子产业的健康快速发展。特设知名专家讲座，探讨我国汽车电子产业的发展趋势及 E-mail 时代下的营销模式。

（二）展览举办场馆的选择

展览场馆的场地面积大小往往是制约车展规模的重要因素。如始于 1985 年的上海车展（Auto Shanghai）起初规模不大，展览场地位于市中心的上海展览中心[1]。1993 年，第五届上海车展的面积扩大为 1.6 万平方米，展览区域包括上海国际展览中心、国际贸易中心和上海展览中心三处。1997 年，上海车展在上海展览中心和上海国际展览中心两处同时开幕，展出面积

[1] 原称为“中苏友好大厦”，后改为“上海工业展览馆”。

达 3.4 万平方米。2001 年，第九届上海车展在上海国际展览中心、上海世贸商城和上海光大会展中心三个展馆同时举行，展馆面积 5 万平方米。从国内馆到国际馆、再到零配件馆，由一个车展分拆三处展览，车展场地始终难以满足参展商的需求，一度制约了车展规模的扩大。2003 年，第十届上海车展启用上海新国际博览中心，展览场地紧张的状况才有所缓解，整个展览在总面积达 8 万平方米的同一层馆内集中举行。2013 年，第十五届上海车展在上海新国际博览中心举办，展览面积达到 28 万平方米。2015 年，第十六届上海车展移到国家会展中心（上海）举办后，展览面积达到创纪录的 35 万平方米。

展览场地分为室外场地和室内场馆两类。整车展可以选择室外场地进行，而各类车展均可选择在室内场馆进行。室外场地容易受到天气影响，现场管理水平也很难提高，但场地选择灵活、场租费用低。室内场馆对提高现场管理水平有很大帮助。从所有车展的举办地来看，汽车产业展览举办的场地有：会展中心、产业园区（尤其是汽车产业园）、汽车专业市场、商场和社区。除展出场地规模外，对汽车产业展览场馆的选择还需要重视其馆内设施、交通设施和场馆周围服务业的发展情况。世界上绝大多数车展在通用的会展中心（展览中心）举办，但也有少数城市建有专用的汽车产业会展活动场馆。需要注意的是，专用的汽车产业会展活动场馆极易陷入经营困境。

法兰克福是德国第五大城市，位于德国西部的黑森州境内，美因河的下游。该市是德国重要的工商业、金融和交通中心，欧洲央行、德国央行和世界第三大证券交易所所在地。法兰克福车展就在法兰克福会展中心举办。法兰克福展览中心处在德国的中心、欧洲心脏地带的位置，具有良好的国际交通网络，使展商和观众能够被快速、轻松地从任何地方通过航空、铁路和公路到达。法兰克福会展中心展览场地面积为 592 127 平方米，是世界第三大展览中心。该中心具有 10 个展厅（除了在建的 12 号馆）和其他各种设施，共有 366 637 平方米的展览空间，而且每一个展厅都是独一无二的。有一个超过 96 000 平方米的室外展览区，另设有两个会议中心。其 1 号馆的总建筑展览面积为 18 000 平方米。2 号馆多功能厅面积约 6000 平方米，3 个会议室能举行国际性会议、运动会、音乐节、商品交易会，可容纳 13 500 个游客。3 号馆上层的设计采用无柱结构，在高度和宽度上都具有最大的灵活性，展览面积约为 38 000 平方米。4 号馆靠近城市广场室外展区，自然光线充足，总展览面积约为 43 000 平方米，有直接与大楼相连的停车场（1200 个汽车停车位）。5 号馆为法兰克福展览公司会议中心，总建筑展览面积近 21 000 平方米。6 号馆有 35 000 平方米的展览面积。8 号馆大厅周围提供 30 200 平方米，可分为五个独立的区域空间。9 号馆拥有 56 200 平方米总展览。10 号馆建于 1973 年，总展出面积达到 64 700 平方米。11 号馆有超过 23 000 平方米的展览空间，设计与当地建筑景观结合。室外展区占地面积约 96 000 平方米，可以用作展览场地或举办特别的活动。“欧罗巴”会议中心是法兰克福展览中心唯一坐落在展览场建筑地外的建筑物，有 12 个远程会议室和一个 4200 平方米的大厅。

巴黎是法国会展业的中心城市，每年该国有近一半会展活动在巴黎举办。2002 年，巴黎举办 420 个展览会。其中，专业展有 225 个，综合展 21 个。2000 年，巴黎的净展出面积超过 192 万平方米，远远超过意大利会展城市米兰，位居第一。巴黎凡尔赛门展览中心始建于 1923 年，位于巴黎城南部，是巴黎大区唯一位于城内的大型展馆，目前是法国第一大、欧洲第四大的展览中心，是全球五大车展之一（巴黎车展）的举办地。中心占地 36 公顷，其中绿地面积 3 公顷，8 个展厅共有 22.2 万平方米室内展览面积，3.3 万平方米室外展览面积。馆内设施齐全，使用率极高，每年举办 200 多场展览会、会议和大型活动，吸引了 600 多万名来自世界各国的游客。它是法国第一个拥有大型可移动多功能电子出入监控手段的展览中心，能够帮助展览组织者确保对出入人数进行有效控制，对参观人流进行合理管理。在展览举办之前，进行网上售票。在展览期间，对人员进出进行管理，使用无线射频识别技术（RFID）实现对参观人群和现场问题的有效管理。展览结束后，研究获取的所有市场营销资料。

上海汽车会展中心位于上海国际汽车城汽车博览公园内，由上海世博集团与上海国际汽车城发展有限公司共同投资兴建，总投资 4 亿元人民币，占地面积 39 890 平方米，总建筑面积 61 510 平方米，是中国首座针对汽车行业特点设计并建造的一座现代化场馆，是上海打造汽车产业中心战略的重要组成部分。其中展览面积和会议、办公等展会配套设施面积各 3 万平方米，拥有 1200 多个标准展位（3m × 3m）。南北展馆共 24 023 ㎡，是 55m 跨度的单层无柱大空间展厅，高度达 11m。会议综合楼面积 36 072 ㎡，总高度 30m，为地上六层，地下一层的高层建筑。中心是由德国著名建筑设计公司 IFB 提供总体建筑设计的一座现代化会展中心，以“自然环境和运动”的相互关系为设计理念，将其与汽车城博览公园和整个汽车城融为一体。它依托汽车工业，集展览、展示、会议、商务、广告、餐饮等各种服务与设施为一体，能够承接大型汽车和零部件展及各类专业性展览，还能举办各种规格的商务会议、公司年会、新品发布会、研讨会。馆内设有常年展厅，适用于世界顶级汽车商展示品牌。自 2006 年 3 月 10 日开业以后，已成功举办了多次大型展览。该中心迄今为止举办的会展活动有：2009 年上海国际汽车文化节、2008 上海国际汽车城零部件配套工业园区成立 10 周年庆典、2007 保时捷俱乐部香港行发车仪式、2007 新能源汽车零部件产业研讨会、2007 米其林必比登挑战赛、2007 上海进口汽车博览会、2007 上海国际汽车零部件博览会暨汽摩配件跨国采购交易会、2006 长三角汽车与房产联展、2006 中国上海国际汽车零部件展览会、2006 上海进口汽车展、2005 年上海国际汽车城峰会。

第3节　汽车产业展览时间的确定

（一）展览间隔期的确定

展览活动时间包括两届展览之间的间隔期、每届活动的开幕日期、持续时间和具体日程。一些展览有传统的固定举办时间，通常是根据行业技术更新周期和采购季节确定[1]（见表4.3–1）。从每届展览的间隔期长短来看，汽车产业展览有每月（季）一展、半年一展、每年一展、两年一展，甚至三年、四年一展的。其中，每年一展的汽车产业展览数量最多，其次为两年一展和半年一展的汽车产业展览。在世界五大传统国际车展中，德国车展（法兰克福乘用车展和汉诺威商用车展）、东京车展、巴黎车展为两年一展，而底特律车展和日内瓦车展为每年一展。间隔期为三年及以上的车展较少，如斯堪的纳维亚半岛最大的车展——瑞典的汽车后市场展览“Automässan”。2014年1月15日至18日，该展览有来自30个国家的15 190名观众参展。下届展览则于2017年1月18日至21日举办。通常情况下，以消费者为主要观众的整车展的办展间隔期较短，以企业人员为主要观众的零部件展、售后用品展、制造设备展的办展间隔期较长。

[1]　详见世界展览业协会和瑞文斯堡合作教育大学所编的《The Role Of Exhibitions In The Marketing Mix》第45页。

表 4.3-1　2015 年～2016 年 1 月西游车展网在成都主办的车展

展览名称	时间	地点
2015 成都（夏季）汽车消费展	6.6～7	国际非物质文化遗产博览园
2015 成都（七月）汽车消费展	7.11～12	国际非物质文化遗产博览园
2015 成都（八月）汽车消费展	8.8～9	国际非物质文化遗产博览园
2015 成都（十月）汽车消费展	10.23～25	国际非物质文化遗产博览园
2015 成都（SM 广场）汽车展	11.6～8	成华区 SM 广场
2015 成都（12 月）汽车展	12.4～6	国际非物质文化遗产博览园
2015 成都（12 月）SM 广场车展	12.18～20	成华区 SM 广场
2016 成都（元旦）国际车展	2015.12.31～2016.1.3	国际非物质文化遗产博览园

注：资料来源于网络。

（二）展览开幕日期的确定

汽车产业展览举办日期的确定要考虑气候、同类项目的举办时间、展览内容、展场类型和展览参与者（展商和观众）的外出参展规律等因素。从国内车展来看，每年车展的举办时间分布呈现“双峰”现象，表现为：4 月和 9 月举办的车展数量较多，而 2 月和 7 月举办的车展数量较少（见图 4.3-1）。从世界范围来看，各类展览举办的月份分布也有类似的“双峰”现象，表现为：除 1 月份外，3、4、5 月份和 9、10、11 月份的车展数量较多（见图 4.3-2）。而全球展览的举办时间也有大体相同的分布规律（见图 4.3-3）。这表明，展览业也有淡、旺季之分。

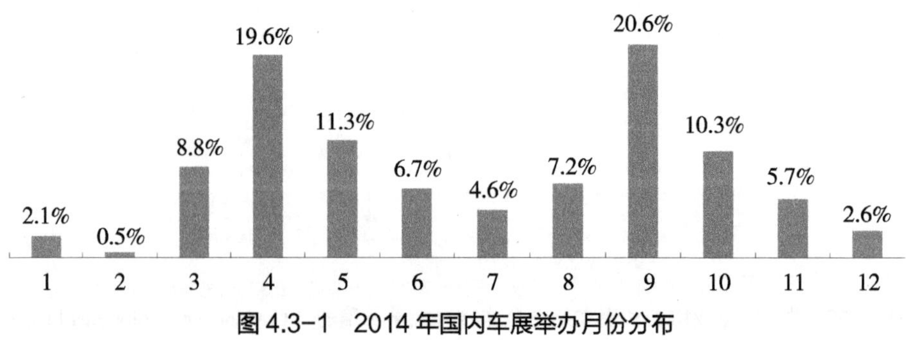

图 4.3-1　2014 年国内车展举办月份分布

注：横轴为月份，纵轴为该月展览数量占全年展览总数的比例（下同）。

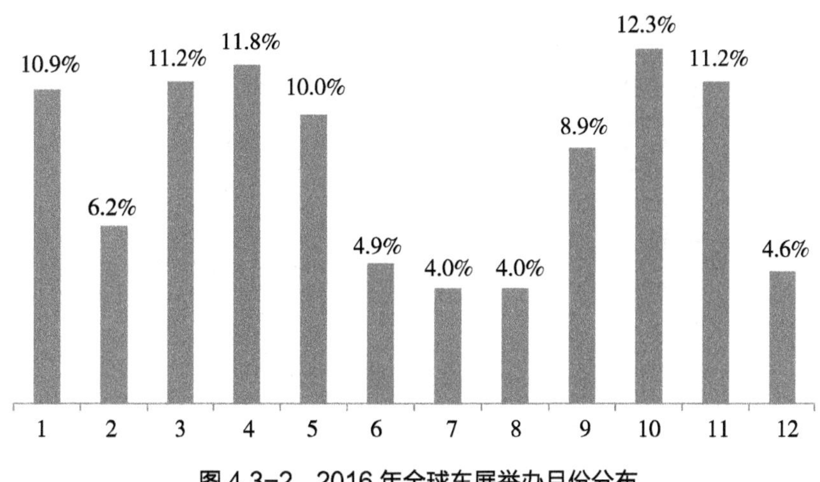

图 4.3-2　2016 年全球车展举办月份分布

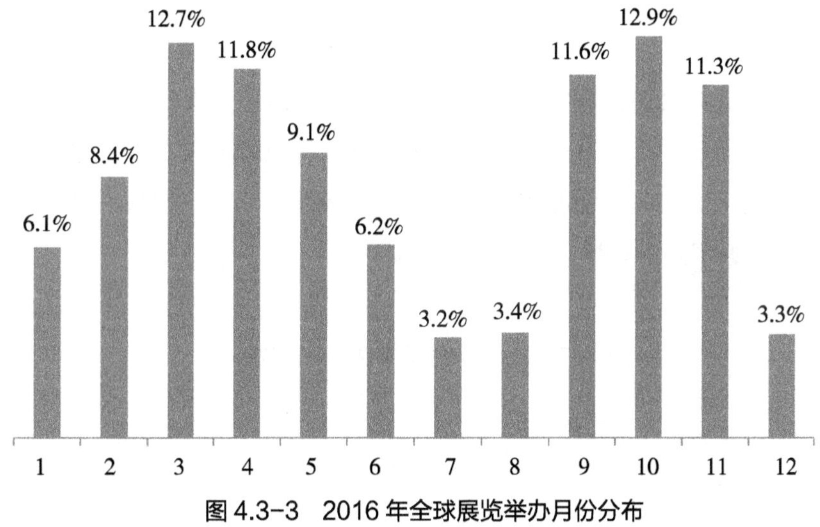

图 4.3-3　2016 年全球展览举办月份分布

（三）展览持续时间的确定

每届汽车产业展览的持续时间最少是 1 天，最多的有 16 天以上，但多数车展的持续时间为 3 ~ 4 天。我国汽车产业展览的持续时间要比欧盟国家略长。如图 4.3–4 所示。

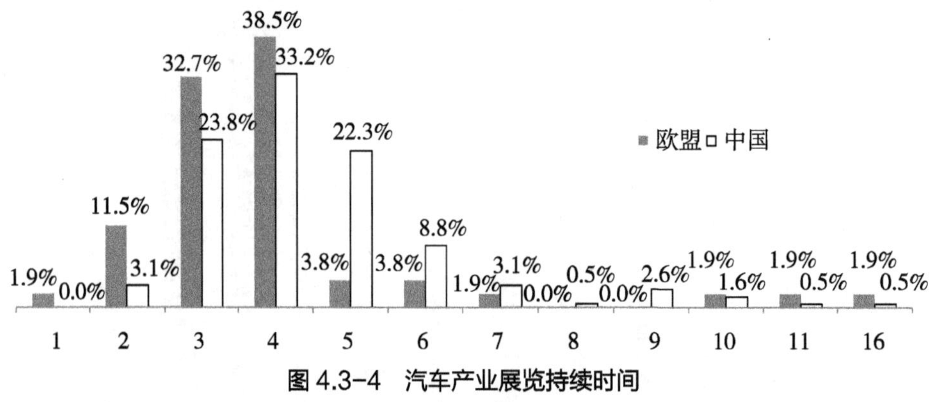

图 4.3-4　汽车产业展览持续时间

（四）观众开放时间的确定

为避免观众之间的冲突和尽量利用有限的场地，汽车产业展览的开放期可分为媒体日、专业观众日、普通观众日（公众开放日）。一般情况下，媒体日开放天数最短，而普通观众日开放天数最长，并且媒体日和专业观众日先于普通观众日安排。如表 4.3-2 所示。

表 4.3-2　2014 年巴黎车展观众开放时间

日期	开放对象	开放时间（巴黎时间）
10 月 2 日	媒体日	6：30-19：00
10 月 3 日	媒体日	9：00-14：00
10 月 3 日	媒体日暨专业日	14：00-19：00
10 月 4 日 ~ 19 日	公众日	10：00-20：00
10 月 9 日、10 日、16 日、17 日	夜场	20：00-22：00

第 4 节　汽车产业展览活动内容和现场管理

（一）展出范围的确定

展览的展出范围（展品范围）决定了展商的范围。大多数人对汽车产业展览的认识仅局限于“整车展”。按我国产业统计标准，汽车制造业由六大部分构成。由于每个部分的企业类型和数量不同（见表 4.4–1），主办方（组展商）从盈利角度考虑并不愿意对每个部分，特别是那些企业数量较少的部分举办针对性的专业展览。因此，每个展览的展出范围可能包含了多个部分的企业，也就是涵盖了汽车产业链上的多个环节（综合展）。但专业展和综合展是相对而言的。随着市场的发展变化，参展厂商和观众为提高绩效水平，有时候更愿意参加专业展。在此情况下，综合展会逐渐分化为专业展。但区域内符合参展范围的企业数量太少，一般情况下是不适合举办专业展的。

表 4.4–1　2015 年我国规模以上汽车制造企业类型分布

所有制结构			产品结构		
企业类型	企业数	资产总额（亿元）	企业类型	企业数	资产总额（亿元）
国有企业	129	6368.4	汽车整车制造	383	28 329.3
集体企业	77	56.2	改装汽车制造	552	1807.7
股份合作企业	52	491.6	低速载货汽车制造	21	99.3
股份制企业	329	9071	电车制造	92	106.6
私营企业	6680	7163.3	汽车车身、挂车制造	283	575.5
外商和港澳台投资企业	2841	22 046.1	汽车零部件及配件制造	11 882	22 946.1
其他	3105	8667.7			

参展企业基于自身发展需要、市场定位与参展目的等方面考量，需要有针对性地选择参与少数展览（见图 4.4-1）。2003 年我国汽车产销量均突破 400 万辆，汽车后市场需求猛增，汽车用品市场年均增长速度达 45%。国内外汽车行业人士紧跟市场需求，各类新型汽车电器、内外装饰精品、美容养护化工产品、改装部件纷纷涌现。由中国汽车保修设备行业协会主办，雅森国际展览有限公司承办的 2005 中国国际汽车用品展览会暨首届国际改装车展览会（CIAACE）于 2005 年 6 月 10 日至 12 日在北京全国农业展览馆举办。这是目前国内规模大、档次高，全国汽车用品的专业性盛会，改变了汽车用品企业多年附属于整车展览的尴尬局面。主办方力邀整车厂、4S 店、经销商、终端店等各类型采购商到现场观展采购，让观展变得高效，使汽车用品展成为一个“便捷型的汽车用品综合大展”。

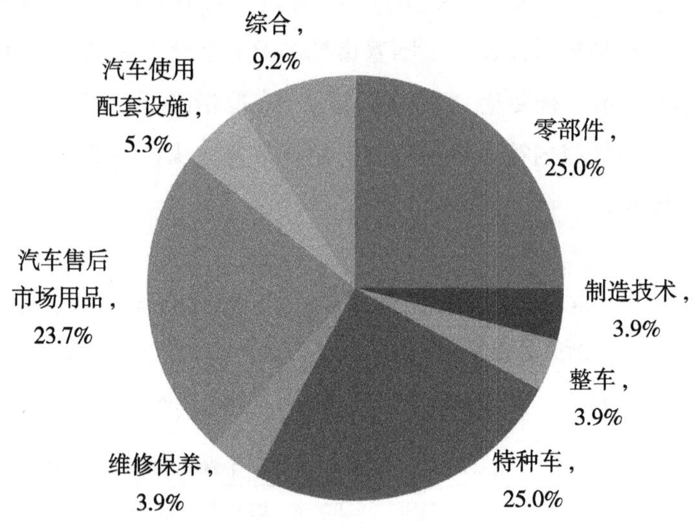

图 4.4-1　2014 年国内各类车展所占比例

特种用途汽车的制造企业数量较少。因此，特种车展的展出范围一般为涵盖其产业链的综合展。全球休闲娱乐领域第二大的“广州休闲娱乐产业博览会（GILE）”创办于 2004 年，已成功举办 10 届，是全球顶级、亚洲规模最大、影响力最广的游乐娱乐业盛会之一。鉴于蓬勃发展的运动休闲、游览观光车及旅游巴士市场，2014 年组委会决定专设“运动休闲、游览观光车及旅游巴士”主题展区。因展馆条件及展会时间限制等原因，经组委会研究决定，2014“广州国际运动休闲、游览观光车及旅游巴士展”取消举办，原展览改为“2014 中国（广州）房车及露营设备展”。广东省对外经济合作企业协会等单位主办的“2015 房车及露营设备展览会”于 2015 年 4 月 28 日至 5 月 4 日在广州番禺亚洲国际游艇城·莲花山国际游艇会会展中心举行，其展出范围包括：房车生产、改装、销售、租赁企业，自行式、拖挂式房车，木屋等；房车底盘，房车水路系统、电路系统、暖风系统配件，车身材料、发电机等；车载冰箱、车载空调、电瓶、暖风、卫星天线接收器、房车模型等；帐篷、睡袋、防潮垫、吊床、野餐包、烧烤炉、淋浴箱、热水袋、ATV；国内外相关露营地、露营景点景区、建设规划设计院、投融资机构等，涵盖了整个房车产业链。

汽车产业的技术创新始终围绕着汽车动力、驾驶、安全和环保进行，过去研究集中于提高速度、驾驶的舒适性、车身安全性以及如何降低能耗几个方面，未来将朝着新能源、无人驾驶、车联网、节能化和轻型化方向发展。为使展品更为集中、展览活动有利于解决展商和观众的实际问题，主办方往往对每届展览确定一个活动主题。主题通常是变化的，每届应有不同。如 2014 年巴黎车展的口号是“汽车的未来在巴黎”。

展览的展出范围也决定了观众的特征（来源、类型和数量）。反过来，根据双边市场理论，观众的特征也会影响展出范围和展商的特征。主办方为扩大展览规模，更愿意举办人数较多的社会观众型和混合观众型展览（贾岷江和甘霞，2016）。一般说来，整车、二手车、汽车用品和售后服务适于组织社会观众型或综合观众型展览，而汽车零部件、制造设备、原材料适合组织专业观众类展览。根据观众的地域来源，汽车产业展览可分为区域展、全国展和国际展。国际展的数量一般要比区域展、全国展少得多，如图 4.4–2 所示。

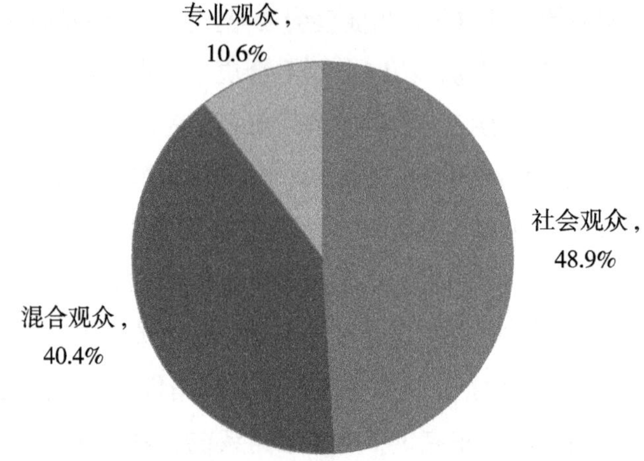

图 4.4-2　2014 年欧盟国家不同观众类型车展所占比例

注：数据来源于国际展览业协会（UFI）2014 年的年度报告。

主办方和展商应当重视展览现场的知识产权保护，避免创新展品被恶意“抄袭”。如果展商的权益得不到保护，展品就会缺乏创新，那么观众参观的兴趣就会下降，企业的创新技术也不能迅速得到传播和认可，从而不利于整个汽车产业的技术进步和产业发展。国内一些企业管理者和政府官员对知识产权的保护重视不够，甚至有人鼓励本土汽车制造企业要“模仿创新”，实行“拿来主义”。这必然使我国车展难以跨入国际顶级车展的行列，“本土造”汽车陷入步人后尘的尴尬境地。

（二）展览现场布局

汽车产业展览现场面积通常较大，为避免观众参观路线过长而出现劳累、节约参观时间和把更多时间用于接触目标展商，主办方总是将同类型展品集中布局。但要注意特装展位和标准展位的相对位置，以使展商的参展效果最大化，并充分利用展览场地。主办方也可以采用先进的室内导航技术（Guo 等，2016），引导观众有目的地参观，避免人群盲目流动、拥堵和时间浪费。

现场通道宽度主要由观众流量大小决定。由中国展览馆协会组织编写的《展台等临建设施搭建安全标准》(2010年)规定，规模较大展览的主通道宽度不得少于5~6米，一般通道不得少于3~3.5米；规模较小展览的主通道宽度不得少于4米，一般通道不得少于3~3.5米；展板与墙壁的检修通道距离不得小于0.6米。现场通道还要考虑展出车辆的运输问题，特别是通道宽度是否能够保证车辆进出展位。因此，整车展览现场的主通道宽度尽量取大一点，一般在6米左右为好。

（三）现场展示和观众吸引

展品需要借助展位设计来表现其特色（或优势）和吸引观众。展位设计又要依据展品的市场定位和消费者（采购商）调查。早在1997年，Choudhury和Lindsey就对日本造白色和黑色汽车的用户进行了对比研究，发现了享受型和经济型用户之间的差异。2016年，“易车指数”携手“艾瑞咨询”共同发布《2016年40万以上高端车主洞察报告——车·生活研究报告》，分别对高端车主画像、出行时间、驾驶习惯和购车偏好等四方面进行了研究分析。胡润研究院也发布了《2015—2016中国豪华车品牌特性研究白皮书》，涉及宝马、奔驰、保时捷、奥迪、路虎、沃尔沃、凯迪拉克、英菲尼迪以及雷克萨斯九大豪华品牌车车主的职业、年龄、性别、学历、婚姻家庭、单位性质、个人月收入、家庭月收入、家庭总资产、性格特征、生活态度及价值观等方面的调查。如表4.4–2所示。

表 4.4-2　国内外保时捷车主调查

调查内容	国内车主	欧洲车主
车主标签	富二代、高调张扬、个人主义	富二代、高调张扬、个人主义
基本状况	中性、年轻的、偏单身的高学历人群	性别中性偏男性、偏年轻的单身高学历人群
社会身份	富二代、暴发户、影视明星	暴发户、富二代、影视明星、新富人群
性格特征	高调张扬的、高品位的、有自信的、讲究排场的	高调张扬的、缺乏责任感的、讲究排场的、关注个人的、活泼的
生活态度及价值观	炫富的、追求速度感的、热爱运动、酷的，又有点冲动的、自我的、个人主义浓厚的	特征较鲜明、热爱运动的、追求速度感、自我、炫富的、冲动且个人主义浓厚的

注：资料来源于网络。

展位设计者应当根据调查结果进行展位设计，以保证展品的展示形象与其市场定位一致，符合消费者的身份地位和消费预期。如保时捷汽车公司为突出“跑车”市场形象，不但组织或参与了驾驶体验、运动俱乐部、网球大奖赛、欧洲高尔夫公开赛、合作者论坛等多项活动，而且国内车展上的保时捷展位与国外有一定差异。前者更多体现人文氛围，后者则侧重表现技术性能。

除了展品和展位设计本身外，展商为吸引观众，还经常采用汽车模特（简称“车模”）、艺术表演、抽奖和礼品、特殊道具、体验活动、比赛、价格优惠、明星人物和美食等手段。在国内汽车产业展览中，展商尤其喜欢使用车模。车模的英文有 Show Girl、Car Show Model、Auto Salon Girl 等。1845 年，世界上出现第一个女模特。而后在欧美早期的车展上出现了车模。在 1993 年的上海车展上，丰田汽车公司首次在中国内地举办的车展上使用模特。在同年的北京汽车展览会上，也出现了“香车美女”。此后，世界几大知名整车厂的国内展位都使用了模特。汽车模特展示的是不同环境中人与车的和谐美好关系。在车展上，究竟是汽车衬托美女，还是美女代表汽车值得展商研究。但我国少数车模“越位”严重，车展一度被民众诟病为“肉展”“肉市”“胸展”。有车模的展位往往有“人气”而无“商气”。2015年上海国际车展主办方要求展商取消汽车模特。虽然欧美车展上也有车模，但现阶段的欧美厂商已经不需要靠车模来支撑门面了。这是因为，展商希望展位设计能够突出企业理念和产品特点，专业观众更看重产品本身而不是靓丽的车模。

（四）展览中其他会展活动的确定

为了丰富现场信息、吸引更多观众、活跃现场气氛、取得更大的展览效果，汽车产业展览往往与其他形式的会展活动同时举行，主要有“展览 + 会议”（田伟民和朱晓丹，2015）、“展览 + 节庆”和“展览 + 赛事”。其中，“展览 + 会议”最为普遍[1]。但要注意相关活动的优化，即活动内容与展览主题应一致，避免“喧宾夺主”和“画蛇添足”，而当前主要问题是低俗化和娱乐化。

“第十三届广州国际车用空调及设备展览会”于2016年2月27日在广州琶洲展馆闭幕。该展览全面展示了“汽车空调、电机电器、散热器”的产品与技术。展会期间由中国汽车工业协会汽车空调委员会主办的“2016年新能源汽车热泵系统及发展创新论坛”，研讨新能源汽车热系统的技术创新和产业发展问题。论坛举办12届以来，以国际化视野，围绕汽车工业政策与产业趋势为汽车空调行业带来的变革进行详细解读。12年间已有超过2500位空调行业专家学者、企业代表参与该论坛。

在多数人看来，北美车展是一个汽车狂欢节。主办方总是通过各种与汽车相关的活动，特别是各种比赛来激发民众参与展览。车展上的比赛有米其林设计挑战赛（Michelin Challenge Design）、视觉设计大奖（EyesOn

[1] 业内人士常称之为“展会”。

Design Awards)、摄影大赛(Photo Contest)、海报大赛(Poster Contest)、勇敢的说客(Courageous Persuaders)。此外,为庆祝城市悠久的汽车历史和丰富的体育活动机会,观众可加入由密歇根州"健身、健康和体育委员会"以及"健身基金会"等单位举办的车展公众日第一个正式活动——5千米慢跑竞赛(Auto Show Shuffle 5K Run/Walk)。各种水平的步行者、跑步者均可以这种独特的方式融入车展。对于一个车展粉丝来说,寻找一种方法与朋友、家人一起度过美好的一天,慢跑竞赛是一种最好的方式。

第5节　汽车产业展览的营销管理

(一)主办方的招商和招展

主办方往往通过行业杂志、露天广告牌、网站、会展活动推介会、协会、行政管理部门、企业电话、上门推销等办法邀请展商和观众参展。一些展览的主办方也通过国外代理商在电视、报纸、广播等媒体上大做广告。2005年,为加强海外宣传力度,上海车展主办方首次在CNN美国及亚洲频道上打出了车展广告。有消息人士透露,主办方仅在CNN上投放的广告费就达58万美元。广告取得了很好的招展、招商效果。按主办方的话来说,就是"本届上海车展不仅因为面积增加带来量的变化,还因其整体影响力的上升、全球各大汽车巨头的云集形成质的飞跃"。

通过国际上的权威行业协会推荐,不失为一个很好的招展、招商渠道。近年来,国际汽车制造商协会(OICA)就推荐了30多个全球知名的汽车产业展览。如表4.5-1所示。

表 4.5-1 2016 年国际汽车制造商协会推荐的汽车产业展览

时间	展览名称	举办地
1.12 ~ 24	94th European Motor Show	比利时布鲁塞尔
1.11 ~ 24	North American International Auto Show	美国底特律
1.18	Cairo International Motor Show	埃及开罗
1.20 ~ 31	The Washington Auto Show	美国华盛顿
2.3 ~ 9	New Delhi Auto Expo	印度新德里
2.7	Chicago Auto Show	美国芝加哥
3.1 ~ 13	Geneva，86rd International Motor Show	瑞士日内瓦
3.15 ~ 20	Automech Formula	埃及开罗
3.21 ~ 4.3	The 37th Bangkok International Motor Show	泰国曼谷
3.21 ~ 4.3	Belgrade International Motor Show	塞尔维亚贝尔格莱德
3.28	Seoul International Motor Show	韩国首尔
4.5 ~ 10	Zagreb Auto Show	克罗地亚萨格勒布
4.25 ~ 5.4	Beijing Motor Show - Auto China	中国北京
4.9	UK Commercial Vehicle Show	英国伯明翰
5.9	Barcelona International Motor Show	西班牙巴塞罗那
5.21 ~ 24	5th Commercial Vehicles，Buses and Components Expo	土耳其伊斯坦布尔
5.29	International Kyiv Auto Salon 2013	乌克兰基辅
6.14	Sofia International Motor Show	保加利亚索菲亚
6.19	Buenos Aires International Motor Show	阿根廷布宜诺斯艾利斯
8.11 ~ 21	Gaikindo Indonesia International Auto Show	印度尼西亚雅加达
8.24 ~ 9.4	Moscow International Auto Show	俄罗斯莫斯科
9.9	Moscow Auto Salon	俄罗斯莫斯科
9.21 ~ 29	66th IAA Commercial Vehicles	德国汉诺威
9.29 ~ 10.16	Mondial de l’ Automobile	法国巴黎
9.10	Frankfurt，65th International Motor Show	德国法兰克福
10.3	Bucharest，International Motor Show	罗马尼亚布加勒斯特
10.6	Johannesburg International Motor Show	南非约翰内斯堡
11.8 ~ 20	São Paulo International Motor Show	巴西圣保罗
11.15 ~ 27	Los Angeles Auto Show	美国洛杉矶
12.2 ~ 11	Bologna Motor Show	意大利博洛尼亚
11.15	Commercial Vehicles，Buses and Components Expo	土耳其伊斯坦布尔
11.20	43rd Tokyo Motor Show	日本东京

注：资料来源于网络。

展位费收费标准还要考虑与整车（或汽车零配件）销售实体店、网上销售商的竞争。假如展商 i 参展的收益为 u_i，参展的成本为 x_i，则只有当时 $u_i-x_i \geqslant 0$，展商才有参展的动机；且 u_i-x_i 值越大，参展的积极性越高。同样，如果观众 j 参展的收益为 v_j，参展的成本为 y_j，则只有当时 $v_j-y_i \geqslant 0$，观众才有参展的动机；且 v_j-y_j 值越大，参展的积极性越高。展商（或观众）参展的收益和成本取决于观众（或展商）的数量、质量和展览举办地距离、当地的消费水平。在展出效果不理想的情况下，高昂的摊位费极易成为展商沉重的负担。青岛一汽大众汽车公司的经销商曾为省下百万展位费而拒绝参加车展。他们认为，舒适的展厅环境、专业的一对一服务、没有车展现场的拥挤，以及不要门票、表演和汽车模特，都可以给消费者带来实实在在的优惠。2012 年，福州部分东风日产经销商举办网上国庆车展活动，而不参加传统车展，节省的参展费以超低价优惠让利给消费者。2014 年，面对难以预计的销量和不菲的参展费[1]，比亚迪潍坊的少数 4S 店推出“到店价等于车展价减参展费”优惠活动。

展览现场人数众多，且目标市场人群较为集中，不失为企业做广告的好地方。因故不能参展的企业，亦可选择现场广告。主办方总是寻找各种方式为客户做广告宣传，并收取一定费用，以增加收入（见表 4.5-5）。会刊广告是一种主要广告形式。会刊除在展览期间广为发送外，还通过各种渠道发送给未能前来参展的专业人士手中。后者可利用会刊迅速查找到客户的联络方法与服务内容。此外，各类赞助费也是主办方的收入来源。赞助商也可借此机会大做广告。

[1] 单个企业参加一次车展的各项费用通常超过 10 万元。

表 4.5–5　中国（广州）国际汽车零部件展览会（CAPE）广告和赞助商收费标准

<table>
<tr><td rowspan="2">会刊广告</td><td>封面 20 000 元</td><td>封二封三 12 000 元</td><td>扉页 8000 元</td><td>黑白页 3000 元</td></tr>
<tr><td>封底 18 000 元</td><td>彩页跨版 10 000 元</td><td>彩页 6000 元</td><td>300 字简介 1000 元</td></tr>
<tr><td>其他广告</td><td>拱门 12 000 元 / 个</td><td>汽球 3000/ 组</td><td colspan="2">门票 30 000 元 /10 万张</td></tr>
<tr><td colspan="3">参观证 15 000 元 /50 000 个
手提袋 10 000 元 /2000 个</td><td colspan="2">礼仪小姐 180 元 / 人 / 天</td></tr>
<tr><td></td><td>彩旗 500 元 / 面</td><td>花篮 200 元 / 个</td><td colspan="2">展会背景板 18 000 元</td></tr>
<tr><td rowspan="5">赞助商</td><td>嘉宾礼品包赞助商（限 1 家公司）</td><td colspan="3">由赞助商提供 300 个嘉宾的礼品，并夹发其宣传资料；赞助商的名称和标志将出现在 300 份嘉宾礼品包上；赞助商的名称和标志将出现在展会的专刊材料中；赞助费 20 000 元</td></tr>
<tr><td>吉祥物赞助商（限 1 家公司）</td><td colspan="3">展会指定吉祥物冠名权；吉祥物将出现在展会中心广场最醒目区域；吉祥物出现在媒体广告、宣传数据和展会信笺等相关的宣传媒体中；在展会的展讯、会刊及其他新闻稿中介绍吉祥物；赞助费 15 000 元</td></tr>
<tr><td>现场门楼冠名赞助商（限 1 家公司）</td><td colspan="3">门楼将以赞助商的名称冠名，门楼将出现在展馆入口大厅处最醒目的区域，赞助商的名称和标志将出现在展会宣传材料中；赞助费 8000 元</td></tr>
<tr><td>观众吊带赞助商（限 1 家公司）</td><td colspan="3">赞助商的名称和标志将出现在 15 000 多个观众吊带上，赞助商的名称和标志将出现在展会宣传材料中；赞助费 30 000 元</td></tr>
<tr><td>展商吊带赞助商（限 1 家公司）</td><td colspan="3">赞助商的名称和标志将出现在 4000 多个展商吊带上，赞助商的名称和标志将出现在展会宣传材料中；赞助费 8000 元</td></tr>
</table>

针对不同类型的观众，门票价格一般不同（见表 4.5–6）。专业观众型展览往往不收门票，或主办方向专业观众免费赠送门票。当观众的数量相对于展商较少时，主办方也不收门票。特别重要的观众，主办方不但不收门票，甚至还要给予其一定金额的参展补贴。

表 4.5-6　2014 年巴黎车展的门票价格

种类	价格（欧元）	种类	价格（欧元）
普通门票	14	10 岁以下儿童	免费
10～25 岁青少年	8	团队（超过 15 人）	12

（三）展览的品牌与竞争策略

近年来，各类汽车产业展览在我国各个地方都有举办。2016 年，上海举办汽车产业展览多达 51 个，是国内举办该类展览最多的城市。如表 4.5-7 所示。

表 4.5-7　2016 年上海汽车产业展览一览表

时间	展览名称	举办地点	主办方
3.12～13	2016 团车网上海团车会	浦东南路 4000 号	团车网
4.9～10	2016 小胖购车节上海站第十季	世博浦南停车场	中国汽车消费网、车团
4.15～5.22	第九届上海汽车文化节	上海国际赛车场水景广场	嘉定区委、区政府
5.13～15	第七十九届（上海）全国汽配会	上海世博展览馆	中国机械工业联合会、中国汽车工业配件销售公司
5.14～15	上海第十届团车会	上海华亭宾馆后大型停车场	团车网
5.14～15	2016 小胖购车节上海站	大宁灵石公园	小胖购车节组委会
5.15～21	轟趴公社上海站	上海凌睿试驾体验中心	上海零空间汽车文化发展有限公司

续表

时间	展览名称	举办地点	主办方
5.16 ~ 18	中国（上海）国际汽车制造技术与装备材料展览会	上海光大会展中心	中国设备管理协会，中国机械制造工业协会
6.8 ~ 11	上海 EV CHINA 节能与新能源车展	上海新国际博览中心	HNZ MEDIA 鸿与智商业媒体
6.9 ~ 11	中国国际改装车展览会	上海新国际博览中心	HNZ MEDIA 鸿与智商业媒体
6.9 ~ 11	2016 时尚电动汽车展	上海新国际博览中心	HNZ MEDIA 鸿与智商业媒体
6.9 ~ 11	第六届中国上海国际客车技术展	上海新国际博览中心	中国土木工程学会、城市公共交通分会
6.14 ~ 16	国际城市新能源车辆运营发展论坛暨展览会	上海新国际博览中心	中国汽车工业协会
6.14 ~ 16	中国国际交通用铝展览会	上海新国际博览中心	中国交通行业协会、中国汽车工业协会
6.28 ~ 30	上海国际新能源汽车展览会	上海新国际博览中心	上海市国际展览有限公司
6.28 ~ 30	上海国际汽车新能源及智能技术展览会	上海新国际博览中心	中国国际贸易促进委员会上海市分会、中国国际贸易促进委员会汽车行业分会、中国汽车工程学会、上海市国际展览有限公司
6.28 ~ 30	上海国际汽车零部件及相关服务展览会	上海新国际博览中心	中国国际贸易促进委员会上海市分会、中国国际贸易促进委员会汽车行业分会、中国汽车工程学会、上海市国际展览有限公司
7.13 ~ 15	上海国际智能电动平衡代步车展览会	上海光大会展中心	中国智能家居协会、中国平衡车联盟
7.23	汽车之家百城万人购车惠上海站	上海博大汽车公园	汽车之家

续表

时间	展览名称	举办地点	主办方
8.23 ~ 25	第六届上海国际充电站（桩）技术设备展览会	上海新国际博览中心	中国电池工业协会锂电池应用专业委员会、广东省电源行业协会、振威展览股份
8.23 ~ 25	第八届中国（上海）国际锂电工业展览会	上海新国际博览中心	中国电池工业协会锂电池应用专业委员会、广东省电源行业协会，沈阳蓄电池研究所、振威展览股份
8.24 ~ 26	第十二届上海国际汽车制造技术与装备及材料展览会	上海新国际博览中心	中国汽车工业工程公司、中国机床专用技术设备公司、上海恒进展览有限公司
8.25 ~ 27	上海国际车联网与智慧交通展览会	上海新国际博览中心	中国国际贸易促进委员会上海市分会、中国智能交通协会、中科院国际合作局
9.9 ~ 11	上海国际汽车升级及配套产品展览会	上海汽车会展中心	中国汽车用品联合会、中国汽车维修行业协会
9.9 ~ 11	上海安亭 CAS 改装车展	安亭汽车会展中心	中国汽车用品联合会、中国汽车维修行业协会等
9.17 ~ 20	上海新能源汽车及电动汽车展览会	上海国际展览中心	中国通用技术集团
9.17 ~ 20	中国国际汽车商品交易会	上海国际展览中心	中国通用技术集团
9.25 ~ 27	上海国际汽车电子产品展	国家会展中心（上海）	中国通用技术集团
9.25 ~ 27	第十届中国国际汽车商品交易会	国家会展中心（上海）	中国通用技术集团
9.25 ~ 27	中国（上海）国际汽车涂料、涂装技术展览会	国家会展中心（上海）	中国通用技术集团、英佛会议展览（上海）有限公司
9.25 ~ 27	上海国际汽车胶粘剂与密封技术产品展览会	国家会展中心（上海）	中国通用技术集团、英佛会议展览（上海）有限公司

续表

时间	展览名称	举办地点	主办方
9.25 ~ 27	上海汽车零配件维修检测诊断设备展览会	国家会展中心（上海）	中国通用技术集团、中华人民共和国商务部
9.25 ~ 27	中国国际汽车商品交易会暨清洁替代能车辆展览会	上海国际展览中心	中华人民共和国商务部
9.25 ~ 27	第六届中国上海国际汽车内饰与外饰展览会（CIAIE）	国家会展中心（上海）	中国通用技术集团
9.25 ~ 27	中国国际汽车商品交易会	国家会展中心（上海）	中华人民共和国商务部
9.25 ~ 27	上海天然汽车展	上海国际展览中心	中国通用技术集团
9.25 ~ 27	中国（上海）国际新能源汽车、电动汽车展览会	国家会展中心（上海）	中国通用技术集团
9.27 ~ 29	第十一届汽车检测及质量监控博览会	上海世博展览馆	海富国际展览服务有限公司
9.29 ~ 10.3	上海浦东国际汽车展览会	上海新国际博览中心	中国国际贸易促进委员会汽车行业分会、中国国际贸易促进委员会上海浦东分会
10.21 ~ 23	上海国际汽车定制改装博览会	上海世博展览馆	中国汽车工业国际合作有限公司、汽车品牌科技研究中心、RA 汽车改装行业联盟、北京澳德盛隆汽车科技有限公司
10.21 ~ 23	第十二届上海国际汽车后市场博览会	上海世博展览馆	中国汽车工业国际合作有限公司、汽车品牌科技研究中心、北京澳德盛隆汽车科技有限公司

续表

时间	展览名称	举办地点	主办方
10.21 ~ 23	上海国际汽车装饰与美容展览会	上海世博展览馆	中国汽车工业国际合作有限公司、汽车品牌科技研究中心、北京澳德盛隆汽车科技有限公司
10.21 ~ 23	上海第十二届国际汽车零配件、维修检测诊断设备展览会	上海世博展览馆	中国汽车工业国际合作有限公司、汽车品牌科技研究中心、北京澳德盛隆汽车科技有限公司
10.21 ~ 23	第十二届上海国际汽车用品展览会	上海世博展览馆	中国汽车工业国际合作有限公司，汽车品牌科技研究中心、北京澳德盛隆汽车科技有限公司
11.23 ~ 25	2016 上海国际新能源客车、公交车及零部件展览会	上海世博展览馆	中国土木工程学会城市公共交通学会、中国道路运输协会
11.30 ~ 12.3	上海国际汽车零部件、维修检测诊断设备及服务用品展览会	国家会展中心（上海）	中国汽车工业国际合作有限公司、法兰克福（上海）有限公司
12.1 ~ 3	第十届亚洲埃森轮胎展	上海新国际博览中心	中联橡胶有限责任公司上海会展部
12.8 ~ 10	上海国际汽车紧固件展览会	上海新国际博览中心	中国设备管理协会
12.8 ~ 10	第十二届中国（上海）国际压铸展览会	上海新国际博览中心	华东地区铸造协会、上海市汽车行业协会汽车铸造分会、上海市机械工程学会、亚洲机械行业协会、上海华野会展有限公司

续表

时间	展览名称	举办地点	主办方
12.8 ~ 10	中国（上海）国际旅游观光车展览会	上海新国际博览中心	中国汽车促进联盟 HNZ、中国汽车技术产业联盟、上海汽车汽配用品行业联合会、中国汽车服务业总商会
12.8 ~ 10	2016 中国上海时尚电动汽车展览会	上海新国际博览中心	UTM 联合贸易媒体

众多的同类展览，固然给展商和观众带来多种选择机会，但也给主办方增加了竞争压力。业内人士认为，我国汽车类展览目前也存在“小、散、乱”“国际竞争力低”和“重招商、轻服务”等问题。树立展览品牌成为主办方当前的首要任务。一般说来，可以从知名度、美誉度和忠诚度三个方面的指标来判断会展项目是否属于品牌展会。展商总数和观众总数、展览租用面积（净面积）和总面积是显著相关的，用展商总数来衡量展览的品牌价值比展览总面积、租用面积、观众总数和收入更具有客观性，容易验证数据的准确性。展览的知名度可用实际到场展商总数、国外展商比、展商国家数和举办届数来衡量；展览的美誉度可用规模以上展商所占比例和展商满意度衡量；展览的忠诚度可用展商重复参展的比例来衡量（贾岷江，2016）。

但在实践中，各行业展览的品牌认定标准可能有所差异。一些业内人士认为，汽车产业展览品牌可以从现场面积、观众人数、展商数、新车发布数、品牌车数、直接收入、间接收入等指标来衡量。也有人进一步指出，衡量一个车展是否具备国际一流车展的实力有许多参考因素：从展会组织方面看，有硬件和软件水平、厂商和观众满意度、市场化程度等指标；从车展的影响力看，参展国际汽车公司的数量和规模、参观车展的国外媒体和观众的数量、有多少概念车或新车在车展上首次发布、是否有引领潮流的新技术、汽车公司是否借车展发布重大战略、车展是否引领着当年国际汽车设计和技术的流行趋势，等等。可见，这些指标的设置相当混乱。

此外，单纯以个别指标来判断是否品牌车展并不合理，如车展并不是规模越大越好。国内一些车展的规模就比国际上老牌车展大，但世界影响力却有限。规模以上知名展商所占比例应当成为汽车产业展览品牌价值的衡量指标。1999 年 6 月 15 日开幕的第八届上海车展逐渐显露国际车展的特征，但知名汽车品牌奔驰、宝马厂商并没有参展。有人认为："没有了这两位车界'腕儿'的捧场，就称不上是国际车展"。同样，单纯以国外展商（或观众）所占比例高低来判断车展的品牌价值也有不足之处。德国展览的展商国际化水平通常比国内展览高。这是因为，德国周围方圆 1000 千米内有更多国家。因此，展览的品牌价值还要看展商（或观众）来自哪些国家。

对于整车展，展商和观众关注的重点不同。展商关注观众类型、数量和购买力，以及宣传媒体的来源、家数和记者数，甚至报道次数。一般说来，专业观众对展商的价值要高于社会观众（普通观众）。而观众关注的是展商的数量、实力、汽车品牌数、现场活动，特别是"概念车"和"首发车"的数量。概念车（Concept Car）是未来汽车的雏形，汽车设计师利用概念车向人们展示新颖、独特、超前的构思，反映人类对先进汽车的梦想与追求；首发车是指第一次向展览观众亮相的新款车，包括"全球首发车"和"地区首发车"。概念车和全球首发车的数量是车展创新水平的衡量指标，是衡量世界顶级品牌车展所不可缺少的重要指标。这些指标往往成为车展主办方招商、招展宣传的"卖点"。

按地域影响范围分，展览品牌有区域品牌、国内品牌和国际品牌三种。本质上，可以根据多数展商和观众的地域来源来判断展览品牌的类型，特别是国外展商比和国外观众比的大小。2014 年，巴黎车展的国外展商比为 13.8%，国外展商租用面积比为 12.1%，国外观众比为 0[1]。如果仅从观众来源来看，那么巴黎车展应属于国内展。根据观众的家庭住址，2015 年重庆车展的观众主要来源于本市，特别是主城区。这也表明重庆车展属于区域展，其在国内乃至全球范围的影响是有限的。国内外许多行业组织认为，

---

[1] 数据来源于 UFI 所著《2014 euro fair statistics》。

国际展览的认定指标主要有三个：国际展商的比例、国外观众的比例和国际展商展出面积的比例。

要扩大展览的知名度，必须坚持“请进来，走出去”的原则。“请进来”就是要提高展商和观众的国际化水平，“走出去”就是国内主办方到国外办展。2015 年，我国共有 23 家单位在境外办展，办展场数为 63 场，总面积为 32 万平方米；汽摩配件类展览仅有 3 场，总面积仅有 11 670 平方米。这显然与发达国家有巨大差距。

还有一些业内人士认为，可以展览是否被国际权威组织认证作为品牌展览的标志。至 2015 年，被国际展览业协会（UFI）认证的国内汽车类展览有：上海国际汽车工业展览会，中国国际工程机械、建材机械、工程车辆及设备博览会，北京汽车用品展，中国广饶国际橡胶轮胎暨汽车配件博览会。该组织认证的国际展览要求的条件有：（1）连续举办 3 次以上，场地面积至少为 2 万平方米；（2）直接或间接外国参展商数量不少于总数量的 20%；（3）直接或间接外国参展商的展出净面积比例不少于总展出净面积的 20%；（4）外国观众数量不少于观众总数的 4%。但要注意，一些品牌展览的主办方为节省认证费用，而不愿意认证或长期认证。此外，国际展览业协会的认证指标也没有或很少考虑展览品牌的美誉度和忠诚度。

树立展览品牌，首先需要处理好主办方内部成员之间的关系。全国汽车配件交易会作为国内历史最长的汽车类展览，一度因主办方变化而出现纠纷。2008 年 2 月 15 日，全国工商联汽车摩托车配件用品业（简称“汽摩配”）商会发布“关于举办‘第六十三届全国汽车配件交易会’的公告”。公告称：由全国工商联汽摩配商会主办、易通全国工商联国际展览有限公司承办的“第六十三届全国汽车配件交易会”定于 2008 年 4 月 19 日～21 日在济南国际会展中心举行，商会是拥有“全国汽车配件交易会”名称的唯一合法权利人，任何其他组织或者个人未经商会授权擅自使用“全国汽车配件交易会”名称将被视为侵权。全国汽车配件交易会是由中华全国工商业联合会汽车摩托车配件用品业商会和中国汽车工业销售总公司共同主办的全国大型专业展览，鉴于中国汽车工业销售总公司于 2007 年 8 月经北京市第一中级人民法院宣告破产，因此中华全国工商业联合会汽车摩托车配件用品业商会是拥有“全国汽车配件交易会”名称的唯一合法权利人。2008 年 2 月 18 日，中国汽车工业配件销售公司（简称“中汽配”）也发布“声明”：由中国汽车工业配件销售公司主办并承办的“第六十三届全国汽车配件交易会”将于 2008 年 5 月 18 日 ~ 20 日在哈尔滨举行，并发函称“定于 2008 年 4 月 19 日 ~ 21 日在济南国际会展中心举行第六十三届全国汽车配件交易会”私自使用了中汽配传承中汽公司所属企业历经 40 余年精心培育起来的品牌会议名称，会议名称涉嫌严重侵权，公司正在依法律途径寻求解决。随后三届全国汽车配件交易会均出现不同主办方的现象（见表 4.5-8），一度引起市场混乱。困扰这个知名展览的侵权展览随着 2009 年 10 月法院对知识产权的判决而“尘埃落地”。第六十七届全国汽车配件交易会经国家工商行政管理总局批准，由中国汽车工业配件销售公司和昆明市人民政府共同主办，在昆明市“昆明国际会展中心”隆重举行。目前，该展览由中国汽车工业配件销售有限公司主办。

表 4.5-8　第 63 ~ 66 届全国汽车配件交易会的主办方

届数	日期	举办地	面积	展商数	观众数	举办方
63	2008.5.18	哈尔滨	1500 个	1000		中国汽车工业配件销售公司、哈尔滨市人民政府联合主办
63	2008.4.19	济南	50 000	1600	50 000 人次	中华全国工商业联合会汽车摩托车配件用品业商会主办
64	2008.10.26	南昌	40 000	1300		中国汽车工业配件销售公司和南昌市人民政府共同主办
64	2008.11.1	西安	60 000	1800		中华全国工商业联合会汽车摩托车配件用品业商会主办，易通全联（北京）国际展览有限公司承办

续表

届数	日期	举办地	面积	展商数	观众数	举办方
65	2009.4.24	宁波	60 000	1800		中华全国工商业联合会汽车摩托车配件用品业商会主办
64	2009.4.24	南京	50 000	1800	60 000 人次	中国汽车工业配件销售公司和南京市人民政府共同主办
66	2009.10.22	郑州	3000 个	2000		中华全国工商业联合会汽车摩托车配件用品业商会主办
66	2009.10.16	长沙	50 000	2000		中国汽车工业配件销售公司主办

注：面积单位为平方米或标准摊位数。

多方合作共赢是汽车产业展览的基本竞争策略。北京雅森国际展览公司（简称“雅森国际”）的发展可以很好地说明这一点。2005 年，北京雅森国际展览公司率先创立中国首个汽车用品专业展会——中国国际汽车用品展览会（CIAACE）。2012 年，雅森国际和杜塞尔多夫展览（上海）有限公司主办中国国际汽车原厂升级套件暨改装车展览会（AIT）。雅森国际之所以取得这样大的成绩，主要归功于以下措施。

（1）加强与国际知名展览公司的合作。

自 2010 年雅森国际签约德国莱比锡国际展览集团以来，雅森展的国际影响力如虎添翼，本届展会注册的国际观众达 3908 名，分别来自美国、南非、东南亚各国、西欧中部各国、韩国、日本等国以及中国香港、台湾等地。中国国际汽车用品展览会 2011 年成为 UFI 国际展览业协会组织展览会，是迄今为止唯一一个加入 UFI 的汽车用品展会。在 CIAACE 2012 年举办期间，雅森国际又与国际知名展览公司杜塞尔多夫展览集团顺利签约，双方将在共同办展领域展开合作，将联合打造国内汽车改装及房车行业 B2B 国际盛会——中国国际改装汽车展览会（MC CHINA）和中国国际房车展览会（ATC）。

（2）加强与广告媒体、电商平台的合作。

从展览的筹备开始，媒体的宣传一直就是主办方工作的重点。媒体宣传分为五个阶段：第一阶段为招展宣传，第二、三阶段为深度宣传，第四阶段为吸引观众宣传，第五阶段为展后宣传。其中第二、三、五阶段专门为参展商进行深度报道。雅森国际和慧聪网于 2013 年再度强强联合，通过整合双方平台资源，实现优势互补，在保持 25 万平方米超大展会规模的同时，以“三个质量提升一个平台引入”作为 2013 年办展的主旨，即：会展服务质量提升以 UFI 国际办展标准执行，进一步加大国际展商与买家的邀请比重，打造高端国际汽车用品会展形象；参展企业质量提升以加强科技高含金量的汽车电子大牌企业的邀约参与最新技术与产品展示，营造时尚科技消费环境，引领汽车电子消费潮流；专业买家质量提升以加大对 4S 店集团采购、连锁机构采购与全国一、二级城市大批发商采购为重心，拉开采购需求与层次，对接高端品牌展商的采买需求。雅森国际也重视大型电子商务平台的引入，举办京东、卓越·亚马逊、苏宁易购、库巴、车品宏智等知名电商平台专场采购对接会，专业推荐与输送优质供应商，引导汽车用品品牌企业进军 B2C 电子商务网络平台，抢占网销资源与商机。

（3）寻求政府、国内外协会等多部门的支持。

2010 年，经商务部批准，中国汽车用品暨改装汽车展览会正式成为国家商务部重点支持展会，成为代表我国汽车用品行业发展方向和水平的国家级重点展会，这是汽车用品行业独一无二的殊荣。自 2010 年开始，所有参加雅森汽车用品展的中小型企业均有机会申请享受国家财政资金补贴，最高可申请 1 万元的资金补贴。中央人民广播电台、北京电视台、中国设备管理协会等权威单位支持的“2005 中国国际汽车用品展览会暨首届国际改装汽车展览会”于 2005 年 6 月 10 日 ~ 12 日在北京全国农业展览馆举行。中华人民共和国商务部、国家发展和改革委员会、中国汽车工程学会、中国设备管理协会、中国信息协会、中国机动车安全检测鉴定中心、全国工商联汽车摩托车配件及用品行业商会、广东省工商联汽车汽配用品行业商会的领导出席开幕式并剪彩。与澳大利亚汽车用品协会、韩国汽车工业合作社、南非汽车相关产品零售业协会、印度汽车零部件制造商协会以及浙江、广州、成都行业商会等上百家权威机构，IndiaMART、Global Sources、EC21、阿里巴巴、慧聪网、汽车用品报、北京青年报等 300 多家主流媒体深度合作，共同推动行业发展。

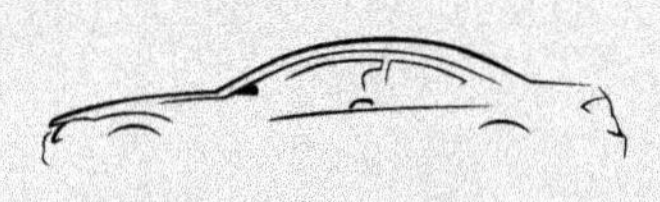

第五章

汽车产业会议的管理要点

第 1 节　汽车产业会议的组织者

相对于展览、赛事、节庆和奖励旅游活动，汽车产业会议活动主办方的数量最多，组织类型最为广泛，协会、学会、会议中心、企业（包括会展企业）、新闻媒体、研究院、学校和政府等单位都可以主办会议。其中，协会、学会和会议中心具有组织会议活动的天然优势：前者占有“人和”优势，而后者占有“地利”优势。会议主办方的组织架构一般包括：秘书组、联络组、接待组、提案（论文）组、宣传组、会务组、保卫组等。会议主办方为办好会议，常求助于目的地营销组织（DMO）、会议观光局（CVB）、目的地管理公司（DMC）等组织。

行业协会和学会热衷于主办、承办、协办各类会议。汽车行业协会具有主办会议和组织人员参与各种会议的众多人脉关系。国内协会一般是由企业管理人员自愿组成的社会团体，主要来自行业生产和销售企业，根本任务是统计行业信息、企业运行情况，市场调研与价格协调，代表企业与政府沟通，参与国家产业政策的研究与制定，反映企业要求，维护企业权益。协会组织的活力往往取决于一个地区的经济发达程度、产业地位和会员企业实力。行业管理类会议通常由协会主办。

国外一些协会（或俱乐部）主要由消费者构成。德国汽车俱乐部（ADAC）是德国最大，也是欧洲最大的汽车协会，成立于 1903 年，总部位于慕尼黑，向汽车、摩托车和小型船只驾驶者提供服务，同时印刷出版地图和交通图。俱乐部在德国境内设立了多个交通安全中心，最早开始和最著名的服务是交通事故救援，宗旨是保护机动车驾驶人员的利益。截至 2010 年 6 月，该俱乐部拥有 1700 万会员。

新西兰汽车协会（AA）[1]是新西兰规模最大、服务最全、消息发布最权威的汽车协会，其前身于1903年在奥克兰成立。经过百年发展，协会服务与规模都有了极大的提升，从一个松散的俱乐部类型的组织，成长为一个以汽车文化为根基、全方面发展的商业“巨无霸”。

澳大利亚汽车协会（AAA）是澳大利亚汽车俱乐部中最大的组织，成立于1924年，代表在澳大利亚所有道路使用者的利益，保证陆路运输网络是安全的、可持续的，并且其成本和获得运输的机会是公平的。该协会现有会员800万人，由7个州和地区的俱乐部组成。

学会是由科技工作者自愿组成的学术性团体，会员主要是高等院校、科研院所和企业中的广大科技工作者，根本任务是推动学术交流和科学研究，并发现、培养和推荐人才，代表科技工作者与政府沟通，反映科技工作者心声，维护科技工作者权益。学会组织活力往往取决于一个地区学科发展的水平和地位，与学科带头人的学术造诣和社会名望紧密相联。学术类会议通常由行业学会来主办。如中国汽车工程学会（SAE-China）有汽车产品分会、汽车发动机分会、汽车车身技术分会、汽车经济发展研究分会、汽车技术教育分会等25个分会，这些分会经常参与组织国内外重要的学术会议和展览。

除了协会和学会外，新闻媒体也具有广泛汇集社会信息和人员的优势，适于主办行业会议。德国商报新闻网是德国的一家德语商业报纸，创刊于1946年，被誉为“德国的华尔街日报”。第二十三届德国商报汽车峰会于2016年11月8日～10日在慕尼黑的“宝马世界”举行。又如，皇家传媒集团（the Royal Media Group）主办的第十六届汽车金融峰会于2016年10月5日～7日在美国拉斯维加斯的“百乐宫酒店（Bellagto Las Vegas）”举行。作为业界最大的盛会，聚集了汽车贷款和租赁方面的高管，以确定行业趋势和成长的机会，提供了建立网络关系的良好平台。

企业也经常举办各类公开会议，特别是咨询服务类企业。近年来出现

[1] New Zealand Automobile Association 的缩写。

的专业会议公司（PCO）也是会议主办的一大主力。如成立于2001年的上海优势商务咨询有限公司是一家致力于中国汽车领域的现代服务型公司，是为中外企业、事业单位提供其在汽车行业发展所需的信息咨询、活动策划、企业形象策划、会议策划及传媒策划的专业性咨询服务公司，并为其咨询项目承办后续所需的各类活动，擅长组织各种研讨、论坛、比赛、招聘会等国际会议，专业涉及汽车设计、研发、制造、人事、采购、销售、维修等各个部门。该公司服务过的企业已经超过1000家，如通用、大众、福特、雪铁龙、一汽、东风、丰田、北汽、长安、广汽、博世、麦格纳、德尔福、舍弗勒、采埃弗、永达、东昌等知名品牌。到目前为止，公司拥有近500家中外会员单位，举办的会议有：中外汽车工业设计与研发工程师大会、中国汽车发动机现代技术论坛、全国汽车行业质量控制与测量技术交流会、现代汽车制造技术与工具技术进步研讨会、全国汽车产业人才大型招聘会、汽车行业人力资源（上海）高峰论坛、汽车产业工艺制造类工程师大会、社区汽车联展、汽车行业采购经理年会、汽车行业内外饰设计与开发会议、车轮与轮毂制造技术研讨会。而中国汽车会议网是上海优势商务咨询有限公司旗下运营、管理的网站。

行业咨询公司有时也与汽车产业内的制造商合作主办会议，如2016年北京佰汇方略信息咨询有限公司与广西南南铝加工有限公司主办的第三届中国交通装备（汽车）轻量化技术 – 铝合金材料应用合作峰会。

第2节　汽车产业会议地点的选择

为节约成本，会议主办方通常将会议选择在大多数参会者居住地举行，但是在参会收益（如旅游、会议信息和服务）增加的情况下，也会把会议举办地选择在远离参会者居住地的地方。通常情况下，汽车产业发达地区、旅游景区、服务业发达的大都市、政治（或经济、科技、文化）中心往往是会议首选地。目前，世界发达国家的大都市仍然是各类国际会议的首选地（见表 5.2–1）。虽然会议使用的专用和特殊场地相对于其他会展活动更为广泛，但通常集中在酒店、会展中心、大学和景区，要求交通、住宿、餐饮、气候、旅游景点和治安条件良好。

表 5.2–1　2015 年全球会议数量排名前十的国家和城市

名次	国家	会议数	城市	会议数
1	美国	925	柏林	195
2	德国	667	巴黎	186
3	英国	582	巴塞罗那	180
4	西班牙	572	维也纳	178
5	法国	522	伦敦、马德里	171
6	意大利	504	新加坡	156
7	日本	355	伊斯坦布尔	148
8	中国、荷兰	333	里斯本	145
9	加拿大	308	哥本哈根	138
10	巴西	292	布拉格	123

注：数据来源于《ICCA Statistics Report 2015》。

据统计，1987 年巴黎共举办了 365 次国际性会议，超过了纽约、伦敦、布鲁塞尔、日内瓦，居世界首位。其后 24 年来一直保持着世界会议举办次数冠军城市的荣誉。它以明媚的风光、丰富的名胜古迹、文化活动以及现代化的服务设施，迎来了众多的国际会议，是一座“世界会议城”。巴黎是法国的政治、经济和金融中心，在政治、科技、文化、教育、时尚、艺术、娱乐、传媒等领域对世界都有重要影响力，同纽约、伦敦和东京一起被公认为世界四大都市之一。巴黎设有许多世界性的大银行、大公司、大交易所，是法国最大的工商业城市，联合国教科文组织（UNESKO）、经济合作与发展组织（OEKD）、国际商会（IKC）、巴黎俱乐部（Paris Club）等国际组织的总部均设在巴黎。巴黎交通方面也相当便利。该市现有两座国际机场，地铁是市内交通的主力军。

据不完全统计，2016 年国内举办汽车产业会议数量最多的城市有上海、北京、重庆和广州（见图 5.2–1）。其中，上海高居榜首。这与上海的地理位置优越、汽车产业发展良好、经济和服务业发达的城市优势密切相关。此外，北京、重庆和广州的汽车产业也相当发达，也适合举办汽车产业会议。

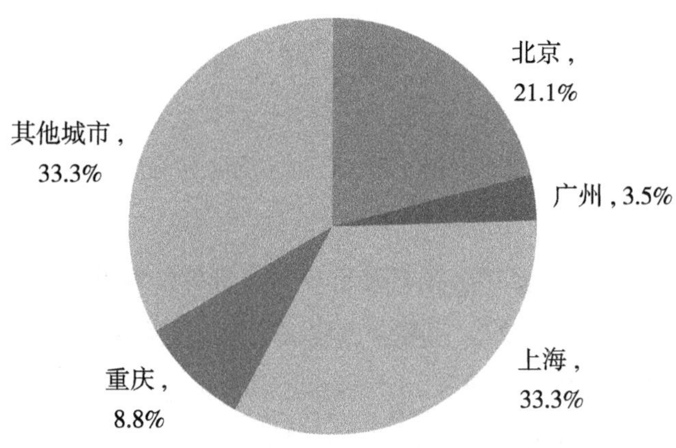

图 5.2–1　2016 年国内重点城市汽车产业会议所占比例

第 3 节　汽车产业会议时间的确定

为保证信息的时效性，绝大多数会议每年召开一次。统计数据表明，国内汽车产业会议全年举办数量在 3 ~ 11 月之间较多，其中 9 月份举办的会议数量最多。这可能与季节性气候和企业年度工作安排有关。年初和年终受冬天寒冷气候影响，各单位年终工作比较繁忙，人员很少外出参会。如图 5.3–1 所示。

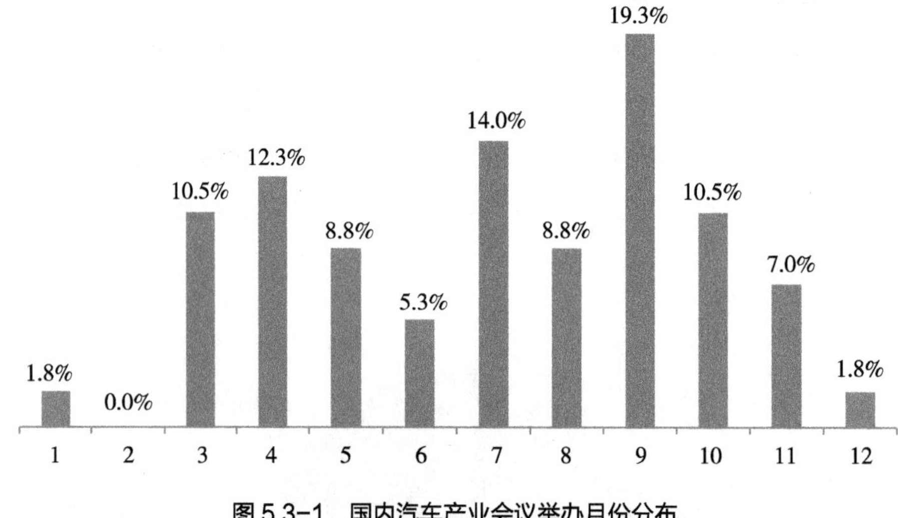

图 5.3-1　国内汽车产业会议举办月份分布

会议召开时间一般要比展览时间短，通常持续时间在 1 ~ 3 天。会议举办时间除了考虑月份外，还要考虑会议召开之前的活动安排时间和会议召开期间的日程安排（见表 5.3-1、5.3-2）。学术会议特别要注意论文提交截止日期。有些大型会议在开幕式之后会设分论坛，会议结束有现场考察或旅游安排。这些活动都要注明具体时间，并结合考虑参会者的旅行时间，做到会议“议程”“日程”和“行程”安排的统一和协调。

表 5.3-1　2016 年第二届车辆工程与设计国际会议时间安排（瑞士卢塞恩）

时间	会前安排	时间	会议期间安排
2016 年 5 月 15 日	论文提交截止时间	2016 年 7 月 6 日	现场注册及会议物品领取
2016 年 6 月 1 日	会议通知时间	2016 年 7 月 7 日	会议时间
2016 年 6 月 15 日	报名截止时间	2016 年 7 月 8 日	一日游或学术考察

表 5.3-2　第二十五届世界电动车大会日程表（深圳）

<table>
<tr><td colspan="3">11 月 4 日　媒体日</td></tr>
<tr><td>10:00～10:30</td><td>新闻发布会</td><td>深圳会展中心 5 层牡丹厅</td></tr>
<tr><td>15:00～17:00</td><td>深圳电动车巡游</td><td>深圳</td></tr>
<tr><td colspan="3">11 月 5 日 展览会开幕式</td></tr>
<tr><td>10:00～10:30</td><td>展览会开幕式</td><td>深圳会展中心 2 层</td></tr>
<tr><td>09:00～17:00</td><td>电动车试驾</td><td>深圳会展中心</td></tr>
<tr><td colspan="3">11 月 6 日　EVS25 前期论坛</td></tr>
<tr><td>08:30～12:00</td><td>可充电式混合动力车研讨会</td><td>深圳会展中心 6 层水仙厅</td></tr>
<tr><td>08:30～12:00</td><td>轻型电动车产业发展论坛</td><td>深圳会展中心 6 层牡丹厅</td></tr>
<tr><td>09:00～17:00</td><td>展览会展示，电动车试驾</td><td>深圳会展中心</td></tr>
<tr><td>13:30～17:00</td><td>全球节能与新能源汽车技术创新、品牌与市场营销高峰论坛</td><td>深圳会展中心 5 层杜鹃厅</td></tr>
<tr><td>16:30～18:00</td><td>第二次国际指导委员会、国际程序委员会和世界电动车协会执行委员会会议</td><td>深圳会展中心 6 层水仙厅</td></tr>
<tr><td>17:30～18:30</td><td>鸡尾酒会</td><td>深圳会展中心 1 号馆和 2 号馆</td></tr>
<tr><td colspan="3">11 月 7 日　EVS25 大会开幕式</td></tr>
<tr><td>08:50～12:00</td><td>大会开幕式主题：可持续动力革命</td><td>深圳会展中心 5 号馆</td></tr>
<tr><td>13:30～16:30</td><td>大会开幕式主题：全球新能源汽车创新与发展</td><td>深圳会展中心 5 号馆</td></tr>
<tr><td>17:00～18:30</td><td>论文张贴分会场</td><td>深圳会展中心 5 层梅花厅</td></tr>
<tr><td>09:00～17:00</td><td>展览会展示，电动车试驾</td><td>深圳会展中心</td></tr>
<tr><td>20:00～22:00</td><td>文化之夜</td><td>深圳中华民俗村</td></tr>
<tr><td colspan="3">11 月 8 日　分会场论文交流</td></tr>
<tr><td>08:00～12:10
13:30～18:00</td><td>分会场论文交流</td><td>深圳会展中心 5 层和 6 层</td></tr>
<tr><td>09:00～11:30</td><td>全球节能与新能源汽车技术创新、品牌与市场营销高峰论坛</td><td>深圳会展中心 6 层茉莉厅</td></tr>
<tr><td>13:30～17:30</td><td>先进电池技术研讨会</td><td>深圳会展中心 6 层桂花厅</td></tr>
<tr><td>09:00～17:00</td><td>展览会展示，电动车试驾</td><td>深圳会展中心</td></tr>
<tr><td>18:00～20:00</td><td>大会宴会（Gala Dinner）</td><td>深圳会展中心 3 号馆</td></tr>
<tr><td colspan="3">11 月 9 日　分会场论文交流及闭幕式</td></tr>
<tr><td>08:00～10:00</td><td>分会场论文交流</td><td>深圳会展中心 5 层和 6 层</td></tr>
<tr><td>10:00～12:35</td><td>大会闭幕式</td><td>深圳会展中心 5 层杜鹃厅</td></tr>
<tr><td colspan="3">会后技术访问</td></tr>
<tr><td>11 月 9 日下午</td><td colspan="2" rowspan="2">1. 比亚迪；2. 深圳五洲龙汽车有限公司；3. 中聚雷天</td></tr>
<tr><td>11 月 10 日</td></tr>
<tr><td colspan="3">香港电动车巡游、试驾、展览、电动车论坛</td></tr>
<tr><td>11 月 11 日～14 日</td><td colspan="2">香港电动车巡游、试驾、展览、电动车论坛</td></tr>
</table>

第4节　汽车产业会议活动内容和现场管理

（一）会议类型

对会议参与者而言，会议的作用在于：收集外部环境信息、获取知识、求得观点认同、发布研究成果、认识同行、寻求问题解决办法、反映问题和开展业务，等等。按不同标准，会议可以划分为多种类型。如按会议参与者的国际来源分，会议可以分为国内会议和国际会议。从技术创新和信息来源的广泛性来看，国际会议一般要优于国内会议。按会议形式分，会议有全体会议、讨论会、辩论会、演讲会，等等（见表5.4–1）。对汽车产业企业来说，经常参加（或举办）的外部会议有：行业协会年会、技术交流会、专业研讨会、产品发布会、产品推介会、投资洽谈会、招（投）标会等。

表5.4–1　中英文会议名称及解释

英文	中文	特征
Convention	年会	由政党或行业组织成员参加的大型会议
Conference	专业会议	正式的讨论会，参会者数量较多
Congress	代表会议	由代表们讨论的正式或系列会议，参会者数量众多
Forum	论坛	具体问题的思想、观点交流会
Incentive Meeting	奖励会议	公司对员工、分销商或客户的出色工作表现进行表彰奖励
Lecture	讲座	演讲会，尤其针对大学生
Meeting	会议	含义广泛，包括本表中的各类会议

续表

英文	中文	特征
Seminar	研讨会、专家讨论会和讨论会	在主持人的主持下进行，通常是几个演示文稿，参会者数量少，一天时间
Symposium	座谈会、专题讨论会	讨论具体事务的会议
Session	审议会	为开展业务而进行的审议会议或司法机构召开的会议
Summit	峰会	主要由高层管理人员或技术人员参加的会议
Training Session	培训会议	培训内容高度集中，由某个领域的专业培训人员教授
Workshop	专题讨论会	就处理专门问题或特殊分配任务而进行的、深入讨论的小组会议

按信息的流向来看，会议可分为“单向会议”“双向会议”和“混合式会议”。传统会议绝大多数是单向会议。在这种会议上，听众被动地接受演讲者的讲话，几乎没有机会与演讲者和其他参会者进行深入沟通。这种会议经常被诟病为“一言堂”，现场气氛沉闷，总体沟通效果和会后执行效果均相当低下。在信息化和网络化时代，这样的会议越来越不受多数参会者欢迎。但保守者认为，这种会议形式有助于突出会议重点和领导重视，引起多数听众对会议内容的强迫式关注，某些领域的会议效率较高。双向式会议则强调参会者之间的平等沟通机会，尽量避免少数演讲者“霸占”会议时间和进行“有倾向性”的宣传。这类会议有利于加速技术管理创新进程以及参会者获得全面认知，甚至达成行业共识。在现代会展活动中，“双向会议”和“混合式会议”的使用目前越来越普遍，如通过信息软件加强参会者的即时沟通，使用“圆桌会议”而不是“课桌会议”，设置会场体验区和展示区等措施。

（二）会议主题的确定

会议的召开首先要确定一个主题，指出会议的任务、达到什么目的，或解决的具体问题。会议主题确定后才能确定会议的参与者和会议类型（或形式）。会议主办方应当在会议召开前反复征询、选择和斟酌会议主题，以使会议有更大的现实意义并能取得好的效果。一些会议主办方安排了专门的组织机构和人员来保证会议主题的高质量。如 2016 年的可持续汽车工程国际会议（ICSAE）主办方就设立了会议委员会、国际顾问、联合主席、国际技术委员、关键发言人和支持者。

位于上海陆家嘴金融贸易区的希迈商务咨询（上海）有限公司致力于打造中国乃至全球知名的 B2B 峰会平台，为国内外企业提供咨询和交流的平台。公司除了自办会议外，也承接政府、院校、知名企业的大型峰会。2012 年 6 月 7 日 ~ 8 日，公司主办中国上海第一届国际新能源汽车论坛，其后在上海、深圳、北京举办会议，至今（2016）已举办 6 届。新能源汽车系列论坛邀请了包括国家发展改革委员会能源研究所、世界电动车协会、亚太电动车协会、世界氢能协会、世界分布式能源联盟、中国工程院等在内的政府单位与研究机构，以及包括宝马、奔驰、奇瑞、捷豹、路虎、大众、奥迪、比亚迪、上汽、北汽等在内的知名整车商，包括全球范围内的整车制造商、电网电力公司、电池厂商、零部件供应商、核心技术提供商和政府官员近 500 位业内人士，职位涉及：董事长、首席执行官 / 总裁 / 总经理、副总裁 / 副总经理、事业发展总监、新能源事业部总监、销售和市场总监、总工程师、首席代表、汽车行业分析师、汽车行业咨询师。

2016 年，中国国际新能源汽车论坛设主论坛“新能源汽车政策，国内外商业模式探讨及项目解析和环保问题”，下设三个专题：专题一，新能源汽车政策；专题二，国内外商业模式探讨及项目解析；专题三，新能源汽车与环保。大会又设三个分论坛：分论坛一，“汽车新方向：互联网及汽车创新核心技术”，包括“汽车与互联网”“汽车 O2O”“创新核心技术”三个专题；分论坛二，“新能源汽车动力电池与基础设施建设”，包括“动力电池与电池管理系统”“新能源汽车充电基础设施建设与标准”“无线充电技术”三个专题；分论坛三，“新能源汽车电机电控技术与汽车电子”，包括“电控电机技术”“汽车电子”两个专题。大会同时围绕主题设立奖项，包括：最佳新能源汽车核心技术创新奖、最佳新能源汽车环境保护奖、年度车后市企业贡献奖、最佳绿色能源汽车奖、年度电控电机企业奖、最佳汽车电子创新奖、最佳新能源汽车电池企业奖、最佳充电企业奖等。

日本独资北京富欧睿汽车咨询有限公司是一家专业从事出版发行中国及世界汽车产业调研报告的调研公司，2006 年 2 月 13 日注册登记为法人，同年 4 月 1 日正式开业。其总公司 FOURIN 位于日本名古屋，自 1980 年创业以来，已经发展成为一家拥有 30 年从业经验和丰硕研究成果的专业调研公司。作为世界汽车产业专业的调查、研究、报告出版公司，近年受到日本汽车产业界广泛关注。北京富欧睿汽车咨询有限公司从 2011 年 10 月 21 日开始举办第一次 FOURIN 世界汽车研究会，会议主题为“2011 年汽车销售推移与预测，世界商用车产业 2020 年展望”，参加人员达 60 名，主要来自北京地区。大会每季度举办一次，且其主题每届不同，内容从销售市场展望到智能车联网新技术发展，始终紧贴时代变化（见表 5.4–2）。2016 年 10 月 14 日第二十一次研究会讨论“新阶段中国新能源汽车产业发展战略思考，美好未来源于智能驾驶——大陆汽车驾驶辅助系统介绍”，有来自全国各地近 100 名人士参加（主办方对参会人数有限制）。

表 5.4–2　FOURIN 世界汽车研究会历届情况

时间	届数	会议主题
2011.10.21	1	2011 年汽车销售推移与预测，世界商用车产业 2020 年展望
2012.1.6	2	汽车产能过剩危机及影响，中南美汽车产业现状与今后市场
2012.4.6	3	2020 年中国汽车销量展望（研讨小组），印度、亚洲汽车产业现状与今后市场
2012.7.6	4	中国新能源汽车的未来展望，俄罗斯汽车产业现状及入世后市场

续表

时间	届数	会议主题
2012.10.12	5	汽车再制造为重点·循环经济研究，南非汽车产业现状与未来发展
2013.1.11	6	中国的汽车技术实力和今后的技术合作，欧洲汽车产业现状与未来展望
2013.4.12	7	汽车涡轮增压器技术对传统内燃机汽车的影响，中东、非洲汽车市场
2013.7.5	8	2013 年中国汽车市场分析预测，中日电动汽车发展的比较与分析
2013.10.12	9	对中国新能源汽车普及的展望，中国汽车产业的新兴国家战略
2014.1.10	10	自动变速器技术国内外发展现状和趋势，日本汽车厂商的平台及模块化战略
2014.4.4	11	迈入稳定增长期后自主品牌强化实力的策略，城市汽车交通治理与“东京模式”
2014.7.4	12	2014 年汽车市场与预测，中国汽车企业海外发展战略
2014.10.10	13	内燃机再制造产业发展综述，日本主要汽车制造商的电动车战略
2015.1.9	14	中国汽车产业的现状，电装致力于 Stage4 油耗法规的对策
2015.4.10	15	车联网、汽车智能化技术现状及发展趋势，燃料电池汽车关键技术及产业化动向
2015.7.10	16	政府新能源汽车政策走向及合资厂商应对策略，中日经济依存关系
2015.10.9	17	第五阶段限制废气排放（汽油、柴油机）的应对技术，新能源汽车的发展趋势
2016.1.8	18	2016 年中国汽车市场展望，新能源零部件市场的现状及发展趋势
2016.4.8	19	乐视生态怎样进入汽车领域，智能车联网发展展望
2016.7.8	20	“十三五”期间的产业发展趋势，日系汽车制造商在印度、东南亚的成功秘诀
2016.10.14	21	新阶段中国新能源汽车产业发展战略思考，美好未来源于智能驾驶——大陆汽车驾驶辅助系统介绍

（三）会议现场布局

会议现场布局图有两类：一是所有会场的布局图，二是具体某个会议室的内部布局图。所有会场的布局图都向参会者告知了具体会议室的地点和周围环境设施。具体某个会议室的内部布局涉及参会者的座位安排和室内设施，一般采用教室型和剧院型布局，极少使用圆桌型布局。前者适用于参会人数较多、不需深入讨论的情况，后者适用于参会人数较少、需要深入讨论的情况。

（四）会议与其他会展活动

类似在大型展览开展期间主办方也会举行各种会议一样，在会议召开期间主办方也常安排小型展览。如由上海优势商务咨询有限公司和中国汽车会议网主办的“2010 年全国汽车轻量化技术国际研讨会”的现场就有小型展览，参会企业花费 1500 元就可以拥有一个展台。此外，管理者为搞好会议服务，在正式会议召开前后还会召开针对工作人员的会前会议和会后会议。

一些会议活动经常附带其他形式的会展活动。这些辅助活动要符合会议参与者的年龄、性别和兴趣，符合会议的主题，但不能弱化会议的地位。2015 年“全球清洁汽车峰会（GCVS）”是首个以“清洁汽车”为主题的专业性国际会议，是能源与交通创新中心联合中、美、以相关政府部门、国际智库和产业协会等合力打造的第三次汽车工业革命“清洁化”与“智能化”的高层次对话平台，旨在推动国际间技术合作、先进政策与市场经验交流、促进中国产业生态形成和可持续发展。本次峰会在中国常州武进三叶草会展中心举行，会议有高峰论坛、投融资论坛、中国绿车排行榜颁奖晚宴、国际创新技术发布和推介会、清洁汽车及零部件展示和清洁汽车试驾等六大精彩主题活动，来自全球的政商学界领军人物和企业代表共400余人受邀参会。

创建于1889年的米其林（Michelin）公司是全球轮胎行业的领导者，总部位于克莱蒙费朗，在全球拥有雇员约11万人，在五大洲设有72家生产工厂，每年生产1.5亿条轮胎，行销全球170多个国家。由其主办的米其林必比登挑战赛更是一场集峰会、展览、交流与体验为一体的大型盛会。2014年，在成都举办的米其林必比登挑战赛分为“MCB核心活动”“边会”“体验活动”以及企业展台。开（闭）幕式、“TED城市2.0沙龙”以及“领导者论坛”等会议均属于“MCB核心活动”，内容涉及如何使未来密集城市更健康、可持续性地发展，确立二氧化碳减排目标并采用新型经济措施和有针对性的公共政策等。而边会的讨论内容更为广泛，包括旅游业和可持续交通、中法电动交通合作、今日赛车与明日交通以及中国的城市交通远景等内容。除了自动驾驶车辆、新能源汽车外，现场还拥有诸如最新轮胎自修复技术、刹车预警等技术的体验活动。企业展台展示汇集了众多国内外知名厂家及高新科技品牌，包括米其林、中国外运股份有限公司、柯尼卡美能达、戴姆勒、道达尔以及里基尔－易麦等公司，向大众展示了旗下最新的道路交通方面的技术和解决方案等信息。

第5节　汽车产业会议营销和品牌管理

（一）会议营销

汽车类会议属于行业类会议。会议主办方应当通过自己的官方网站和专业会议网站、电话营销、专业杂志营销、电子邮件、广告、部门通知等渠道向有意愿的参会者传达会议名称、会议背景介绍、会议主题、组织单位、召开时间和地点、联系人、收费标准、参会注意事项等内容。美国会展活动营销专家霍伊尔（2003）建议大会更多地使用互联网营销。目前国内会议网站的内容和界面都比以前有了较大改观，但在信息的延续性和全面性方面还需改进。

除了向参会者做好营销工作外，主办方还应当考虑广告商、赞助商的营销宣传工作，特别是世界知名大汽车制造商、销售商和汽车研发机构。事实上，一些具有挑战精神和进取精神的汽车制造厂商也非常愿意参与或赞助各类会议的举办。东风英菲尼迪汽车有限公司就是一个很好的案例。

英菲尼迪（Infiniti）于1989年诞生于北美地区，属日本日产汽车公司海外销售部门。凭借独特前卫的设计、出色的产品性能和贴心的客户服务，英菲尼迪汽车迅速成为全球豪华汽车市场中最重要的品牌之一。2007年，英菲尼迪正式登陆中国。2014年9月，由东风汽车公司和日产汽车公司按“50：50”股比设立的东风英菲尼迪汽车有限公司。2014年11月，首款国产车型Q50L上市；2015年3月，第二款国产车型QX50上市。目前，中国已成为英菲尼迪继北美之后的全球第二大市场。英菲尼迪致力于成为主流豪华汽车品牌阵营的重要一员。为了实现这一愿景，英菲尼迪公司以品牌建设为重点，近年来参与支持了多个国内会议论坛，大大提高了该品牌在行业内的知名度。

亚太经济合作组织（APEC）工商领导人峰会是“APEC领导人周”期间的重要活动，是亚太地区最具影响力的工商界会议。每届峰会都会邀请10多位APEC经济体领导人出席并发表演讲或参与对话讨论，已成为亚太及周边地区领导人和商界领袖最高级别的对话交流平台。中国国家主席出席了历届峰会并发表重要演讲。东风英菲尼迪公司成为APEC“中国2014年工商领导人峰会”唯一豪华汽车品牌赞助商。东风英菲尼迪汽车有限公司总经理戴雷博士作为汽车行业唯一受邀发言代表出席了本届峰会并参与其讨论环节。

“中国发展高层论坛”于2000年由国务院发展研究中心设立，并由其主办，迄今为止已连续举办了15届，已成为中国政府高层与国际商界、学术界相互交流沟通的重要平台。每年3月两会闭幕后的一周，论坛在北京钓鱼台国宾馆召开年会。2015年3月，东风英菲尼迪公司成为中国发展高层论坛2015年会的唯一会议用车提供方。英菲尼迪公司全球总裁罗兰·克鲁格先生作为豪华汽车行业唯一受邀发言代表出席此次论坛，并发表主旨演讲。

“未来论坛”是一个民办非企业性质的公益组织。该论坛最初由一批极具影响力的互联网界、投资界、科学界、教育界领袖共同发起，旨在用科学系统化的方法，在传播科学思想、人文精神的同时，推动启蒙的浪潮，用科学的维度、理性的维度探索未来。未来论坛每月举办一期科普性质的“理解未来”讲座，每季度举办一次“闭门耕”研讨会议，每年举办一次盛大的“未来年会”。2015年1月，东风英菲尼迪公司正式宣布成为未来论坛战略合作伙伴，双方将在未来论坛创立大会及“理解未来”系列讲座中展开深入合作，共同普及科学思想，促进创新交流，倡导未来思维。

（二）会议价格的确定

会议主办方的收入来源有：会务费、广告费、赞助费、现场商品销售收入等。会务费又称为“注册费”“参会费”，往往是主办方（或承办方）的主要收入来源。会务费通常包含参会者会议现场费用、资料费，可能包含会议期间的餐费，一般不包括参会者的旅游费用、住宿费和交通费用。为了吸引更多的参会者，会务费实行差别定价法，具体收费支出内容在会议通知中也会详细说明。如2016年第二届可持续汽车工程国际会议（ICSAE）针对不同类型的参会者，其会务费标准也会有所差异（见表5.5-1）。主办方向提交论文的参会者收取的会务费支出范围包括：参与技术项目、2016年7月7日的午餐、徽章、会议袋、会议文件、茶歇、欢迎招待会和2016年7月7日的晚餐；主办方向听众参会者收取的会务费支出范围包括：参与技术项目、2016年7月7日的午餐、徽章、会议袋、茶歇、欢迎招待会和2016年7月7日的晚餐。而FOURIN世界汽车研究会对注册会员和新入会员实行免费，当日参会的非会员将收取1200元（可在会场当日付款）。

表5.5-1　第二届可持续汽车工程国际会议注册费标准

参会者	注册费（美元）	参会者	注册费（美元）
作者	480	附加页	60（1页）
作者（学生）	450	额外处理	80
听众	250	一日游	80
演讲者	300	7月9日的培训（非作者）	250
被邀请的发言人	免费	7月9日的培训（作者）	150
附带论文	350		

注：此处作者是指提交将由会议或期刊出版的论文的参会者，演讲者是指仅在会议上发表演讲而不提交论文的参会者，听众是指既不提交论文，也不演讲的参会者。

参会者登记参会的时间越早，会务费可以适当减少。如宝马集团在2016年11月9日～10日召开的“2016年汽车峰会”规定：2016年8月5日以前注册的为2099欧元，2016年9月2日以前注册的为2199欧元，2016年10月7日以前注册的为2299欧元，2016年10月8日以后注册的为2399欧元。2015年中国汽车工程学会年会暨展览会参会费更是按不同参会者的不同登记时间而有所不同，如表5.5-2所示。

表 5.5-2　2015 年中国汽车工程学会年会暨展览会参会费

	9 月 19 日前交费（元）	10 月 19 日前交费（元）	现场交费（元）
普通代表	2500	3000	3500
论文作者、评审专家	1400	1680	1960
会员代表	1500	1800	2100
学生（仅限本科、硕士，不含博士）	800	1000	1200
仅参加一天会议	1600	2000	2400
技术参观	50		
技术展览	免费		

（三）会议品牌管理

汽车产业会议品牌可以从知名度、美誉度和忠诚度三个方面来衡量。知名度可用参会者总人数、国外参会者比例、参会者国家数和举办届数衡量，美誉度可用参会者满意度、级别以上参会者所占比例衡量，忠诚度可用重复参会的参会者比例来衡量（贾岷江，2016）。

这里特别强调“级别以上参会者所占比例”指标。主持人、演讲嘉宾和参会者具有权威性，对做好台上与台下的互动，提升会议效果极为关键。宝马集团主办的 2016 年汽车峰会，可见面的汽车界高管有：德国大众汽车公司的马蒂亚斯·穆勒，宝马集团的哈拉尔德·克鲁格、戴姆勒股份公司的蔡澈博士、亨宁·贝克博士（神经生物学家，科学大满贯冠军）、罗尔夫·布兰德博士（工商业交通规划部门主席，罗伯特·博世有限公司员工）、弗里德里希·艾启乐博士（宝马汽车公司财务管理董事会成员）、克劳斯·弗罗利希（宝马汽车公司开发管理委员会成员）、彼得·朱（高级顾问，EY 汽车合伙人）、克里斯托夫·格罗特博士（宝马集团电子产品部高级副总裁）等 20 位知名人士。从这些参会人员来看，该峰会“非同凡响”，对参会者的价值非常大。

从会议推动技术创新和产品营销的功能来看，国际会议要比国内会议效果好。许多会展行业协会、管理机构从参会者总人数、参会者来源国家数和国外参会者比例三个方面来认定国际会议。此外，一些国内会议的主办方偏向于用国内外媒体家数、记者数和新闻报道次数来衡量会议的社会影响。这只能说是会议的广告效果较好，但尚不能确定参会者是否达到参会目标。因此，会议的品牌指标还必须考虑参会者的满意度和忠诚度指标。

参会者对会议的满意度和忠诚度与服务质量正相关。我国会展市场的供应方具有“多元化”特点。会展活动的主办、管理和服务单位可以是法人，也可以为自然人（一般较少）。法人包括机关法人、事业单位法人、社团法人和企业法人四种类型。这些法人单位可能来自各行业的企业或管理部门，并不一定都是会展业中的专业企业。会议活动应当由实际主办方组织，场馆方参与，承办方、协办方、支持单位、专业会议组织者、目的地管理公司协助。除会议的实际主办方外，其他参与单位具有临时性的特点。这种临时性的“联合体”固然有利于充分利用各方资源，但可能存在管理协调性差、相互推诿以及机会主义行为等问题。

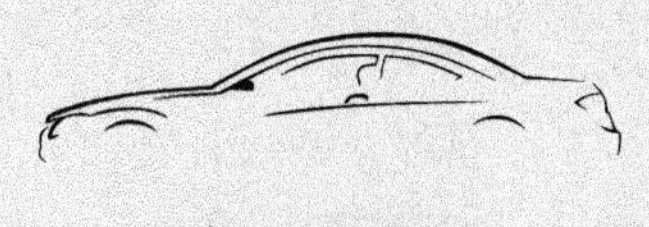

第六章

汽车产业赛事的管理要点

第 1 节 汽车产业赛事的组织者

全世界汽车产业赛事的主要组织者有协会、企业和私人。鉴于赛车运动是一项“烧钱”的运动，国内专业协会组织的汽车产业赛事最多，其次是企业（特别是汽车运动场馆经营者），而私人组织的汽车产业赛事较少。而在国外，许多赛事是以公司来组织运营的。政府部门一般不作为赛事活动的主办方，但可能作为支持方参与赛事。汽车产业赛事主办方的主要收入来源有：电视转播收入、门票收入、广告收入、赞助商赞助的财物，以及赛事吉祥物等相关商品的销售收入。

中国汽车摩托车运动联合会（CAMF，简称“中国汽联”）是在民政部注册的全国性汽车、摩托车运动社团组织，是代表中国参加国际汽车和摩托车运动的唯一合法组织。其前身是中国汽车运动联合会和中国摩托运动协会，分别成立于 1994 年和 1979 年。按照《全国汽车运动管理规定》，国家体育总局是全国汽车运动的业务主管部门，中国汽车运动联合会实施全国汽车比赛或活动的具体管理，实行统一指导和监督。凡要求开展新的汽车运动项目，其运动规程、规则和计划须报中国汽联，经国家体育总局批准后方可举办。国际性比赛必须经中国汽联报国家体育总局批准后转报国际汽车联合会（简称“国际汽联”），经国际汽联批准后列入中国汽联和国际汽联年度赛历。全国性（含港澳台地区车手参赛的）、跨省级行政区域的汽车比赛或活动必须向中国汽联提出申请，经国家体育总局批准后列入中国汽联年度赛历。2016 年，中国汽联共主办、批准国内汽车比赛 15 项，国际汽车比赛 14 项。如表 6.1–1 所示。

表 6.1-1　2016 年中国汽联竞赛计划（国际比赛）

竞赛名称	阶　段	比赛时间	比赛地点	运动员人数
世界汽车拉力锦标赛中国站		9 月	北京怀柔	300
亚太汽车拉力锦标赛中国站		6 月	甘肃张掖	200
中国汽车拉力锦标赛	第 1 站	5 月	河南登封	200
	第 2 站	6 月	甘肃张掖	200
	第 3 站	9 月	北京怀柔	200
	第 4 站	11 月	浙江武义	200
	第 5 站	11 月	浙江龙游	200
	第 6 站	12 月	黑龙江鸡西	200
	备选站		湖南郴州	200
中国汽车越野锦标赛	第 1 站（两极站）	1 月	黑龙江	200
	第 2 站（环塔站）	6 月	新疆	500
	第 3 站（中国越野拉力赛）	7 月	陕西、内蒙古、宁夏、甘肃、新疆	500
丝绸之路拉力赛		7 月 8 日 ~ 24 日	俄罗斯、哈萨克斯坦、中国	500
第十一届 428 青藏高原拉力赛暨中国 – 尼泊尔国际汽车集结赛		8 ~ 9 月	青海、西藏、尼泊尔	200
中国大脚怪卡车表演赛		4 月 15 日 ~ 17 日	浙江义乌	200
中国国际老式汽车集结赛暨第二届香港 – 北京拉力赛纪念行		9 月	香港、广东、福建、浙江、上海、江苏、山东、河北、天津、北京	200
一级方程式世界锦标赛	中国站	4 月 17 日	上海国际赛车场	200
世界房车锦标赛	中国站	9 月 25 日	上海国际赛车场	200
世界汽车耐力锦标赛	中国站	11 月 6 日	上海国际赛车场	200
电动方程式锦标赛	中国站	10 月 15 日	北京	200
印地 600 城市道路赛	中国站	10 月 22 日	北京	200
中国 – 东盟国际汽车拉力赛		9 月 5 日 ~ 29 日	广西南宁	100

国际汽联（FIA）仅仅是作为赛事的管理者和规则制定者，不直接插手经营运作，而是交给公司运作。英国人埃克莱斯顿从20世纪80年代起一直掌握着全球F1比赛的商业经营权。通常直接参与F1大赛经营活动的组织大致有四类：埃克莱斯顿旗下的F1管理公司（FOM）、参赛车队、赛车场和赞助商。FOM获得F1经营收入的大部分。这些收入主要来源于电视转播合同。各赛车场为了取得承办资格还需要向埃克莱斯顿上交费用。FOM下属的一些小企业也包揽了有关F1的边缘业务。参赛车队通过自身的品牌效应和战绩吸引更多的赞助商，赞助资金主要用于参赛开支和赛车研发。赛车场的经营收入来源于承办各种赛事、吸引场地广告、销售门票和出售比赛冠名权。

英国国际汽车运动有限公司（IMS）是该国汽车运动协会（MSA）[1]的全资子公司，是联合王国汽车运动的主要组织者，负责组织和推广一些英国主要的汽车运动，包括英国F1大奖赛、世界拉力锦标赛中的英国德音绪耳·威尔士拉力赛（Dayinsure Wales Rally GB），以及整个百事通英国拉力锦标赛（Prestone MSA British Rally Championship）。后者是汽车运动的国家管理机构，主要负责运动管理以及控制各专业的技术和运动规则，也不插手汽车运动的具体经营活动。

国际汽车工程师学会（SAE International）的主办机构——SAE基金会支持“学院设计系列赛”。SAE方程式大赛、SAE迷你越野车赛和SAE清洁雪上汽车挑战赛是SAE竞赛的代表。一旦学生参加“大学级工程计划”，SAE将开展12个不同的学院设计竞赛，在竞争的环境中让学生设计、构造和测试真实车辆的性能，从而将课堂培训与实践相结合。SAE学院设计竞赛从世界六大洲的500多所大学中选取4500名学生参加。

美国古董车运动协会（HMSA）是美国最受尊敬的古董车竞赛组织之一。协会成立于1977年，在北美作为首次举办古董车竞赛活动的裁判机

[1] 英文全称分别为International Motor Sports Ltd和the Motor Sports Association。

构。它是美国唯一要求古董车首次参赛时间准确的组织，曾组织了超过 250 场世界上最好的古董车比赛。这些比赛按发动机大小、车型和年龄分类进行。在相同配置下，比赛车辆多数情况下按其当时最辉煌的身份出现。协会活动中的汽车包括 1966 年以来生产的汽车、1984 年以来专门为方程式和运动比赛制造的汽车。协会成员拥有、修复、保存了世界上历史最悠久的、有价值的运动和竞赛汽车。

美国古董运动汽车竞赛有限公司（Historic Sportscar Racing）成立于 19 世纪 70 年代中期，目的是颂扬过去的赛车。公司为参赛者和观众提供了分享精彩历史和全世界赛道上竞赛车辆所创造的激情场所。公司组织和促进古董运动汽车的竞赛活动。车手、工作人员和观众共享经典赛事带来的激情和令人难忘的汽车运动活动。以公司为代表的古董车赛事在美国和欧洲是汽车运动增长最快的部分。汽车通常根据发动机大小和汽车年代分组比赛。公司大型活动能吸引 300 名选手和多达 4 万名观众。2016 年该公司就组织了 8 场活动。

20 世纪中期，美国人比尔·佛朗斯建立了“全国赛车冠军联盟（NCSCC）”，在此基础上又建立了全美汽车比赛协会（NASCAR）——一个超越所有车手、车队所有者和赞助商之上的管理机构。NASCAR 现已成为汽车运动中最杰出的普通型汽车赛组织。2003 年，比尔·佛朗斯的孙子比瑞恩·佛朗斯成立公司，并担任首席执行官。公司管理的三大系列赛事为：Sprint Cup，Xfinity 和 Camping World Truck；监管的赛事还有 NASCAR Local Racing，Whelen Modified Tour，Whelen All-American Series 和 NASCAR iRacing.com Series。NASCAR 对参赛车辆做出了严格要求，并制定了一套严格的检查制度，甚至包括车手的体重，体重在 200 磅以下的车手必须在赛车上额外载重 10~15 磅，40 多辆赛车中，谁都有可能成为冠军。比赛充斥着层出不穷的超车镜头，非常刺激。

汽车制造商不仅是各类汽车产业赛事的重要参赛者、赞助者，也是该类活动的主办者。40 多年来，大众汽车不仅塑造了如今的德国房车赛事，同时也深刻影响了全球赛车领域。自 1976 年举办首届“尚酷杯”这一单一品牌车赛后，大众汽车又陆续打造了“Golf 杯”和“Lupo/Polo 杯”赛事。无数优秀车手从这些赛事中脱颖而出，参与更高水平的系列赛事。大众汽车赛车运动部曾在 F3 赛事中多次获得冠军，并在 80 年代的世界拉力锦标赛中夺得桂冠，凭借 GT24 赛车赢得了 2008 年 24 小时耐力赛的双料冠军，这都是大众汽车赛车史上的里程碑。2009 年，大众汽车凭借“途锐”赛车在著名的达喀尔拉力赛和巴西 Dos Sertoes 拉力比赛中连夺双冠。2009 年德国纽博格林 24 小时耐力赛见证了大众汽车赛车技术的巨大进步。大众汽车在此次赛事的“替代燃料”组别中获胜，证明了量产车技术同样适用于赛车。凭借这些成功经验，大众汽车满怀信心地在中国成功举办了“尚酷 R 杯”及“Polo 杯”挑战赛。时至今日，两项赛事已发展成中国知名的单一汽车品牌杯赛，并为中国本土的年轻赛手提高赛车运动的技能搭建了非常重要的平台。通过举办赛车运动，大众汽车希望能在中国和全世界弘扬赛车文化，使之深入人心、发扬光大。

教育部门中的企事业单位也是汽车产业赛事的组织者之一。为提高汽车维修专业学生的技术能力，中锐教育集团每年举办“华汽杯”汽车专业技能竞赛。2011 年在江西南昌举办“华汽杯”全国汽车维修技能大赛，同时举行江西现代职业技术学院汽车维修技能邀请赛。该赛至今已举办五届。2014 年，全国职业院校技能大赛中职组“北京现代”杯汽车营销大赛在常熟中等专业学校举行，来自全国 33 个地区 58 支代表队的 116 名学生选手参加了大赛。大赛分汽车营销基本流程操作、汽车营销基础知识问答、整车销售常见问题处理、服务接待综合技能模拟等四个模块。这是全国职业院校技能大赛首次在江苏举行，汽车营销技能赛被首次纳入全国职业院校技能大赛项目。2011 年 6 月，由教育部、交通运输部、天津市人民政府联合主办，丰田汽车（中国）投资有限公司、一汽丰田汽车销售有限公司、广汽丰田汽车有限公司协办的“2011 年‘丰田杯’全国中等职业学校汽车运用与维修技能大赛”在天津举行，共吸引了来自全国 37 个省、自治区、直辖市的中等职业学校的汽车运用与维修专业学生共计 413 人参加，丰田（中国）、一汽丰田、广汽丰田为比赛提供了 240 万元的资金支持。该项赛事是目前全国规模最大、影响最广泛的汽车运用与维修职业技能比赛，上述三家丰田在华企业自2007年开始，连续5年总计提供了折合人民币约1000万元的资金支持和教具。

第2节　汽车产业赛事地点的选择

（一）汽车赛事举办地点的选择

世界知名汽车赛事仍然集中于汽车产业历史悠久的欧洲发达国家。2016年，国际汽联公布的汽车赛事中的大部分集中在欧洲，项数超过10个的国家有：意大利（42项）、德国（32项）、法国（29项）、英国（24项）、西班牙（24项）、比利时（17项）、捷克（14项）、葡萄牙（13项）。其他各大洲汽车赛事项目数较多的国家为：北美洲的墨西哥（6项）、南美洲的阿根廷（5项）、大洋洲的澳大利亚（4项）、非洲的摩洛哥（3项）、亚洲的日本（6项）和中国（5项）。如图6.2-1所示。

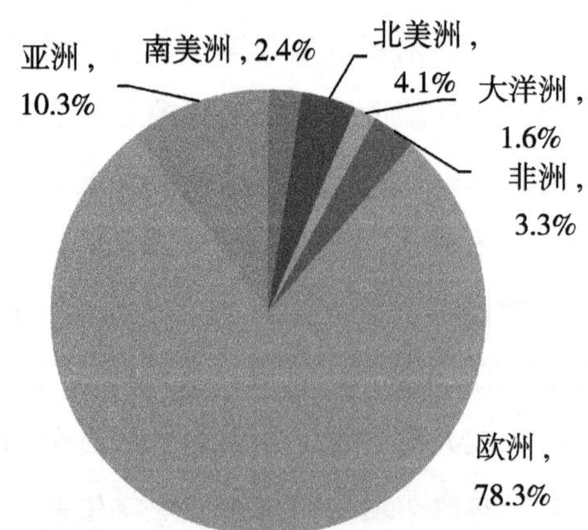

图6.2-1　2016年各大洲汽车赛事所占比例

注：数据来源于国际汽联。

尽管国际汽联公布的美国汽车赛事并不多，但该国的汽车赛事相当发达。据“运动汽车文摘（sportscardigest）”网站报道，2016 年美国举办的老爷车赛事数量最多，其次是澳大利亚、英国、法国和意大利。如图 6.2-2 所示。

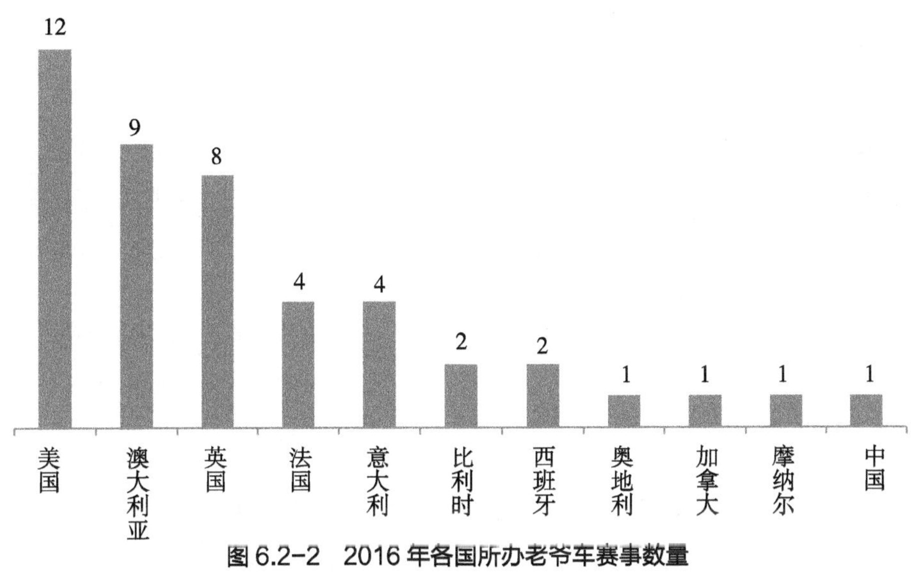

图 6.2-2　2016 年各国所办老爷车赛事数量

注：数据来源于网络。

世界性的赛车运动也经常选择在少数经济较为落后的发展中国家举行，特别是一些非场地赛事活动，如非洲的摩洛哥、亚洲的巴林。一些国际赛事活动的场地也并非是固定的，经常在各国之间轮流进行。如 F1 赛车的一个锦标赛代表一个年份的赛季，而每一个赛季中又包含了分布于世界各地的 20 多个站，称为“大奖赛（GP）”（见表 6.2-1）。各站赛程都在 300 千米左右，车手要在两小时内绕赛场跑 40 ~ 80 圈，但各赛场环形跑道的形状和距离都不相同。

表 6.2–1　2016 年 F1 赛程日历

日期	国家	场地	日期	国家	场地
3 月 20 日	澳大利亚	阿尔伯特公园赛道	7 月 31 日	德国	霍根海姆赛道
4 月 3 日	巴林	巴林国际赛车场	8 月 28 日	比利时	斯帕赛道
4 月 17 日	中国	上海国际赛道	9 月 4 日	意大利	蒙扎赛道
5 月 1 日	俄罗斯	索契国际赛道	9 月 18 日	新加坡	新加坡城市赛道
5 月 15 日	西班牙	加泰罗尼亚赛道	10 月 2 日	马来西亚	雪邦赛道
5 月 29 日	摩纳哥	蒙特卡洛赛道	10 月 9 日	日本	铃鹿赛道
6 月 13 日	加拿大	吉尔 – 维伦纽夫赛道	10 月 23 日	美国	美利坚赛道
6 月 19 日	阿塞拜疆	巴库赛道	10 月 30 日	墨西哥	罗德里格斯赛道
7 月 3 日	奥地利	红牛环赛道	11 月 13 日	巴西	英特拉格斯赛道
7 月 10 日	英国	银石赛道	11 月 27 日	阿联酋	亚斯码头赛道
7 月 24 日	匈牙利	亨格罗宁赛道			

注：资料来源于网络。

长三角地区和珠三角地区是国内经济相对发达的地区，汽车制造业发达，私家车拥有量全国领先，汽车运动的发展具有雄厚的经济实力和广泛的群众基础。由于汽车产业赛事能拉动当地汽车、旅游等产业的发展，政府成为该地区汽车运动开展的积极主导者。近年来，国内建成使用的汽车赛道有：北京金港赛车场、上海天马赛车场、广东国际赛车场、成都国际赛车场、鄂尔多斯赛车场、珠海赛车场和上海奥迪国际赛车场、广州宜车城遥控车赛道等，这些赛道也主要分布于长三角和珠三角地区。如表 6.2–2 所示。

表 6.2-2　2016 年中国汽联计划的汽车赛事在各省 / 自治区 / 直辖市的场数

<table>
<tr><th>地区</th><th>省 / 直辖市</th><th>数量</th><th>地区</th><th>省 / 直辖市</th><th>数量</th><th>地区</th><th>省 / 直辖市</th><th>数量</th></tr>
<tr><td rowspan="7">华东地区</td><td>上海</td><td>20</td><td rowspan="4">东北地区</td><td>辽宁</td><td></td><td rowspan="6">西南地区</td><td>云南</td><td>1</td></tr>
<tr><td>浙江</td><td>8</td><td>吉林</td><td>1</td><td>四川</td><td>8</td></tr>
<tr><td>江苏</td><td>4</td><td>黑龙江</td><td>5</td><td>重庆</td><td>1</td></tr>
<tr><td>安徽</td><td></td><td>合计</td><td>6</td><td>贵州</td><td>2</td></tr>
<tr><td>山东</td><td>1</td><td rowspan="5">华中地区</td><td>湖南</td><td>3</td><td>西藏</td><td>2</td></tr>
<tr><td>福建</td><td>3</td><td>湖北</td><td>3</td><td>合计</td><td>14</td></tr>
<tr><td>合计</td><td>36</td><td>河南</td><td>2</td><td rowspan="7">西北地区</td><td>陕西</td><td>2</td></tr>
<tr><td rowspan="6">华北地区</td><td>北京</td><td>14</td><td>江西</td><td></td><td>甘肃</td><td>6</td></tr>
<tr><td>河北</td><td>1</td><td>合计</td><td>8</td><td>宁夏</td><td>2</td></tr>
<tr><td>天津</td><td>3</td><td rowspan="4">华南地区</td><td>广东</td><td>17</td><td>新疆</td><td>5</td></tr>
<tr><td>山西</td><td>1</td><td>广西</td><td>2</td><td>青海</td><td>2</td></tr>
<tr><td>内蒙古</td><td>4</td><td>海南</td><td></td><td rowspan="2">合计</td><td rowspan="2">17</td></tr>
<tr><td>合计</td><td>23</td><td>合计</td><td>19</td></tr>
</table>

注：根据 2016 年中国汽车摩托车运动联合会竞赛计划整理。

最早的赛车运动是在城市之间的公路上进行的，相比于专业赛道有较大的危险性。加州卵石湾公路赛（Pebble Beach Road Race）是由美国运动车俱乐部在 1950 年首次举办的封闭式汽车公路比赛，1956 年因一名车手的丧命而停止。此后，国际汽车联合会不得不制定规则，以保证车手及观众的安全。可以说，专业赛道的建设是汽车赛事安全化、市场化和国际化的前提条件。汽车赛事噪音大、空气污染严重、参与人员和车辆众多。因此，汽车赛事场馆一般要求远离市中心，周围环境优美，通往场馆的交通便利，赛道富有特色。

目前仍有一些汽车赛事在公路，甚至野外进行。世界越野锦标赛（WRC）是一项由国际汽联（FIA）组织的，全世界范围内级别最高的拉力赛事。第一场赛事于 1973 年举行。所有参赛车辆都是以市售量产车为基础研发改装而成，赛道都是由各主办国提供国内的公路所组成，有各种临时封闭后的普通道路，包括山区和丘陵的盘山公路、沙石路、泥泞路、冰雪路等，也有无法封闭的沙漠、戈壁、草原等全球各地最具代表性的险恶地段，如芬兰的冰天雪地、阿根廷的恶劣山路、西班牙的高速道路、新西兰的草原和非洲肯尼亚的原野。参赛车辆必须严格按照比赛规定的行驶路线，在规定的时间内，到达分站点并在规定时间内完成汽车的维修检测。复杂的地形和漫长的赛程不仅考验车手的技能和经验，还要考验领航员的配合、车辆的性能以及维修的力量。

生产技能竞赛、汽车设计比赛和文化艺术类赛事的举办城市和场地选择与整车运动赛事存在较大差异。一是选择范围广，许多城市和场馆都可以举办非整车运动赛事。二是参与者规模和比赛场地面积通常较小，通常在室内场馆进行。三是举办城市和场地的设施以“人”为中心，而不是以“车”为中心。

（二）世界著名汽车运动赛道

世界上建设时间较早并且全球知名的赛道有：法国萨尔特省的勒芒赛道（13.88 千米，1906 年建成）、美国印第安纳州的印第安纳波利斯赛道（4.19 千米，1909 年建成）、美国犹他州的巴纳威亚盐滩赛道（16.09 千米，1912 年建成）、德国埃菲尔的纽博格林赛道（22.81 千米，1927 年建成）、摩纳哥的蒙特卡洛赛道（3.34 千米，1929 年建成）、英国英格兰的银石赛道（5.14 千米，1948 年建成）、美国佛罗里达州的赛百灵国际赛道（6.02 千米，1950 年建成）、美国加利福尼亚州的索诺玛赛道（4.06 千米，1968 年建成）、加拿大魁北克省的维伦纽夫赛道（4.36 千米，1979 年建成）和中国上海奥迪国际赛车场（7 千米，2004 年建成）等。其中，乡村公路组成的勒芒赛道、高速驾驶的印第安纳波利斯椭圆赛道、最具代表性的纽博格林赛道和摩纳哥的街道赛道是世界上最著名的四大赛道，“只有最伟大的车手才能征服这四大赛道”。

勒芒是法国萨尔特河畔的一座城市，位于法国西北部，是萨尔特省的首府。著名的勒芒赛道（Le Mans）坐落于勒芒市以南5千米，巴黎西南部200千米的地方。1905年，勒芒城进行了世界上第一场汽车大奖赛——法国汽车俱乐部大奖赛。1923年，法国赛车界元老级人物杜杭与赛车记者法胡、赛车制造商科基三人创办首届勒芒24小时耐力赛（法文为“24 HEURES DU MANS”），到2017年已经举办了85届（1936年、1940~1948年未举行）。一般耐力赛的总行程仅有500~1000千米，而勒芒24小时耐力赛的总行程达到5000千米。勒芒24小时耐力赛在世界公众的影响力仅次于一级方程式锦标赛。它是汽车制造商检测汽车性能和可靠性的最理想环境。这里还举行有一系列其他赛事，包括国际汽联F3000锦标赛、法国房车锦标赛以及国际汽联GT锦标赛。赛道周围可以容纳10万名观众。

美国的印第安纳波利斯赛道（Indianapolis Motor Speedway）位于距离印第安纳波利斯市中心10千米的西部地区，建于1909年。最初由320万块红砖铺成，因此又名“砖场”。1961年，赛道改为柏油路面，但在终点线附近还留有一条砖道。场内永久座位有235 000个，座位总数可达40万个，是世界上容量最大的运动场馆。每年在该赛道举行的赛事有：印第安纳波利斯500英里大赛（简称“印地500”）、砖厂400赛、美国一级方程式大奖赛、摩托车大奖赛等。

纽博格林赛道（N ü rburgring）位于德国与比利时边界的德国纽伦堡郊区，有15万个座位，是世界上最大的赛车场。整个赛道由19世纪20年代建造的北环赛道和1984年建造的大奖赛赛道组成。旧的北环赛道原本是德国大奖赛的举办地。现在的北环赛道有20.8千米长，左弯88个，右弯84个，横贯在山林丘陵之间，最低点到最高点差距300多米，被人戏称为“绿色地狱”。目前在该赛道举行的赛事有：德国大奖赛、欧洲大奖赛等。直到现在，包含奥迪在内的各大品牌汽车制造厂商生产的整车、知名配件厂商生产的每款避震器都需要经过这条赛道实车测试后才可以上市。在这条赛道跑完一圈所需时间仍被作为汽车性能测试的基准。

摩纳哥赛道（Monaco Circuit）是蒙特卡洛城市街道中的赛道，位于法国南部的欧洲城邦国家摩纳哥公国内，通常也被称为蒙特卡洛赛道。该赛道仅在每年五月的一个周末使用。赛道搭建花费6个星期，拆除花费3个星期。赛道非常狭窄，高低落差大，弯道急，是全世界事故最频发的赛车场之一。除了最著名的一级方程式摩纳哥大奖赛（被称为F1“王冠上的明珠”）之外，这里也举行F2、F3000和GP2赛事。

上海奥迪国际赛车场（原名“上海国际赛车场”）是上海国际汽车城的重要组成部分，是世界上最大的F1赛车场。赛车场位于安亭镇东北7千米处，由2.5平方千米赛车场与2.8平方千米综合配套区两块区域组成，总占地面积约为5.3平方千米。赛车场区域主要包括赛道、赛场指挥中心、医疗急救中心、新闻中心、安检中心、赛车改装中心、赛车维修区、看台设施、赛车防护设施、直升机停机坪、燃油供应站、油库、赛车学校、停车场等设施。综合配套区集休闲度假、会展文化、商业办公、高档住宅等多种功能为一体。目前，航模竞技场、博尔地高尔夫球场、事顺马术体育中心、娱乐跳伞风洞、ATV越野赛道以及2013年开工建设的全球第三家、亚洲第一家保时捷驾驶体验中心等各种高端娱乐休闲设施（项目）已相继落户该区域。赛车场赛道总长度7千米左右（包括备用赛道长度），由一级方程式（F1）赛道和其他类型赛道组成。一级方程式赛道单圈长度为5.451千米，具有7处左转弯道及9处右转弯道，平均时速205千米，最长的直道长度为1175米。赛道的宽度为12～18米，一般为14米，在弯道处加宽到最大20米（弯道T14/T15）。赛车场设计看台规模约20万人，其中带顶篷的固定看台约有5万个座位，其余为“坡型”露天看台。赛车场的交通十分便捷，现东有沪嘉高速公路和嘉金高速公路，西接嘉黄公路，南连宝安公路及沪宁高速公路；北有与赛车场同期建成的郊区环线高速公路。赛车场距虹桥国际机场约25千米，距浦东国际机场约55千米。举办大赛期间，通过上述交通网络即可将赛车场与上海市中心、江苏省及浙江省相连，进而辐射到整个长江三角洲乃至全国。自2004年开馆至今，上海国际赛车场已成功承接数届F1中国大奖赛，以及世界杯汽车大奖赛（A1 Grand Prix）、中国摩托车大奖赛（Moto GP）、全国房车锦标赛（CTCC）、世界房车锦标赛（WTCC）、中国方程式公开赛（CFO）等重大赛事。

第3节　汽车产业赛事时间的确定

绝大多数汽车赛事活动每年举办一届，个别赛事活动一年举办数届。中国汽车运动联合会规定：各级别汽车场地比赛或分站赛举办的时间间隔不得少于两周，联合会有权根据特殊情况缩短或延长这个时间间隔。

汽车产业赛事的举办月份时间应综合考虑参赛者的比赛时间、观众的旅游时间、同类赛事举办时间、季节气候和天气影响。室内赛事相对于室外赛事的举办时间安排更灵活。2016 年，全球整车赛事举办的月份时间呈现“单峰形”分布：3 月至 9 月的老爷车赛事相对于临近月份较多，特别是 4 月份的赛事最多，10 月至次年的 2 月赛事较少（见图 6.3–1）；国际汽联公布的汽车赛事主要分布在 5 月和 9 月，11 月至次年的 3 月赛事相对较少（见图 6.3–2）；国内汽车赛事主要分布在 4 ~ 12 月份，特别是 9 月份的赛事相对于临近月份最多（见图 6.3–3）。

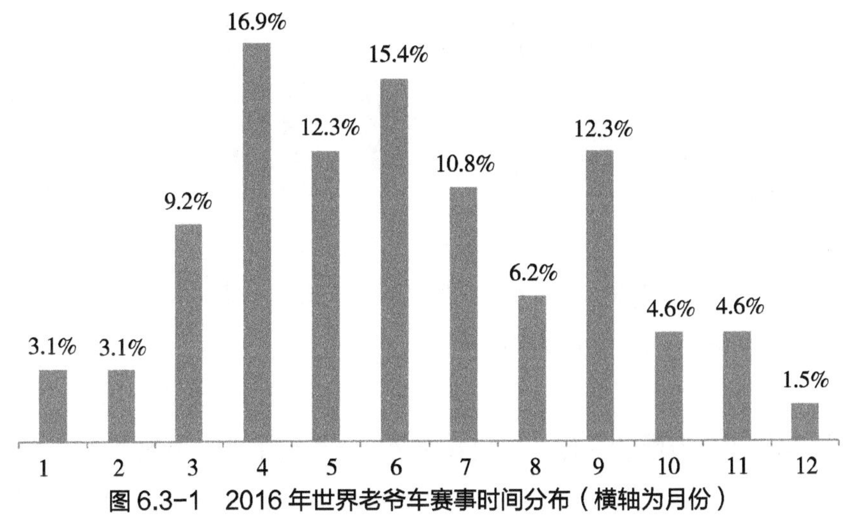

图 6.3–1　2016 年世界老爷车赛事时间分布（横轴为月份）

注：数据来源于运动汽车文摘网。

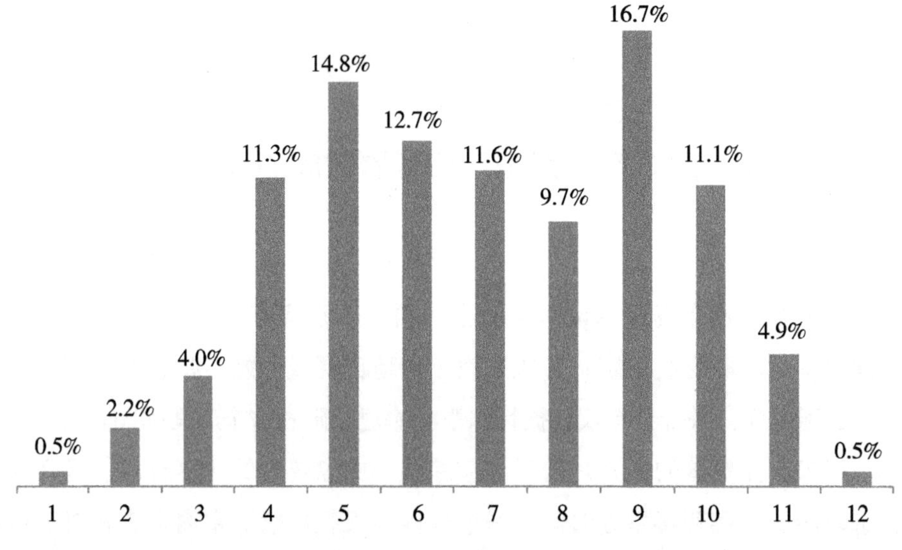

图 6.3-2　2016 年全球汽车赛事时间分布（横轴为月份）

注：数据来源于国际汽联官网。

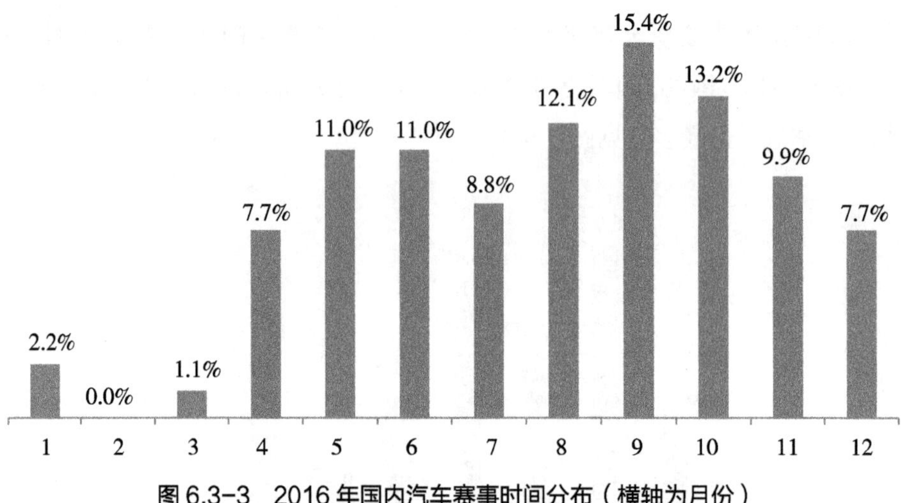

图 6.3-3　2016 年国内汽车赛事时间分布（横轴为月份）

注：数据来源于中国汽联官网。

与其他会展活动一样，每届赛事活动的持续时间同样较短，多数持续 2～3 天。2016 年，全球老爷车赛事的持续时间在 1～5 天，以两天居多，超过 5 天的极少（见图 6.3–4）。2016 年，国际汽联全球汽车赛事持续时间在 1 ~ 4 天，多数为 3 天，超过 4 天的赛事较少（见图 6.3–5）。

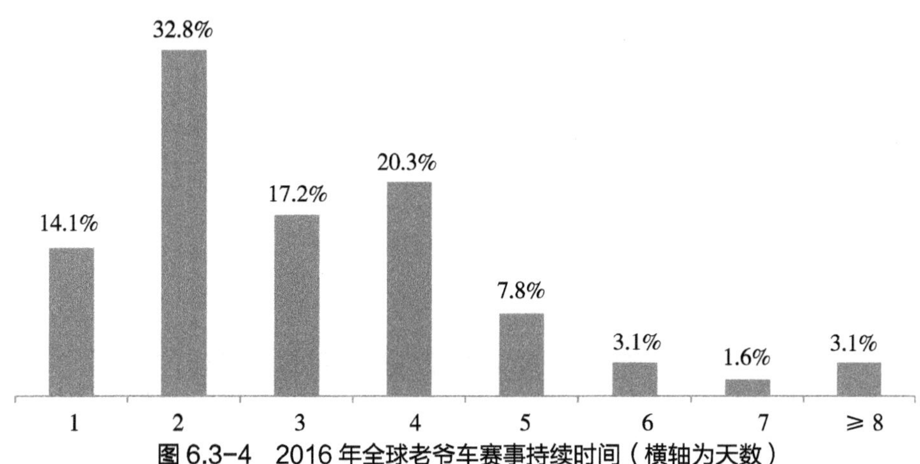

图 6.3–4　2016 年全球老爷车赛事持续时间（横轴为天数）

注：数据来源于运动汽车文摘网。

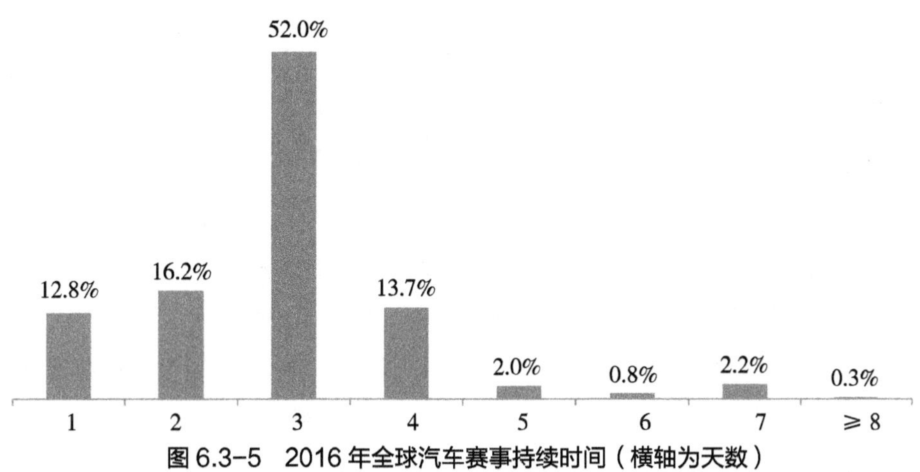

图 6.3–5　2016 年全球汽车赛事持续时间（横轴为天数）

注：数据来源于国际汽联官网。

一些规模较大的汽车产业赛事（特别是汽车生产技能竞赛、汽车文化艺术类赛事和汽车设计比赛）在日程安排中还有初赛、复赛和决赛时间之分，如 2016 年第七届 CDN 中国汽车设计大赛（见表 6.3–1）。

表 6.3-1 2016 年第七届 CDN 中国汽车设计大赛日程

报名时间	初赛 / 预赛作品提交截止时间	入围名单发布时间	决赛时间	颁奖典礼时间
2015 年 9 月 1 日 ~ 2016 年 1 月 8 日	2016 年 1 月 8 日	2016 年 2 月末	2016 年 3 月初	2016 年 4 月 24 日

第 4 节 汽车产业赛事活动内容与现场管理

（一）赛事活动内容管理

汽车产业赛事起源于赛车运动，目前整车竞技性赛事相当成熟。该类赛事不仅是车手驾驶技术、体力和智慧的比拼，更是参赛车辆技术和质量的竞赛。赛车运动的专业性较强，对参赛车辆有严格要求。竞赛用汽车通常分为三类：一是从成批生产（一般规定年产 1000 ~ 5000 辆以上）的汽车中抽取出来进行长途竞赛的汽车（持续数天，行程 1000 千米以上）；二是各公司装有新结构部件的汽车（改装车），一般在各种路面上、公路上进行长途竞赛，其里程可高达 5000 千米以上；三是在专用赛车场上进行速度竞赛的专用车型。赛车运动根据赛车类型分为专业组、量产组、公开组等，参赛选手同样分为专业赛车手、量产车车手。

少数专业车赛的参赛车辆完全不同于市售量产车，而是单独设计制造的。世界一级方程式锦标赛的赛车特征为单座、敞篷、轮胎在车身外部，由各赛车公司单独设计和制造。世界三大汽车赛事之一的雷诺方程式（Formula Renault）是世界上广受欢迎的方程式赛事。雷诺方程式赛车由雷诺运动公司设计，是一种比较高级的方程式赛车。此外，国际 FIA

GT 大奖赛的参赛车辆也可能是追求极限速度的特制“跑车（Sports Car 或 SportyCar）”。

在国外，“房车（touring car）”一般是指有固定顶棚或折叠顶棚、四座以上的车辆[1]，与国内普通轿车相同，而不是指国内带有家居生活设施的旅行用车[2]。世界房车锦标赛（WTCC）[3]延续欧洲房车锦标赛（ETCC）的 Super2000 车辆规则，即必须以量产房车为基础，发动机排量不能超过 2000cc，采用自然吸气方式，马力要求在 250hp ~270hp 之间。但是，无论是国外房车大赛，还是国内房车大赛，大多数参赛车辆在不违背主办方要求的情况下都要在原厂车的基础上进行不同程度的改装。一些赛事也允许使用改装车。车辆改装的目的主要是为了提高车辆反应能力，以加强操作性，改善燃油消耗，创造独特化等特征。对车辆的改装主要集中在性能和外观改装两个方面。

由于道路恶劣、行程较长，参加各种拉力赛（包括世界拉力锦标赛）的车辆基本上都是经过专业改装的量产车。福特“嘉年华”汽车到现在已经销售了接近 37 年，历经六代产品，全球累计销售近 1600 万辆，是福特汽车最为成功的车型之一。1979 年，福特嘉年华首次出现在蒙特卡罗赛场上，两台经过改装的嘉年华赛车首次参赛并顺利完赛。2010 年，米克・赫沃宁（Mikko Hirvonen）驾驶福特嘉年华 S2000 拉力赛车，在国际拉力挑战赛（IRC）上获得冠军。2011 年，福特汽车公司使用嘉年华 RS WRC 赛车征战了世界拉力锦标赛（WRC）。

还有一些汽车赛事是车手纯粹驾驶技术、耐力和智慧的比赛。“世界车王争霸赛（Race of Champion）”是世界职业赛车界每年的压轴大戏和年终庆典。该赛事邀请世界各类顶级职业车赛中最具影响的新老冠军同场竞技，是世界车坛名副其实的“武林大会”。在比赛中，车手将使用相同的房车而

[1] 美国也将这里的房车称为“量产车”“普通轿车（stock car）”。

[2] 国外称为“Recreational Vehicle”，缩写为“RV”，或“camper van”“caravan”“motorhome”。

[3] 即 World Touring Car Championship。

不是各自以前专用的不同品牌的特制赛车在平行双排赛道上进行比赛。A1大奖赛（A1 Grand Prix）是首次以国家为参赛单位的赛车运动。比赛中不同车队使用的技术和装备也是一致的，因此成绩的主要决定因素是车手的驾驶技术和勇气。

2015年，中国量产车性能大赛（CPC）首战在珠海进行。此次大赛是由中国汽车技术研究中心与国家体育总局共同发起，是国内首个由主办方出资，直接从4S店购买比赛车辆，并且完全不改装的特殊赛事，力求全面考验汽车性能、反映真实汽车数据，旨在打造中国汽车运动的“奥运会”。珠海站共吸引了17个品牌62辆车型参与比赛，设置了包括动力性、制动性、操纵稳定性、燃油经济性、舒适性、综合机动性六大类型共14个比赛项目。盐城（大丰站）、牙克石站比赛全部完成后，主办方分乘用车、SUV组别，并按照排量对比赛成绩进行公布。

除了现代车辆参与比赛外，一些年代久远的老爷车也可以组织比赛，但参赛老爷车的划分标准变化较大。为保护这些古旧汽车，老爷车比赛在世界各地举办次数较少，主要是巡展。即使比赛，这些古旧汽车的比赛规则也与现代汽车不同，往往需要根据汽车制造的年代分组进行（见表6.4-1）。参赛车辆能否获奖，主要依据其保存的完好程度决定。

表6.4-1　美国汽车历史年代的两类划分标准

<table>
<tr><td>1890s</td><td>1900s</td><td>1910s</td><td>1920s</td><td>1930s</td><td>1940s</td><td colspan="2">1950s</td><td>1960s</td><td>1970s</td><td>1980s</td><td>1990s</td><td>2000s</td><td>2010s</td></tr>
<tr><td>Veteran（早期汽车）</td><td colspan="2">Brass or Edwardian（铜车或爱德华国王车）</td><td>Vintage（老汽车）</td><td colspan="2">Pre-war（战前车）</td><td>War era（战时车）</td><td>Post war（战后车）</td><td colspan="2">Classic（经典车）</td><td colspan="4">Modern（现代车）</td></tr>
<tr><td colspan="4">Antique（古董车）</td><td colspan="2">Pre-war classic（战前车）</td><td>War era 战时车</td><td>Post war（战后车）</td><td colspan="2">Classic（经典车）</td><td colspan="4">Modern 现代车</td></tr>
</table>

注：资料来源于网络。

为保证比赛的公平性，汽车运动类赛事需要遵循国际通行规则，主要是国际汽车运动联合会制定的运动规则。中国汽联遵照国际汽联的要求对赛事也做了一些要求。这些规则涉及车队注册、比赛执照申领、车手装备和安全、比赛规则、赛事主官以及车辆注册、技术和安全等方面。但一些组织也在不断地创造新的比赛规则。2016 年，别克 S 弯挑战赛在宁波、天津、安阳三地同时开赛。“威朗轿车”与“威朗 GS”助力挑战者打造属于自己的最强弯道法则。为期 5 个月的城市选拔赛覆盖全国 63 座城市，产生 126 名区域城市冠军晋级年终总决赛，争夺总冠军称号。

除了仍然占据主流的运动类赛事外，近半个世纪以来出现的其他技术性、技能性、娱乐性、文化性汽车赛事活动有：汽车产业问题解决方案比赛、汽车节油挑战赛、废旧汽车碰撞娱乐赛、特种汽车操控技能比赛、汽车生产维修相关操作技能比赛、汽车销售和服务技能比赛、汽车模特大赛、汽车设计大赛、汽车知识大赛、汽车表演赛等职业赛事和业余赛事。各种形式的赛事在内容上差别较大。

（1）汽车产业问题解决方案比赛。

米其林必比登挑战赛作为米其林集团发起的一项顶级国际赛事，是能把交通领域所有的利益相关者——包括发明者、设计者和方案的实施者，涉及用户、制造商、供应商、公共和私人运营商、大学、能源供应商、研究机构、政治领袖和非政府组织聚集在一起的全球唯一组织，其目的是形成未来可持续移动性的一个共同愿景，并生成对个人、企业和社会有利的实际解决方案，发掘出大量创新想法。1998 年在法国开始，先后在法国、美国、日本、巴西、德国和中国等地举办，迄今已超过 12 届，得到了道路交通领域众多领导者的支持。最近一届有来自全球 80 个不同国家的 6000 名专家、研究人员和学者，吸引了宝马、奔驰、奥迪、沃尔沃、通用、雷诺、大众、本田、博世、罗地亚、马瑞利等国际知名汽车及零部件企业的参与。米其林可持续发展部高级副总裁帕特里克·奥利瓦说，“挑战必比登的目的是展示交通方面正在发生的现实进步和公路运输的光明前途。我们在能源、环境、安全和普遍获得有效的交通方面面临着挑战，和世界各地决策过程缓慢之间存在差距。但这一差距必须去掉”。

（2）汽车节油挑战赛。

早在2006年，中央电视台就推出“节油挑战赛”节目。同年，商用汽车新闻网主办了首届中国国际卡车节油大赛，至今已举办9届。2015年的JAC江淮轻卡全国节油挑战赛，是由中国绿色物流发展促进联盟主办，安徽江淮汽车股份有限公司承办的全国规模大型节油赛事活动。本次活动以节油挑战赛为平台，邀请全国用户体验节油科技，推广节油技巧及科学的驾驶习惯。2016年，国内举办了多个节油赛事活动，如金华第二届上汽大通节油挑战赛，东风凯普特的第二届卡友节油挑战赛，长安马自达的“中区·节油挑战赛”，一汽大众的第六届捷达节油挑战赛，等等。

（3）废旧汽车碰撞娱乐赛。

废旧汽车撞车大赛是一项在美国、英国和爱尔兰非常流行的接触类赛车运动。参加比赛的汽车都是自行改装的报废车，选手们驾驶着废旧车前行，首先到达终点者获胜。车手们驾驶着这些废旧汽车在泥土或者沥青赛道上你追我赶，并试图故意破坏对方的汽车，场面非常热烈。

（4）特种汽车操控技能比赛。

这类比赛能够激发驾驶人员钻研业务技能的主动性和积极性，搭建一个良好的技能交流平台，同时极高的娱乐性也能吸引大批观众。自2006年中央电视台推出《状元360》的叉车比赛节目以来，国人被叉车比赛的趣味性、紧张性和高技能性所吸引。其后，各地兴起叉车技能比赛热潮。2009年，81名叉车驾驶人员在昆山工业园进行“丰田杯”叉车工技能比赛。2013年，北海市第一届叉车技工技能大赛举行，17家企业的30名选手参加了比赛。2014年，第三届“林德杯”中国叉车职业技能大赛在安徽举行。2015年，宁波市职业教育技能大赛中也进行了叉车技能大赛。2016年，在株洲职业技能电视大赛上有人驾驶叉车开酒瓶。2011年10月27日~28日，首届中国清障车操作技能争霸赛在广东粤海汽车有限公司隆重举行。

（5）汽车生产、维修相关操作技能比赛。

2016年5月2日晚，由人力资源社会保障部和中央电视台财经频道联合推出的大型职业技能挑战节目《中国大能手》播出第三集——汽修先锋，选手需过“四关”。第一关“急速换胎”[1],10名选手从10米外将质量不均匀的轮胎运到目标车辆处，在最短的时间内完成4个轮胎的更换和调整。第二关“现代卖油翁”比赛，选手将三桶机油通过直径15mm的小孔准确倒入不同的容器内。第三关“扭力拼图”，需要每个选手利用丝锥在孔内打出螺纹，同时将对应位置的拼图用螺栓固定在上面。第四关“妙手回春”，选手驾驶一辆车开几圈后就能找到问题所在，并快速解决。

（6）汽车销售和服务技能比赛。

2011年5月27日，东风股份微车销售部销售精英实战演练大赛（华北区）在保定冀中正式开赛。来自河北、陕西、山西、内蒙古的30名微车专属业务代表参赛。比赛分“擦车”和“角色扮演”两个科目，分别占30分、70分。擦车比赛每4人一组，以抽签的方式决定分组和所擦车辆，主要测试参赛人员的团结协作能力和团队精神。角色扮演则分四个步骤：客户接待、绕车介绍、试乘试驾、客户疑问应对，主要测试业务代表在接待客户时的沟通交流能力，以及面对个别刁难客户的应变技巧。微车销售精英实战演练大赛以华北赛区开赛为起点，接着在西北、华东、华中等区域举行，至7月上旬结束。

（7）汽车文化艺术类赛事。

此类赛事包括汽车摄影大赛、汽车绘画（包括涂鸦）大赛、汽车音乐大赛和汽车模特大赛，等等。近年来国内汽车模特大赛比较盛行，知名的赛事有：2013~2015年由北京天艺俊华文化艺术有限公司承办的世界汽车模特大赛（大中华区）冠军赛；起源于韩国汽车模特比赛，2011年进入中国，由中国商业模特委员会主办的亚洲汽车模特大赛中国区大赛；2014年由中国汽车文化促进会、中国汽车工程学会和新曦文化联合主办的“东方鸿璟杯”第七届中国汽车模特大赛；2016年由辽宁迪沃斯特会展有限公司

[1] 更换轮胎大赛（Tire Change Challenge）在美国比较盛行。

和沈阳交通广播 FM97.5 主办的第一届沈阳展豪斯威汽车杯模特大赛；2016 年由郑州国际车展组委会主办的首届河南直播网红汽车模特大赛；2016 年由中国安徽国际汽车展览会组委会、安徽电视台《车视界》发起的第八届中国车模电视大赛。

（8）汽车设计大赛。

1976 年起源于美国、2015 年由中国汽车工程学会引入主办的巴哈大赛（Baja）[1] 是在各院校之间开展的小型越野赛车设计和制作竞赛。我国是继美国、巴西、韩国、南非、印度之后，在世界第六个举办巴哈比赛的国家。在 2016 年第二届比赛中，共有来自国内 28 所本科院校、33 所专科院校和 2 家企业共 62 支车队和 1 支来自韩国的车队报名，参赛人员约 2000 名。近几年国内举办的其他汽车设计大赛有：2014 年上汽集团“荣威·MG 杯”大学生汽车设计大赛，2014 年全球汽车论坛首届汽车造型设计大赛，2015 年中国汽车创新设计 10 周年颁奖盛典暨第六届中国汽车造型设计大赛，2015 年第三届起亚汽车设计大赛，2016 年第七届中国汽车设计大赛，2016 年首届中国大学生汽车设计创意大赛，2016 年第二届“东风梦想车”中国青年创意设计大赛，2016 年第五届现代汽车大学生广告创意大赛，2016 年全球青少年车模设计挑战赛，等等。

（9）汽车知识大赛。

由《中国汽车报》社、汽车爱好者网等单位主办的全国高校汽车知识大赛，旨在“普及汽车知识、传播汽车文化、甄选汽车人才”，利用大赛极强的知识性、娱乐性及竞技性等特点，将汽车知识传播给高校大学生群体。2004 年起开始举办首届大赛，至今已举办 10 多届。华南理工大学于 2006 年开始主办广州高校汽车知识邀请赛，每年举办一届，至 2016 年已连续举办 10 届。每届大赛均邀请广州各汽车相关专业知名院校参加。

（10）大脚怪表演赛。

大脚怪也叫怪兽卡车（Monster Truck），是在具有超强越野能力的改装

[1] 西班牙语，指越野车。

卡车车体下加装巨大轮胎和悬挂，用于展览以及特技表演赛事，如自由表演赛（翻滚特效、喷火等）、障碍赛、越野竞速赛和跳跃赛，以营造轻松欢乐的现场气氛。其中最受欢迎的比赛是观看选手们在指定场地内、谁能够在最短时间内把多个报废轿车压扁。2016 年的中国大脚怪卡车表演赛于 4 月 15 日 ~ 17 日在浙江义乌举行。

（二）赛事活动现场管理

赛事活动应当准备颁奖典礼现场，获奖车手将按照国际惯例能够享受到花环、香槟、媒体关注等礼遇。各赛事的花环有一定差异，如 1960 年“印地 500 大赛”首次使用且延续至今的花环由 33 朵象牙白兰花、33 个小方格旗以及红白蓝三色彩带组成，而不是传统的橄榄枝。1967 年勒芒 24 小时耐力赛冠军丹·格尼开创喷洒香槟酒庆祝获胜的传统。但“印地 500 大赛”的冠军则有喝牛奶的传统，阿拉伯国家因为禁酒而不得不在赛车奖台上以苏打水和有气果汁取代香槟。赛场服务及管理还应遵循相应的标准。2013 年，由珠海市质量技术监督标准与编码所和珠海国际赛车场共同承担的省级科研项目——中国第一个赛车场服务及管理标准《赛车与赛车场服务标准化及示范研究》通过验收，达到国内领先水平。

主办方应当注意参赛人员和观众的现场安全。观众席宜远离弯道或在较高的护栏外，以免赛车冲出赛道而受伤。赛车运动最好选择在封闭的专用赛道上进行，越野赛应当考虑在人烟稀少的地区举行。早在 1901 年的巴黎 - 柏林公路赛中，一名男孩因穿过赛道被撞身亡。法国政府多次因安全问题而禁止比赛。2015 年，世界拉力赛波兰赛段管理方因缺乏观众安全保障而受到国际汽联的黄牌警告。2016 年，管理方不得不采取以下措施改进：在赛道两边建设了大量的围栏，而不是简单地布置安全警示带；建造了 41 个专用观看区，其数量相对于上年增加一倍，并在这些地方准备了停车位、厕所和餐饮区；安排了 1000 名警员负责安全。

主办方要尽量避免恐怖袭击。达喀尔拉力赛自诞生至今，已发生 28 起事故，59 人因车祸、枪杀、疾病、空难等原因而死。1978 年至 2009 年以前，达喀尔越野拉力赛的路线均安排在欧洲和非洲。2009 年，由于非洲大陆受到恐怖主义的威胁，出于安全考虑，组委会决定把比赛转移到南美洲进行。2009 年的比赛路线为：从阿根廷的首都和最大城市布宜诺斯艾利斯出发，经智利后又回到布宜诺斯艾利斯。2017 年的第三十九届拉力赛已是连续第九年在南美大陆上举行了。

任何一项汽车运动赛事，都需要强有力的后勤保障，特别是汽车越野赛。汽车越野赛不同于任何一种体育比赛，它需要地面的后勤保障和空中支援。首届巴黎 – 莫斯科 – 北京马拉松汽车越野赛于 1992 年 9 月 1 日从巴黎开始。按照国际汽联规定，参加比赛的车辆分四组：量产越野车、经改装的越野车、专为比赛生产的运动越野车和越野卡车。据报道，整个队伍共有赛车 92 部，卡车 23 辆，支援卡车 23 辆。参赛人员 345 人，分别来自 19 个国家和地区。为比赛提供服务的有 1200 多人，其中 305 人是 MAPS 公司的工作人员，分乘两架飞机和 23 部后勤卡车为大赛提供食宿、通信、油料等。还有一支由 20 人组成的多国医疗队，搭乘一架救护直升机和 5 辆英制兰德罗瓦越野车随队前进。全部比赛耗用汽油 50 多万升、柴油近 100 万升。

第 5 节　汽车产业赛事营销与品牌管理

（一）赛事营销管理

（1）赛事主办方的赞助管理。

赛事活动营销的重点是赞助商管理。赞助是赞助方向节庆活动主办方提供资金、实物、技术和劳务等支持，以换取赞助方冠名、指定产品、曝光、接待、支持等回报的商业行为，是一种软性的、间接的广告行为。通过赞助进行品牌推广对于合作的双方（或多方）而言是一个共赢的关系。赞助商提供了活动组织所需的资金或资源，有利于建立品牌知名度、形象和公司形象，所获得的品牌推广效果远远大于单纯的广告方式（Gupta，2003）；主办方提供平台或活动吸引大量观众，尤其关注赞助方的目标群体。鉴于赞助商的相关性和规模会对活动观众参与意向、服务质量感知和宣传行为产生影响，主办方应当慎重选择赞助商（Walker 等，2011）。

不仅整车企业参与主办汽车产业赛事，许多汽车零部件和用品企业也以赞助商的身份在比赛现场大打广告。除了各车队、车手本身有许许多多厂商赞助外，大奖赛本身有时也会有专属的赞助商，称为“挂名赞助商（Naming Sponsor）”。挂名赞助商通常都是针对单一场次的大奖赛进行赞助。也有些预算庞大的赞助商会在一年之内赞助多场大奖赛。除了自己的品牌名称可以出现在大奖赛的正式全名中外，通常比赛结束颁奖时颁奖台后方与周围的装饰也多是使用挂名赞助商的商标。“巴黎－达喀尔”的正式法语名称为 LEDakar，但每年的赛会都会以赞助商或地区名称冠名。

在复杂多变的驾驶环境下，轮胎起着至关重要的作用。全球轮胎科技的领导者——米其林集团是许多国际大赛的支持者，例如世界拉力锦标赛、达喀尔拉力赛、勒芒 24 小时耐力赛等赛事。米其林现已成为新国际汽车联合会电动方程式赛车锦标赛（FIA Formula E）的官方供应商。这是世界上首个完全采用电力驱动的赛事。首届赛事由 22 名车手代表 10 支车队参加。由于发动机采用静音技术，比赛在市中心部分街道临时改建的赛道内进行，壮观的赛事场面呈现于市民眼前。

BMW Motorsport 是宝马公司的一个部门，负责汽车运动的相关事务，包括巡回车赛、运动车赛、摩托车赛和一级方程式中的比赛项目。宝马积极参与许多国家和国际体育赛事——无论是宝马赛车、BMW 帆船运动还是 BMW 高尔夫运动。

丰田认为赛车运动是吸引品牌忠实粉丝的重要手段。丰田一直希望借

助赛事活动，磨练员工、汽车和技术，并使用积累的经验和专业知识，不断开发出更好的汽车。自 20 世纪 60 年代中期开始，丰田一直参与南非的赛车运动，是南非赛道、拉力赛和越野赛车的先驱之一。南非丰田赛车活动在当地和国际赛车舞台仍然占据前沿地位。多年来，公司在无数比赛中赢得了冠军。丰田 TRD86 杯每年举行六场比赛，为阿联酋车手提供了一个以低廉的价格参赛的机会。丰田赞助足球赛和国际田径运动会。自 2004 年开始，丰田每年举行“梦想车艺术大赛（Toyota’s Dream Car Art Contest）”，以鼓励和激发儿童的创造力。丰田支持全球街头乐队的网上表演，支持国际汽车联合会（FIA）主办的世界耐力锦标赛、全美汽车赛（NASCAR）、达喀尔拉力赛、日本汽车比赛、德国纽博格林 24 小时拉力赛、丰田新西兰系列赛、南非拉力赛、阿联酋 TRD 86 杯比赛、南非越野赛等，并支持弗里茨·克莱斯勒国际小提琴比赛。

Jeep 公司组织或参与的活动有：探险俱乐部、全地形 4×4 接力挑战赛、摄影大师赛、美国 Jeep 大露营协会（JJUSA）的活动。该公司是世界冲浪协会（WSL）、尤文图斯足球队的官方赞助商，生产的车辆为杰克逊霍尔山度假村官方用车。

为了扩大对赞助商的回报，赛事主办方应当尽量与汽车产业中的企业合作，通过大赛来解决企业的技术或市场问题，活动的意义要有助于赞助商品牌的树立（Roy 和 Ghosh，2008）。如 2016 年中国汽车设计大赛的设计任务书分别由梅塞德斯 - 奔驰、吉利、长城、江淮、观致、沃尔沃和大众共七大主机厂设定，2017 年则由吉利、哈弗、江淮、标致和大众设定。每届参赛选手必须是中国全日制大学的学生，需要从设计任务书中选择一个任务完成设计，获奖者由国际汽车设计专家评委团评选产生。

（2）汽车运动赛事场馆方的营销管理。

世界上许多专业性强的大型体育场馆往往因缺乏活动而闲置，甚至陷入经营困境。国内赛道管理方与国外著名赛道管理方合作，不仅可以提高管理水平，增加赛事活动，提高场地使用率，更重要的是加快了赛道品牌的树立。2015 年，义乌的勒芒汽车文化旅游小镇建设项目被纳入浙江省重大产业项目，是世界著名的“法国勒芒 24 小时耐力赛”在中国境内的唯一项目。项目总体定位为建成以汽车运动文化为主题，新型城镇化、新兴现代产业互动发展的江南风情旅游小镇。项目建成后将通过开展越野车、卡丁车等赛事活动，组织“大脚怪艺术秀”、音乐晚会等表演娱乐活动来吸引国内外游客。

（二）赛事品牌管理

我们仍然可以从知名度、美誉度和忠诚度三个方面来判断整车赛事是否属于品牌活动。知名度可以从赛事活动的现场观众人数、电视观众人数、举办届数来衡量；美誉度可以从参赛队伍数、参赛车辆品牌及数量、参赛知名厂商数量来衡量；忠诚度可以用重复参赛的车队数量所占比例、观众重复观赛的比例来衡量。各类汽车产业赛事的品牌衡量指标可能略有不同。

观众人数是衡量品牌汽车赛事最基本的指标。世界上著名的汽车赛事，其观众规模都比较大。达喀尔拉力赛，被称为勇敢者的游戏、世界上最艰苦的拉力赛。作为最严酷和最富有冒险精神的赛车运动，受到全球五亿人以上的热切关注。英国房车赛（BTCC）[1] 每年有 10 个分站，每站有两个回合的比赛，是全球最大的房车赛之一。由于其比赛规模和影响力日渐强大，吸引了大量有实力的车队（部分为厂队）和车手参赛。很多汽车厂商十分重视该项赛事，将这项赛事看作影响到其品牌在英国乃至欧洲市场销售成绩的重要因素，纷纷推出在英国市场销售的主力车型参赛。“印地 500”是世界上最大的“单日体育比赛”，赛场虽然可容纳观众 40 万人，但门票依然非常紧张。

我国汽车赛事在观众和参赛者方面的规模通常低于国外发达国家的同类赛事活动。如中国卡车赛的现场观众人数就少于在德国纽博格林举办的

---

[1] 即 British Touring Car Championship。

欧洲卡车赛。从双边市场理论来看，要想吸引足够多的观众，扩大赛事活动的社会经济效益，就必须提高参赛者（汽车）的质量和数量。如欧洲卡车赛在参赛车辆数量和参数方面要高于巴西卡车赛和中国卡车赛，巴西卡车赛的参赛车辆数量和参数又高于中国卡车赛，而三大卡车赛的全年比赛场次和现场观众人数有同样的大小排列顺序。由此，我们也可以看出这三大卡车赛品牌价值的相对大小（见表 6.5–1）。当前，我国各类汽车赛事拥有庞大的潜在观众，但参赛者（汽车）的质量和数量却很难在短时间内超越国际知名品牌。因此，我国汽车产业赛事品牌建设之路任重而道远。

表 6.5–1　全球三大卡车赛比较

赛事	参赛车辆数量	车辆参数（马力，最高限速）	全年比赛场次	现场观众人数
欧洲卡车赛	30	1200，180 千米 / 小时	9	13 万
巴西卡车赛	24	1000，200 千米 / 小时	8	1.3 万
中国卡车赛	22	600，140 千米 / 小时	3	0.5 万

注：数据来源于网络。

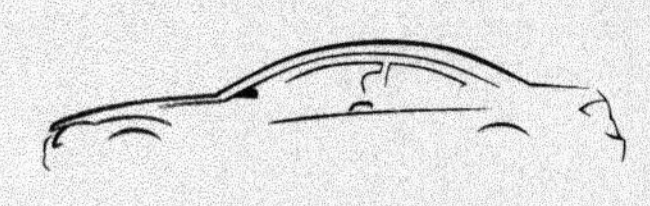

第七章

汽车产业节庆的管理要点

第 1 节　汽车产业节庆的组织者

汽车产业节庆活动由行业协会主办的较多。2015 年 5 月 1 日至 3 日，“2015 河北首届露营文化节”在石家庄成功举办。本次活动由河北自驾游与房车露营协会、CFCC 中国（河北）汽车房车露营联盟联合主办，活动内容包括：亲子游戏嘉年华、房车露营、帐篷露营、房车与改装车展、卡丁车体验、航拍表演、小轮车秀、平衡车马球赛、模型车比赛、越野车穿越、创意集市、啤酒美食、温泉、冰雕 + 海狮海豹表演、空姐选秀等。这种集房车展示、户外露营、音乐、美食与嘉年华为一体的综合性文化节在河北省尚属首次，在全国范围内也引领了一种新型的旅游休闲方式。

混合型主办方在节庆活动中较为普遍。在国内，行业协会和政府联合举办大型节庆活动比单个企业更具有优势。这是因为行业协会对成员企业的召集能力较强，政府的社会影响力较强，两者都比单个企业更容易筹集到办节所需的社会资源。“中国（广东）房车露营大会暨 2015 首届广东（国际）房车旅游文化节”在金水台旅游度假区举行，本次活动由中国国际汽车房车露营联盟、广东省房车协会、广东省旅游协会房车露营分会、广东省景区行业协会主办，由中国汽车运动联合会、广东省汽摩运动协会、广东温泉行业协会，中国东盟汽车俱乐部联盟、云浮市旅游局和新兴县旅游局协办。

展览主办方为了吸引人气也可能同时举办节庆活动。2015 年 9 月，中国国际汽车商品交易会举办首届中国国际汽车改装文化节。本届展会与国内最大的非营利性汽车文化群体 iAcro 合作，在国家会展中心北广场 3 万平方米的场地上盛大举办，现场主要活动有：OMG RACE 平民赛车、百辆改装车大巡游、漂移体验大型活动、电子音乐舞台、改装车竞赛、改装车创意市集以及改装车讲堂等。

企业为了扩大有针对性的市场宣传，也有意举办不同规模的节庆活动。2016 年 3 月 26 日中国一汽公司开启“一汽奔腾十周年嘉年华荣耀之旅”，为期两个月，遍及六大区域，由西安启程，途经南昌、杭州、济南、北京、长春，并在 5 月中旬举办“一汽奔腾”十周年庆典之夜。汽车嘉年华主题活动与各地消费者亲密接触，打造奔腾品牌与广大消费者相聚的盛大狂欢。2011 年，长城汽车公司“长城汽车首届科技节”在其汽车部件制造园举行，至 2015 年该活动已经举办 4 届。总体看来，国外知名汽车制造商更热衷于参与举办或赞助各类节庆活动。

与国内不同，国外节庆活动也可能由个人主办或多人联合主办，观众一般需要付费参与。英国南北汽车节（CarFest South 和 CarFest North）是每年分别在汉普郡（Hampshire）和柴郡（Cheshire）举行的两个汽车节。它由电台节目主持人克里斯·埃文斯（Chris Evans）于 2012 年创建，主要为需要帮助的儿童筹集慈善资金。赞助商和合作伙伴包括本田、奥迪、标致、风火轮和英国石油等公司。每场活动均有 10 万名观众。观众可以品尝名厨烹制的美食，聆听帐篷舞台上的新音乐，学习大帐篷中专业人士的舞蹈，观看本田、标致等世界顶级品牌汽车，欣赏创意天才的画作和夜晚灯光，甚至参与赛车运动、世界最大奶油派大战等活动。每个家庭每次限买 10 张票，票价最高可达 638 英镑。

欧洲制造汽车节（EURO Auto Festival）是美国东海岸最重要的、专门针对欧洲制造汽车而举办的节庆活动，至今已举办了 22 个年头。活动在南卡罗来纳州北部最大城市——格林维尔举行。每年吸引来自全国各地的 400 多辆欧洲车。数以千计的观众从遥远的地方赶来，就是为了一睹最优良和最多样化的汽车阵容。观众需要花费 10 美元或 15 美元购买门票，除了参观难得一见的汽车外，还可以体验欧洲美食文化以及购买与汽车有关的商品和纪念品。汽车节主要由来自汽车行业退休的资深人士、赛车运动专业人士、活动 / 物流专家、车展创始人以及卵石滩车展首席裁判中的汽车爱好者管理，所有人员均为志愿者。

第2节　汽车产业节庆地点的选择

节庆场地的选择要考虑场地面积大小、周围的社会治安状况、交通设施、餐饮娱乐、住宿设施和安全措施。企业内部场地不宜作为大型节庆活动主场地，但可以作为部分节庆活动的分场地。对于集会检阅型节庆活动，因要设立主席台和观众席，一般在面积较大的广场、体育场或公园举行，同时要便于车辆通行。对于典礼巡游型节庆活动，由于地点不固定，通常采取上街巡游的方式举行，但要考虑具体的汽车巡游路线，以免影响交通。

汽车主题公园往往是举办汽车产业节庆活动的理想场所。主题公园（theme park）是围绕着一个中心主题创意，通过结构和景点的构造来展示和游乐的空间，是一种娱乐性公园（amusement park），比城市公园和游乐场更精致。汽车主题公园则是以汽车为主题，集汽车运动、汽车文化、汽车会议和展览、餐饮及休闲娱乐为一体的综合性设施。如阿布扎比法拉利主题公园（Ferrari World）不仅仅是一个汽车主题公园，也是各种世界级季节性活动的舞台。从国内外汽车主题公园来看，这些地方场地宽敞、娱乐消费设施完善，是举办各种汽车产业会展活动的专业场所（见表7.2–1）。国内号称的汽车主题公园多数与产业经营贸易有关，而国外的汽车主题公园多数与社会公众的休闲娱乐、科普教育有关。

表 7.2-1　国内外汽车主题公园

名称	面积（亩）	主要设施	功能
兰州汽车主题公园	2376	汽车汇展中心、商务中心酒店、汽车超市、国际汽车运动中心、汽车配送中心、汽车博览馆、体育馆、综合办公楼	整车销售、二手车交易、物流配送、汽车商务、汽车会展、汽车运动、休闲娱乐
大连汽车主题公园	1800	汽车博览区、汽车商业区、汽车运动体验和赛场区、汽车主题文化展览和景观游览区	汽车主题文化、汽车运动、汽车贸易和休闲旅游
上海汽车博览公园	1150	汽车博物馆、汽车会展中心、试驾基地，公园分为“中国园区”“美国园区”“英国园区”“日本园区”“欧洲园区”	汽车娱乐、汽车展览、汽车文化
北京金港汽车公园	680	汽车赛车场服务中心、汽车俱乐部、汽车公寓、汽车影院、汽车 4S 专卖店、汽车酒店	汽车赛事、休闲娱乐、汽车贸易、汽车俱乐部
武汉天欣汽车公园	600	汽车展厅、汽车用品及零配件超市、国际标准 F3 赛道、试乘试驾中心、汽车主题餐厅、汽车公寓及汽车影院	新车展示、汽车销售、汽车服务、汽车改装、汽车赛事
西安浐灞汽车主题公园	550	多功能汽车博览厅、汽车文化购物中心、汽车体验区	汽车博览、车展、购车、旅游、购物、售后服务、综合服务和科普
大众汽车城	375	汽车交付中心、大众汽车博物馆、汽车塔楼、7 个汽车品牌展馆、“体验世界”、酒店、影院、购物中心	商业贸易、娱乐休闲、科普教育
阿布扎比法拉利主题公园	129	模拟意大利最负盛名的旅游景点，再造法拉利制造厂，互动赛车影院，法拉利汽车展示馆	驾乘体验、互动训练、享受意大利美食、购物
丰田汽车主题公园	36	丰田汽车陈列馆、未来汽车世界体验馆	参观、试驾、体验
纽博格林汽车主题公园	23	纽博格林赛道、酒店、购物中心	赛车展览、赛车电子游戏体验

第 3 节　汽车产业节庆时间的确定

在原始社会，狩猎成功是可能举行庆祝活动的，但没有规律性。在古代农耕社会，农民主要靠天吃饭，因而需要祈祷和庆祝。而每年耕作具有周期性，这使得传统节庆活动具有了周期性。现代节庆活动是临时性的短期社会活动，需要重复举行以扩大和巩固其社会影响，往往也具有周期性。

汽车产业节庆时间的确定要注意三点。第一，节庆活动应当选在特定的、有意义的时间举办。这些特殊的时间节点有：企业开业或创办时间、周年时间、产品设计或投产上市时间、公众节假日时间、产品销售达到某个数量指标的时间、组织发展达到新的规模时间、社会重大活动发生时间，等等。第二，考虑适于节庆活动参与者外出的天气和气候时间。从全球范围来看，世界上 300 个著名的节庆活动中超过半数在 6 ~ 9 月举办，而 11 月份举办的节庆活动最少，其占比不到 3%（见图 7.3–1）。第三，节庆活动短时间内不宜频繁举行。频繁举行的节庆活动不但会耗费大量人力、物力和财力，而且容易引起组织内部员工和组织外部公众的反感，失去吸引力。有实力的组织可以每年举办一次盛大节庆活动，实力较弱的组织可以每隔两年或三年组织一次节庆活动。

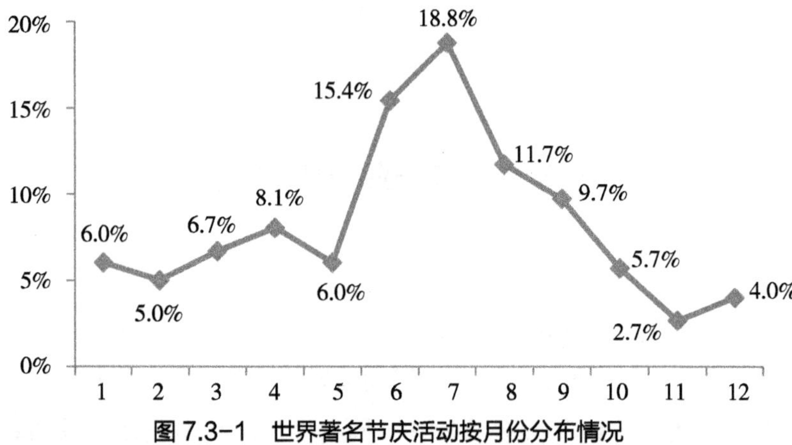

图 7.3-1　世界著名节庆活动按月份分布情况

注：数据来源于网络。

从全球 300 个著名节庆活动的持续时间来看，约占 29% 的活动其持续天数为 3 天，最短时间为一天，最长时间甚至有一个月，但约 80% 的活动其持续天数在一周以内（见图 7.3-2）。根据收集的汽车产业节庆活动案例来看，该类活动的持续天数一般也在一周以内，超过一周的情况则相当少。

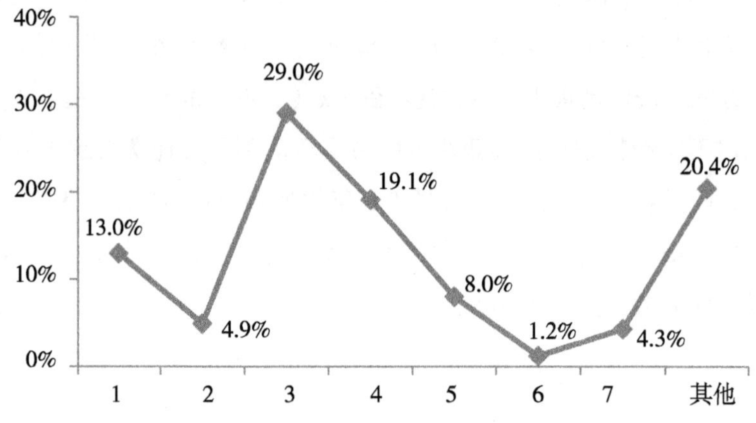

图 7.3-2　世界著名节庆活动持续天数分布情况

注：数据来源于网络。

第 4 节　汽车产业节庆活动内容和现场管理

（一）节庆活动的内容管理

从内容上看，常见的汽车产业节庆活动以参与者娱乐为主要目的，通常包含文化表演、狂欢、展览和赛事活动（见表 7.4–1）。汽车本身就是一件艺术品，特别是那些年代久远的汽车更具有纪念意义和收藏价值。不难理解，古董车的展示、巡游和评比经常会成为汽车产业节庆活动的重头戏。汽车赛事活动本身就具有极强的竞争性、观赏性和娱乐性，也是汽车产业节庆活动中的重要构成部分。由于节庆活动经常与其他会展活动同时举办，国内也有学者将该类活动称为“节事”（黄翔等，2007）。本文对以节庆活动为主的综合性会展活动仍以“节庆”为名，以区别于其他形式的会展活动。此外，国外汽车节庆活动更重视全体家庭成员的参与以及社会慈善活动。

表 7.4–1　汽车产业节庆活动的内容

节庆名称	活动内容
Wörthersee Meeting	欧洲最大的大众和奥迪车展，活动包括大众新车展示、著名音乐家及其表演
Swiss Car Event	瑞士改装艺术车展，活动包括车展、汽车漂移、机动车特技表演、摩托车自由式越野赛、汽车专业人士咨询、三轮车漂移运动、飙车运动、汽车音响发烧友大赛、女魔辣舞、最佳人气汽车奖、遥控汽车漂移赛
Italian Car Fest	意大利个人收藏汽车的展示和颁奖仪式

续表

节庆名称	活动内容
CarFest South 和 North	英国汉普郡和柴郡每年举行的汽车节，活动包括车展、音乐、舞蹈、美食、赛车运动、欣赏画作、奶油派大战
Dacia Day	2013 年开始在英国约克郡专为达西亚汽车车主及家庭成员举行的节日，活动包括试驾、游览、野餐，设有儿童游乐区和宠物看护区
NISMO Festival	日本尼桑汽车公司的年度赛车节庆，活动包括赛车、产品展示、巡游、演讲，以弘扬赛车和汽车运动文化
CARFEST	美国 AutoInterests 公司专为草根赛车运动而主办，活动包括道路驾驶、绕桩比赛、车展、宴会、嘉宾演讲、现场乐队
Nashville Auto Fest	美国田纳西州古董车活动，活动包括古董车展、零配件交换、颁奖
New York AutoFest	美国纽约古董车活动，活动包括展览、夜场巡游、汽车电影、演讲
California Festival of Speed	美国西南部最大的保时捷车迷聚会，活动包括俱乐部赛事、零部件交换、车辆交易、旧车展示、赛道体验、绕桩驾驶体验
Motorfest	美国爱达荷州最大的室外汽车活动，活动包括汽车展示、赛车、特技表演、音乐会、巡游、遥控车赛
Celebration Exotic Car Festival	北美规模最大的异国汽车、赛车和好莱坞电影车活动，活动包括汽车展示评比、拉力赛、音乐会、喜剧表演、派对晚宴
A Celebration of 100 Years of BMW	美国宝马汽车 100 周年庆典，活动包括宝马古董车最佳质量评奖、赛道高超驾驶技术训练、普通公路拉力赛、绕桩驾驶体验
Artcar Fest	美国加州最大的艺术汽车活动，活动包括艺术车展示和巡游、乐队、歌舞表演、时装秀、脱口秀、纪录片电影
summernats	澳大利亚首都堪培拉举行的该国最大汽车节，活动包括近 3000 辆改装车街头巡游、零部件展览零售、世界上最大的烧轮胎比赛、摇滚音乐晚会、最大马力比赛、驾驶体验、墨水纹身大赛、儿童俱乐部等

从主要活动内容来看，国内汽车产业中号称的“节庆活动”可以分为以下几大类。但从理论上看，只有第一类才是严格意义上的节庆活动。

（1）以文化娱乐活动为主的节庆活动。

节庆活动必须有人气，而没有娱乐就没有人气。表演的观赏性最强，适合现场气氛营造。演出活动通常以晚会、联欢会、汇演、音乐会的形式进行，内容包括戏曲、舞蹈、音乐、曲艺、杂技、魔术、马术、表演赛等。汽车产业节庆活动中的表演活动可分为两类：一是与汽车产业无关的活动，如流行歌曲演唱、魔术表演、青年街舞、电影；另一类是以汽车产业为题材的活动，如汽车产业产品的制作过程、操作演示和赛车。前一类表演活动的目的是吸引人气，但不能喧宾夺主。

嘉年华（Carnival）[1]最早起源于古埃及，后来成为古罗马农神节的庆祝活动。多年以来，“嘉年华”逐渐从一个传统的节日，到今天成为包括大型游乐设施在内，辅以各种文化艺术活动形式的公众娱乐盛会。全世界各地有着花样繁多的嘉年华会，并成为城市的标志。汽车嘉年华的内容繁多，通常涉及汽车竞速比赛、试乘试驾、汽车摄影、汽车拍卖会、汽车动漫、野营、汽车巡游、新车或老爷车展、汽车模特、汽车漂移、吉尼斯挑战和吉尼斯大师汽车技能表演、汽车特技表演、汽车知识展、汽车邮票和模型等衍生产品销售、冲关赛事、改装车展、汽车趣味赛事等。

近年来，国内出现了多个汽车嘉年华，如 2016 开始举办的青岛汽车嘉年华、武汉建银中美 Jeep 嘉年华、东风雪铁龙 GoStar 汽车文化音乐嘉年华，等等。“中国汽车嘉年华（China Auto-Party）”是一项以汽车为主题的巡回游乐活动品牌项目，是中国老式车辆联盟联合中国汽车文化网历经数年打造、独家呈现并倾力推出的新式汽车文化活动，具有文化、动态、双向、多元、娱乐等多重特点。主办方认为该活动是车展、汽车品牌活动、汽车公关活动理想的替代合作模式。整个活动展现“蕴”“酷”“炫”“飙”“睿”五大篇章，囊括 15 个主题。各篇章的主题之间互为映衬、珠联璧合、各行各秀、精彩纷呈。

（2）以赛事为主的“节庆活动”。

第二届中国（国际）汽车房车露营大会暨大型国际房车、汽车、摩托车露营文化节于 2015 年 8 月 7 日至 8 月 23 日在内蒙古自治区包头市达茂

[1] “嘉年华”的前身是欧美“狂欢节”的英文音译，相当于中国的“庙会”。

旗举办。文化节由“第二届中国（国际）汽车房车露营大会”“创世界纪录36ER中国民用汽车耐力公开赛”和勒芒（中国）民用摩托车耐力“摩王争霸”组成，历时17天。创世界纪录36ER中国民用汽车耐力公开赛将在达茂旗的第一赛道举行。赛道全长15.68千米，是目前亚洲最长的全封闭场地赛道。赛事要求换人不换车，加油、换胎、维修的时间包括在内，在规定的时间内最终以完成36小时安全行驶里程最多者获胜。参与“摩王争霸赛”的摩托车生产厂家超过40余家，参赛车辆近1000多辆，参与人数超过3000人。

（3）以展销、展览为主的“节庆活动”。

重庆市商业委员会主办的重庆汽车消费节定于每年年底举办，与每年上半年六月举办的重庆车展形成了重庆车市每年“一展一节”的展会格局。重庆汽车消费节自2010年首次举办以来，得到了国内外汽车厂商的高度认可，已成为重庆车市促销力度最大、参展品牌最多、市民参与性最强的活动，是经销商冲量、释放库存的最佳平台。车展现场不仅有来自全球逾80个汽车品牌参展，还有汽车用品专区、汽车金融服务及保险咨询机构等，为市民提供集汽车销售、汽车文化、汽车体验于一体的综合购车平台，参展范围：国内外合资品牌汽车、国内自主品牌汽车、进口品牌汽车、二手乘用车、二手车置换、汽车用品、汽车消费贷款金融服务及保险咨询等。2016年第七届重庆汽车消费节在重庆市两江新区的悦来会展城举行，展览面积达到12万平方米。

2016年5月27日～29日，为期三天的“一汽大众首届粉丝嘉年华”在吴江七都盛大开幕，来自内蒙古、深圳、香港、大理、上海和吴江本地等全国各地的500多辆改装车，2000多位车友共聚“太湖迷笛营”，开启了“酷车巡游”“改装车评选”“潮流汽车文化展示”“草根原创音乐大趴”等一系列活动，一场中国版的“沃尔特湖”车迷潮流盛会激情上演，见证汽车、音乐、美食的无穷魅力。

（二）节庆活动的现场管理

节庆活动现场要在环境和设施方面巧妙布置，围绕主题营造感官效果。为避免现场杂乱无章、保证人员安全、充分利用场地和满足参与者不同的需求，节庆活动现场还应当分区布局，便于人员流动和紧急疏散。

湖北省首届“966汽车露营音乐节”在武汉蔡甸区大好河山景区举行。该活动分为摇滚音乐、户外运动、美食节、趣味驾驶、野外露营五大主题，充分满足都市时尚人群的休闲娱乐需求。

中国安徽汽车音乐节创办于2012年，四年来已经形成广泛的社会影响力，现场观众总计逾6万人。2014年，活动被评为中国年度最具影响力省级广播活动，也是安徽广播电视唯一被列为2014安徽省文化惠民项目的活动。2015年安徽汽车音乐节举办地点位于合肥体育中心北广场。本次音乐节不再邀请明星出场，将舞台让给活跃在本土的摇滚乐队、歌手，甚至是普通市民。现场活动有：安徽广播交通频道听友互动秀、安徽广播交通频道萌宝代言人评选活动、官方护照售卖、宣酒抽奖活动，还有汽车体验、魅力非遗、魅力旅游、亲子乐园、后备箱集市、10分钟荧光夜跑、中秋主题游戏等活动。

需要注意的是，汽车产业节庆活动一般属于大型群众性活动，现场安全管理应当遵循2007年国务院颁布的《大型群众性活动安全管理条例》规定。该条例包括了总则、安全责任、安全管理、法律责任和附则五个部分。主要内容包括：举办者应是依法成立的法人或其他组织，活动内容不得违法或违反社会公德；具备安全工作方案，安全责任明确、措施有效；活动场所、设施符合安全要求；预计参加人数在1000人以上、5000人以下的，由活动所在地县级人民政府公安机关实施安全许可；预计参加人数在5000人以上的，由活动所在地设区的市级人民政府或直辖市人民政府公安机关实施安全许可；跨省、自治区、直辖市举办大型群众活动的，由国务院公安部门实施安全许可。根据该条例的规定，大型群众性活动安全工作方案由承办者负责，具体内容包括：安全工作人员的数量、任务分配和识别标志，活动场所的消防安全措施，现场秩序维护、人员疏导措施，入场人员的票证查验和安全检查措施，治安缓冲区的设定及标识，车辆停放与疏导措施，应急救援预案，等等。

第5节　汽车产业节庆营销和品牌管理

（一）节庆营销管理

大部分节庆活动并不盈利。节庆营销工作的重点是赞助商、政府部门和志愿者，而不是观众。除门票收入外，赞助收入在汽车产业节庆活动中也是必需的、非常普遍的。每年有30万人参观的美国休斯敦艺术汽车周末游行活动（Houston Art Car Parade）的主办方指出，如果没有公司赞助、基金会赠款、实物捐赠和个人捐款的慷慨帮助，周末的游行活动是不可能进行的。而各取所需是赞助商与主办方合作的基础。旧金山艺术汽车节（ArtCar Fest）主办方认为，艺术汽车是当代典型的公共艺术，汽车节是美国西海岸最大的艺术汽车节，拥有广泛的人群和广告媒体，能够给赞助商带来回报。GTI车迷大会的赞助商则可以通过赞助合作伙伴关系直接与有兴趣的国际观众联系。如表7.5-1所示。

表 7.5-1　节庆活动赞助商的回报

美国旧金山艺术汽车节 （ArtCar Fest）	奥地利沃尔特湖 GTI 车迷大会 （Wörtherseetreffen）
√ 在网站、新闻稿和打印材料上显示赞助商的 Logo √ 活动期间展示赞助商的招牌和旗帜 √ 艺术汽车访问赞助商赞助的学校 √ 到赞助商所在地举行活动 √ 命名权和展示权——为赞助商定制艺术汽车	√ 在海报 / 传单上显示公司 Logo（400 欧元） √ 在 LED 显示屏上做广告（1315 欧元） √ 在网站上显示公司 Logo（840 欧元） √ 在门票上印制公司 Logo（1580 欧元） √ 横幅 / 旗帜广告（5 项）（1050 欧元） √ 在汽车赛场 / 橡胶跑道上做横幅广告（2 项）（315 欧元） √ 将公司产品放置在主展示台上（1575 欧元）

发达国家的节庆活动多数已经完全市场化运营了，而我国的情况则刚好相反。尽管市场化是我国节庆活动产业未来发展的趋势，但在当前政策环境下，政府扶持产业发展也有正当理由。当协会和企业作为主办方时，国内节庆活动当前营销管理的难点是资金的筹措，而不是观众的召集。节庆活动大多数在非专业场馆举行，这给主办方的门票收费带来困难。除企业和协会以自身财力、物力、人力单独主办外，许多节庆活动需要赞助商的赞助，以及政府的财政补贴。在赞助、门票和广告收入低于成本的情况下，受益方（酒店、餐饮和交通等部门企业）应当补偿项目主办方，否则后者很可能无法生存。但是，受益方宁愿“搭便车”，而不愿意付出。管理部门有必要主动采取措施，通过征税或收费的方式，将既得利益者的部分收益以税收减免、场馆（场地）补贴、项目奖励等形式返还给项目主办方，使主办方得以生存和发展（见图 7.5-1）。

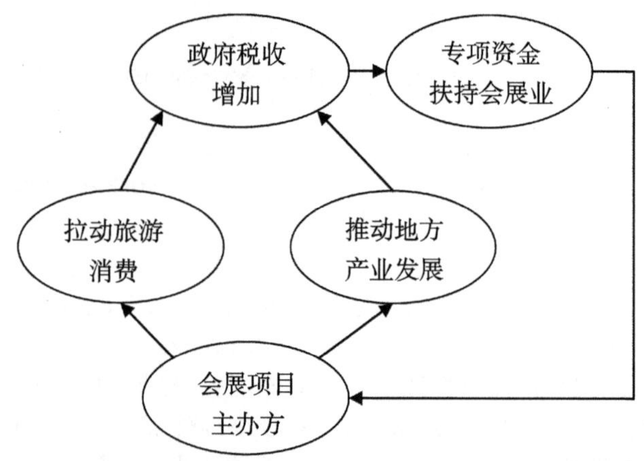

图 7.5-1　会展业发展资金流动路径

注：摘自贾岷江所著《我国会展业发展中的诸化问题研究》第 29 页，中国旅游出版社 2016 年出版。

在这方面，美国麦考密克会展中心的资金筹措方式值得借鉴。美国芝加哥麦考密克会展中心（McCormick Place）建设资金经伊州议会批准，主要由伊州政府以发行债券的方式来筹集，以会展业所带动的相关行业的一定份额的税收来清偿。最早发行的建设债券，主要由赛马税和香烟税投入。后来又增加了酒店税和销售税。从 1991 年起，州议会立法确认，那些直接从会展业发展中受益的单位应当为会展中心提供资金，包括四个方面的来源：一是库克郡汽车租赁 6% 的费用，二是芝加哥市酒店和汽车旅馆 2.5% 的税收，三是市中心商业区、奥哈尔国际机场和米德威机场餐饮业 1% 的税收，四是奥哈尔机场和米德威机场地面交通的费用。这一规定延续至今，为会展中心的历次扩建和日常运转提供了财力保障。

与许多其他类型的会展活动类似，汽车产业类节庆活动减少财务亏损的另一重要措施是大量使用志愿者以减少人力成本的支出。志愿者给活动举办方带来所需的知识和技能，同时扩大活动的社会影响。但活动举办方要重视志愿者的招募、培训、工作安排和奖励。志愿者可以从事现场布置、贵宾接待、观众导引、物品分发、通信联络、文艺表演、现场清洁和秩序维持等各方面的工作，大多数来自在校学生。

（二）节庆品牌管理

21世纪初以来，各地出现了多个汽车产业节庆活动。如今，这些节庆活动还有多少在继续举办？国内汽车产业的节庆活动大多昙花一现，很少能够长期存续，其中原因之一就是主办方缺乏品牌管理意识或能力。

节庆活动的品牌同样可以从知名度、美誉度和忠诚度三个方面进行衡量。其中，知名度包括活动参与总人次（或总人数）、国外参与者比例、参与者国家数、举办届数四个指标；美誉度包括参与者满意度、社区认可度两个指标；品牌忠诚度可用参与者重复参与的比例来衡量（贾岷江，2016）。

为提高节庆活动的知名度，主办方固然可以通过电视、广播电台、网络、报纸等媒介进行宣传，但传统媒体（广播电台、电视、报纸）的广告效果正逐渐下降，而各类网站以及新兴的移动设备应用软件（APP）正日渐受到社会欢迎。节庆活动网络营销的优势有：建立品牌的知名度、直复营销、网上销售、消费者支持、市场营销调查和信息提供（霍伊尔，2003）。因此，节庆活动应避免与传统的营销媒体（如电视、电台、印刷广告）混在一起。而国内节庆活动的主办方对新媒体营销重视不够，一些活动甚至连网址都没有。

提高节庆活动美誉度和忠诚度的重点应放在现场服务和活动内容安排上。为使参与者满意，主办方需要明确节庆活动的历史、价值和市场差异性。霍伊尔（2003）认为，活动的娱乐性、兴奋性和冒险性（“3E原则”）能给参与者带来更大价值，是各种节庆活动获得成功的重要因素。美国艺术汽车节的主办方认为，真正有意义的节庆活动应当是富有成果的玩耍（productive play），帮助人们建立联系、友谊、团体和身份感。为避免节庆

活动内容的雷同，主办方在节庆活动中可以引入本土汽车文化、本地民族文化以彰显特色。此外，主办方应当注意重点观众和媒体记者的邀请和接待，充分利用承办方、支持方、协办方甚至赞助方的社会影响，提高活动服务质量。

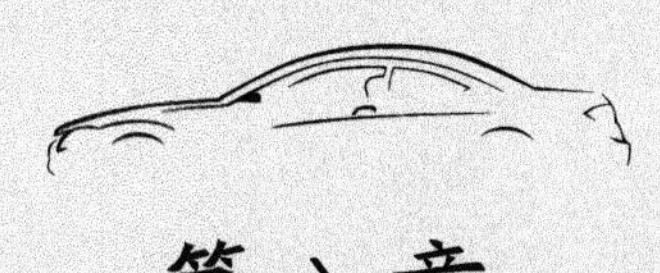

第八章

汽车产业奖励旅游的管理要点

第 1 节　汽车产业奖励旅游的组织者

参与奖励旅游项目的关键人员包括：实施奖励企业中的首席执行官、员工所在部门经理、未获奖人员、获奖人员和旅游服务供应商（如酒店、旅游企业等）。首席执行官和部门经理决定是否进行奖励，对未获奖人员和获奖人员进行选择，以及参与奖励旅游活动。企业的奖励行为不仅影响获奖人员，也会影响未获奖人员。除了活动服务人员外，参与旅游活动的人员有获奖者和企业主持人。企业主持人是协助执行旅游计划的关键管理人员（首席执行官和部门经理），通过识别获奖员工、与优秀人员建立联系和关系，从而在计划的整体成功中发挥至关重要的作用（Severt 和 Breiter，2010）。由此可见，奖励旅游应属于团体旅游，而不是个人旅游。

根据奖励旅游的定义，奖励旅游的消费者是企业（或其他组织，如协会、政府机构）的有功人员，奖励旅游的购买者是实施奖励的组织，奖励旅游的供应者是旅游活动的外部组织者（见表 8.1–1）。奖励旅游的消费者和购买者分离是奖励旅游的基本特征之一。奖励旅游的购买者和供应者分离是社会分工水平提高的表现，也是奖励旅游业形成的基础。

表 8.1–1　奖励旅游的对象和相关组织

奖励旅游消费者	奖励旅游购买者	奖励旅游供应者
员工、经销商、特定供应商或消费者等相关人员	企业、协会、政府等组织	外部旅游企业

奖励旅游产生初期是企业针对销售人员和经销商的奖励，现在已经扩大到对企业有重大贡献的利益相关者的奖励，如公司内部员工及其家属、

关键消费者、重点供应商等。汽车产业企业针对合作伙伴的奖励旅游如2007年上海尚略策划公司为宝马中国经销商奖励旅游策划了“巴厘岛愿景之旅”就是一个典型案例。汽车制造企业针对消费者的奖励旅游的活动较多。2016年3月1日~2日，“未来先享，技高一筹”卡罗拉双擎区域媒体试驾会在冰城哈尔滨隆重举行。近百家东北区域媒体的记者通过道路试驾、对比试驾以及科目试驾，领略了卡罗拉双擎在低温使用环境中独特的驾驶魅力。2016年3月，一汽轿车销售公司携手经销商组织用户开展了“2016红旗品牌植树公益行”活动。2016年4月下旬，一汽丰田宣布开展RAV4车主荣耀之旅活动。该活动从广州开始，途经成都、西安，再向东行驶至上海，之后向北经北京直至终点哈尔滨，行遍整个中国，沿途经过近百个城市，全程历时2个月。2016年，长安汽车携手携程旅行网，联合打造CS75“自在自驾”万元旅游基金任你游活动。

除企业外，奖励旅游的购买者还可以是协会、政府、社团等组织。我国政府和协会采购奖励旅游可能受公款消费限制。因此，目前国内绝大多数奖励旅游的购买者仍然为企业。这些企业主要是经营效益较好的外资企业、中外合资企业和大型民营企业。Sheldon（1995）对美国财富1000强中的127家公司进行调查，发现使用奖励旅游的企业相对于不使用的企业具有如下特点：销售人员所占比例高，企业面临的竞争性环境强，企业内部有独立的旅游部门，企业在全球的地理分布广（李晓莉和刘松萍，2013）。

奖励旅游活动既可以由旅游购买者，也可以由旅游供应者组织。在20世纪20~50年代中期，奖励旅游大多数由企业组织（高静，2004）。实施旅游奖励的企业自行组织的优势有：能使旅游活动内容与企业文化和管理要求紧密结合，有亲情感，加强奖励对象与企业之间的关系；其劣势有：缺乏专业人员，难以驾驭外部资源，不熟悉业务流程，奖励对象对旅游活动不感兴趣。而旅游供应者组织奖励旅游的优劣势则刚好相反。

据国际奖励旅游精英协会（SITE）近年来的调查，76%的奖励旅游决策者是企业C级管理人员，如执行总监（CEO）、营销总监（CMO）、财务总监（CFO）等；33%属于销售/营销部门；大部分奖励旅游用户都是出于销售目的；48% 的用户喜欢使用组团旅游作为奖励，另有 27% 的用户使用组团加个人旅游。但是，这些企业不会单独使用奖励旅游：68% 的用户也使用购物卡，58% 的用户使用商品，51% 的用户使用现金。

目前，由外部旅游企业组织奖励旅游活动的较多。借助于外部资源实施奖励旅游活动更有利于提高员工的旅游兴趣，效果通常更佳。外部企业主要以专业的奖励旅游公司为主，还有酒店、普通旅游公司、会议公司等组织。根据服务的范围来看，专业的奖励旅游公司又分为：全面服务旅游公司、单纯旅游行程服务公司、单纯奖励旅游活动公司。

第 2 节　汽车产业奖励旅游地点的选择

通常说来，会展业发展的外部条件有三个：经济较发达，具备良好的市场需求；开放程度高，第三产业相对发达，有丰富的旅游资源；具有特色的地区或城市产业。我国传统奖励旅游的目的地主要在风景名胜区的疗养院。由于旅游景点较多、服务设施完善、旅途安全有保障、政治经济发达，因此世界奖励旅游客源地和目的地仍然集中于欧美发达国家。为满足探险和猎奇的需要，现阶段也有部分旅游目的地向发展中国家延伸。汽车产业奖励旅游的目的地分布具有同样的规律。

奖励旅游目的地一般在著名的风景区、文化旅游城市、中心城市或首都、国际性大都市，并具有较好的接待能力、气候和社会环境、便利的交通设施（高静，2004）。而提供娱乐设施及奢华服务，搭载乘客从事旅行、游览、会议活动的游轮（游船、旅游船）一直是国外奖励旅游的理想场所（费尼奇，2016）。除了传统旅游目的地外，具有汽车行业特征的奖励旅游目的地有：汽车自驾游线路、露营地、汽车主题馆（园）、汽车制造工厂和其他会展活动举办地等。现代奖励旅游的目的地应当由传统目的地向具有行业鲜明特征的目的地转变。事实表明，不具有传统旅游设施的地方也可能开展奖励旅游。但无论何种地点，选择那些被奖励者期望的目的地总是能给他们带来惊喜和满足，留下深刻印象，扩大对企业的正面宣传。

（一）汽车自驾游线路

汽车自驾游兴起于20世纪中期的美国，在西方发达国家比较盛行。世界上有许多著名的汽车“自驾游线路”，如美国加州太平洋1号公路、德国莱茵河峡谷、澳洲第一海岸线，等等。这些线路旁往往分布着大大小小的“汽车旅馆（Motel）”。我国也有多条知名的自驾游线路，如川藏线、青海祁连山大环线、西双版纳热带雨林自驾游线路等。2007年，成都大学林光旭教授发现中国大陆版图上存在着两条与旅游经济密切相关的主线，即中国胡氏线和国道318线，这两条线交汇于成都地区。2010年，他进一步在我国特有的三级台阶式地理分布形态基础上，分析户外旅游空间的边界效应和旅游空间虫洞效应，将这两条主线命名为“中国旅游双线”。基于该理论，林教授预期在双线区域构建规模化的户外旅游市场体系，以满足以家用车、房车自驾为代表的中国自助旅游市场日益高速增长的需求。如图8.2-1所示。

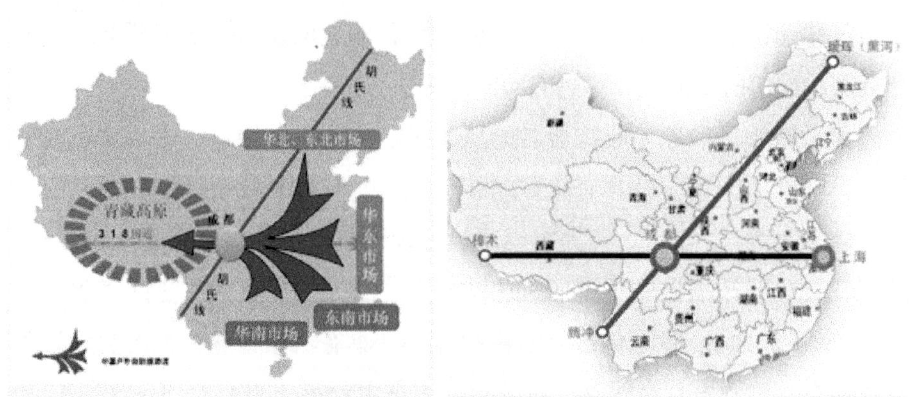

图8.2-1 中国旅游双线图

注：图片来源于成都大学林光旭教授工作室。

目前，中国自驾游活动方兴未艾。继“野地”“雨林”“沙漠”为主题的“2010 郑州日产车主大会暨帕拉丁俱乐部第四届越野体验营”活动之后，2010 年 12 月 27 日至 31 日在北国冰城哈尔滨迎来了收官之战“冰雪站”。活动的赞助方郑州日产和主办方帕拉丁俱乐部精心地为车主们准备了各种游玩活动，如“亚布力滑雪”“亲手做雪雕”“乘坐雪扒犁”“东北及俄罗斯特色饮食”“俄罗斯风情及哈尔滨文化感受”等，还特意邀请了全国拉力锦标赛冰雪站的冠军车手手把手教授大家冰雪驾驶技巧。

2016 年 7 月 15 日，上汽通用汽车雪佛兰在青海西宁发布了全新升级的雪佛兰金领结 U·CLUB 车主俱乐部，同时启动了今年全国大型主题车主自驾活动——“乐享自游”。来自全国各地的 50 名雪佛兰车主通过 U·CLUB 会员积分参与抽奖，幸运入选了“乐享自游”首站青海湖自驾游之旅。在为期 3 天的行程中，雪佛兰车队从西宁出发，沿途穿越日月山、环游青海湖、观赏达坂山，尽览大美青海。

2016 年 6 月 20 日，“寰行中国”2016 别克·中国文化之旅于成都正式启程。第三季“寰行中国”将围绕西南和东北两大主线，通过五段行程超过 7500 千米的亲历体验及“别克文化大讲堂”的交流探讨，探寻多彩原生态的民族文化。“寰行中国”的合作伙伴——美国国家地理频道将为本季旅程精心制作《寰行中国：生生不息》六集纪录片。

“一款车，一种生活方式——2016 年长安汽车品质生活季‘越极之旅’”也开始启动，第一站“越极·心驰”草原之旅于 7 月 20 日～22 日，在位于内蒙古海拉尔的呼伦贝尔大草原正式拉开帷幕。此次活动，长安汽车邀请了 30 名车主作为嘉宾免费参加，并与神秘奥运冠军一起开启此次草原之旅。

（二）汽车露营地

汽车露营在欧美发达国家已有 100 多年的历史了。汽车露营以其便捷、自由、廉价等优点，以及能够释放工作压力、亲近自然、休闲养生和建立群体人员内部感情而受到社会大众的青睐。露营地又称为“自驾游园区”，其发展经历了从路边搭帐篷到免费公共营地、私人收费营地、连锁经营营地、豪华房车营地等几种形式，一般选址在自然风景优美的海边、湖畔、公园内和山谷中（谭玉梅，2015）。为便于管理和目的地营销，美国汽车协会（AAA）对遍布全美，甚至加拿大、墨西哥和加勒比的会员露营地制定了评级标准。

汽车露营在中国仅有10多年的发展历史。目前我国自驾游发展严重受制于自驾营地建设滞后困扰，自驾游的发展还处于初级阶段。随着人们收入水平的提高、休闲时间的延长、私家车保有量的增长、各类道路网络的形成和国家对度假旅游业的重视，我国汽车露营产业的发展必将迎来高潮。一些地方已经开始修建供自驾旅游者使用的露营地。据中国汽车露营地网的资料，目前国内知名的汽车露营地有近500个。如2010年在北京房山区长阳大宁山庄建立的北京房车博览中心，占地400亩，绿化率达86%，是目前国内唯一以房车及露营为主的大型交易市场，旨在打造以房车、户外露营装备用品展示销售为主，综合房车露营地场所、休闲娱乐设施为一体，可以为消费者提供包括房车体验、销售、停放、托管，房车维修、保养等专业、便捷、全方位、一体式服务。营地配备了多处喷泉、景观设计、木屋、生态卫生间等，令整个露营区亮点纷呈，湖畔边还设有多功能休闲区、标准房车泊位、铁锅鱼灶台等一系列配套设施。北京房车露营公园环境清幽，草木葱郁，多处水泊可供人们垂钓。中心具备水电接口、提供清洁卫生等服务，可供房车、自驾车、帐篷使用者露营休闲。

（三）汽车制造工厂

工业旅游是指以工业生产过程、工厂风貌、工人劳动生活场景为主要吸引物的旅游活动。工业旅游在欧美发达国家早已有之，在我国出现则是最近十多年间的事情，但已成为深受广大游客喜爱的新的旅游形态。国内工业旅游作为旅游行业的一个新领域，起源于我国组织开展的对有一定知名度的名牌企业的参观学习。现代工业企业开展工业旅游不仅能带来直接的经济效益，而且潜在的广告效益也是巨大的。随着传统工业在改造升级中退出舞台，利用工业遗产开展工业旅游，不仅能够保护工业遗产，也能够为地方经济的转型和发展起到推动作用，因而成为很多城市发展旅游业的重要手段。工业旅游产品具有丰富的知识性，工业旅游业具有独特的观赏性和较强的参与性。其直接的经济效益表现为：门票收入，向旅游者提供餐饮等服务的收入，直销产品的收入等。间接收益主要有：树立企业形象，免费广告效应，了解现实的和潜在的顾客需求，掌握市场动向，培养现实顾客和潜在顾客，增强员工的责任感，提高工作效率。

国内外许多汽车制造厂都对外开放。很多年前，12 岁以上的社会公众就可以预约宝马美国制造工厂的付费旅游，一睹现代工程与设计美学融合的奇迹。目前因工厂扩建而暂停旅游。2016 年，长安汽车全球“Open Day”正式开启。坐落于嘉定安亭上海国际汽车城的上海大众汽车有限公司是目前国内生产规模最大、产品保有量最多的现代化轿车生产基地，拥有世界一流的生产设备和工艺，每天生产桑塔纳、帕萨特、斯柯达、波罗、途安等六大系列、几十个品种、数千个产品。梦幻般的工厂、灵巧的机器人、熟练的装配工人、高效的生产流水线吸引着各地参观者纷至沓来。2016 年 3 月 12 日，上汽大众长沙工厂首次对外开放。人们在参观奔驰汽车公司总装线时，可以穿上工作服，拧上几颗螺丝钉，到工人的食堂里吃顿午饭，体验“奔驰人”的生活，最后购买些印有奔驰商标的钥匙圈、丝巾、手表等纪念品，或者把车买走。

（四）汽车主题馆（园、城）

以汽车为主题的场所包括各类汽车博物馆、汽车主题公园、汽车体验馆、汽车城和汽车产业园区等。世界上著名的汽车厂商几乎都拥有自己的汽车博物馆，如表 8.2–1 所示。

表 8.2–1　世界著名汽车博物馆

名称	地点	建馆时间	备注
福特汽车博物馆	美国底特律	1929	美国最知名的汽车博物馆
废旧汽车博物馆	美国乔治州怀特郡	1931	世界上最大的废弃车辆堆积场
都灵汽车博物馆	意大利都灵	1960	意大利最著名的汽车博物馆之一
宝马汽车博物馆	德国慕尼黑	1972	位于宝马品牌体验中心内
汽车驾驶部落	英国布鲁克兰	1980	位于布鲁克兰博物馆内，是英国第一条汽车赛道和飞机跑道所在地
标致汽车博物馆	法国索肖	1988	展出 1890 年以来所有标致汽车
丰田汽车博物馆	日本长久手市	1989	日本最主要的汽车博物馆之一
法拉利汽车博物馆	意大利摩德纳	1990	每年有 20 万名参观者
彼特森汽车博物馆	美国洛杉矶	1994	汽车时尚杂志创始人彼特森为了将他终身收藏公开而建
沃尔沃汽车博物馆	瑞典哥德堡	1995	瑞典最大工业企业集团的的博物馆
大众汽车博物馆	德国沃尔夫斯堡	2000	每年吸引 200 万名游客
奔驰汽车博物馆	德国斯图加特	2006	世界上唯一能够展现 120 年汽车历史的博物馆
保时捷汽车博物馆	德国斯图加特	2009	世界最著名的跑车博物馆之一

总部坐落于斯图加特城的奔驰汽车，被评为世界上最成功的高档品牌之一，以完美的技术、过硬的质量以及新颖的创新能力被世界汽车爱好者所称赞。它是汽车业的三巨头之一，每一道生产环节都代表了这个时代的工业进化最高水平，以其流畅近乎完美的曲线征服了每一个人。参观具有历史意义的奔驰老爷车也是一件很有趣的事情。在一个充满流线型布景的场馆中，游客可以坐观光梯自上而下地观看，还有特意为旅客准备的观光椅和电子游戏设备，深受老人和孩子的喜爱。

意大利博洛尼亚（Bologna）有一个著名的名车谷。个人只要定制一日游活动，导游就会带你去名车谷，进入工厂和博物馆，探访法拉利、兰博基尼和杜卡迪的神秘世界。1926年安东尼奥·卡瓦利内·杜卡迪和他的三个儿子在博洛尼亚建立了一个很小但极为成功的工厂，起先生产真空管，以后逐渐创下了在两轮摩托生产领域速度和性能方面的两个世界第一名。费鲁尼欧·兰博基尼于1963年创办了兰博基尼汽车制造工厂。他希望生产一款豪华的旅行汽车和恩佐·法拉利的运动赛车竞争。公司的第一款车型在1960年中期完成，以在动力和舒适方面的改进享誉世界。游客有机会去参观他们的博物馆，见识最负盛名的兰博基尼车型，同时还能进入工厂，一睹最新款的Gallardo LP 560-4车型在流水线上安装的风采。在摩德纳附近的马拉内罗，观众还可以去参观法拉利博物馆，也可以租用法拉利458 Italia型或兰博基尼Gallardo LP570 Superleggera型车试驾。

长安汽车的前身是上海洋炮局，迁到南京后更名为金陵制造局，主要生产各种枪炮。抗日战争时期，为躲避轰炸，兵工厂西迁重庆，成为抗战期间最大的兵工企业。1951年，兵工厂改名为长安机器厂，开始试制军用吉普车，并在1958年试制成功。1983年进入汽车行业，主要产品有全系列乘用车、小型商用车、轻型卡车、微型面包车和大中型客车。新近建立的汽车工业园，通过汽车生产线观光方式，普及汽车知识，展示现代企业管理的成功经验以及企业文化。

2006年，奇瑞汽车股份有限公司工业园被国家旅游局批准为“全国工业旅游示范点”。奇瑞公司由小到大，由弱到强，从国内走向国际的发展历程，讲述着一个民族工业“以产业报国为己任”的精神和信念，极具奇瑞企业文化特色。

上海汽车博物馆于2006年10月24日正式落成。是中国首家专业汽车博物馆，上海市开展汽车科普教育与推广汽车文化的重点文化工程之一。上海汽车博物馆的内部空间依照其功能不同共分为历史馆、珍藏馆、探索馆、会务休闲区、临展区等五部分，总展示面积约1万平方米。上海汽车博物馆系统地对世界汽车发展历程进行了梳理，并建立了自身的研究机构，其展示内容已经在汽车科普教育方面形成了以汽车历史、汽车人文、汽车

科技为中心的完整的主线，为广大青少年和汽车爱好者提供了一个独一无二的了解汽车历史、探索汽车科技、解读汽车人文的绝佳场所。综合品牌的展示，使上海汽车博物馆成为各大汽车品牌进行文化交流的最好平台；众多国际、国内汽车品牌的汇集，也使上海汽车博物馆成为体验汽车文化、体会汽车艺术的时尚之地，更为广大的汽车爱好者提供了一个最好的交流、聚会、娱乐的平台。参观者还可以在上海汽车博物馆坐落的汽车博览公园内游玩。上海汽车博览公园是一个以汽车娱乐、汽车展览、汽车文化为主题的综合性公园。上海汽车博物馆还配套建设了大中小型的各类会议设施，满足企事业单位的休闲和会务需要。同时，馆内设有汽车主题休闲吧、屋顶花园、汽车图书馆等区域。博物馆还为广大参观者提供能够满足不同层次游客需要的汽车纪念品、车模、汽车图书、汽车类艺术品，等等。

北京国际汽车博览中心（北京汽车博物馆）是全额拨款事业机构。博物馆确定了五大职能体系，即展览展示、公共教育、开放保障、文化产业和行政管理，核心职能为展览展示和公共教育。2010 年完成场馆建设，2011 年正式对公众开放。展陈以“科学、技术、社会”的主题方式将展品展项、展示技术、空间场景和展览氛围的营造围绕主题内容进行安排；根据“历史－技术－未来”的主线，设置了创造馆、进步馆、未来馆 3 个展馆和中国汽车工业经典藏品车展；精心遴选了一批具有很高历史政治意义的藏品，包括藏品车 70 余辆、文献资料 3000 余册、照片万余张；创新研发了大型科技互动展项 50 余个、多媒体影片 40 余部，完成了数万字图文信息的编撰，其中多个重点项目还得到市级专项资金支持；组织编撰了国内第一部汽车专题系列丛书《汽车简史》（共十册），其中一至四册已陆续出版。

2009 年 4 月 28 日，大连向阳老式汽车博物馆在旅顺太阳沟正式开馆营业。这是我国第一座“老爷车”博物馆，这里收藏了汽车、摩托车、助力车、自行车、汽车部件、汽车工具、车模等七大类 600 多辆（件），仅汽车和摩托车两大类就有 300 多辆。该博物馆创始人刘向阳是大连一位本土收藏家。

日本丰田汽车博物馆位于日本爱知县名古屋市爱知郡长久手町，1989年4月开馆。主馆以实用型汽车为主，介绍了从汽油汽车问世的19世纪末到20世纪的汽车历史，共展出约120台汽车。新馆通过人们的生活与生活文化之间的关联来讲述日本汽车普及化的历史，展示生活与汽车的关系。丰田汽车博物馆的展示品不仅有丰田产品，还收集保存了世界各国的汽车，有系统地介绍了100年来全球急速发展的汽车文明的辉煌业绩。

（五）汽车产业会展活动举办地

汽车产业会议、展览、赛事和节庆活动的举办地也是奖励旅游的活动地点。会议、展览、赛事、节庆活动和奖励旅游通常被归入会展旅游大类。从功能上看，这些活动能够实现参与者个人的学习、娱乐、商务、消费和社交动机，与奖励旅游一样具有“激励”功能。因此，会议、展览、赛事、节庆活动举办地也应是奖励旅游的活动地点。这些地点在前面章节中已有叙述，此处不再赘述。

第3节　汽车产业奖励旅游时间的确定

从国外入境游客的时间分布来看，与商务/会议旅游、观光旅游和探亲访友旅游相比，服务员工的旅游在季节上并无明显的分布规律（见图8.3-1）。但管理者在奖励旅游时间安排上应当考虑三个方面：一是奖励的及时性，二是旅游活动开展的方便性、恰当性，三是避免与重要工作时间的冲突。

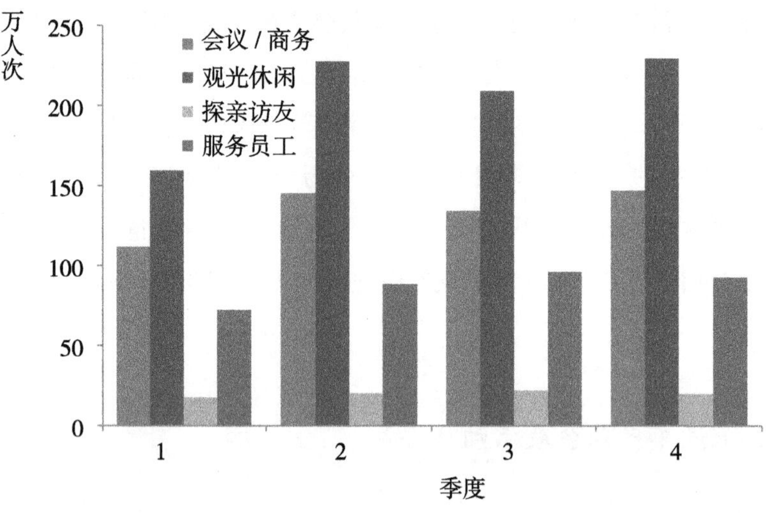

图 8.3-1　2015 年入境外国游客人数（按目的分）

注：数据来源于国家旅游局。

从奖励的及时性来看，旅游活动一般在年终或第二年年初，以保证激励的效果。员工没有耐心长期等待公司未来可能变化的奖励，立即兑现的奖励更能激发员工的创造性和积极性。根据“近因效应”，人们对于最近事情的记忆远比中期和远期的事情深刻，如果时间拖得越长，效果就越不明显。对人类良好行为的及时奖励，能使人们迅速产生积极的心理反应，对自己获奖行为记忆深刻。在这种奖励的多次重复后也能产生积极的动力定型，使良好的行为习惯化，并使之发扬光大。

一般认为，由于组团人数较多，旅游时间通常安排在淡季。有学者认为，基于淡季旅游的效果可能不佳，组织者应当避免奖励旅游安排在淡季（高静和刘春济，2006）。事实上，奖励旅游还应当根据活动内容选择季节时间。比如，根据特殊事件时间来组织奖励旅游。2016 年 6 月 1 日，一汽大众“全国百城儿童安全行动”在北京上地 • 元中心举行。全国近百个城市的 110 多家一汽大众授权经销商与北京主会场同时开展活动，共同将儿童安全乘车和儿童安全座椅知识播撒到全国。在北京主会场，来自一汽大众、中国儿童中心的领导和专家、全国主流媒体，30 多个家庭组成的“儿童安全推广大使”代表团共同参加了活动。一汽大众在活动现场特别设置了安全模拟驾驶舱，通过驾驶员的第一视角，体验车辆在行驶途中遇到紧急情况时后排乘车人抱着孩子的强大冲击力。通过专家现身说法、寓教于乐的手段，让家长和孩子在欢乐轻松的气氛中学习到了儿童安全乘车知识。

奖励旅游的时间安排要考虑与工作时间的冲突。国际奖励旅游精英协会（SITE）调查表明：相对于分销商，奖励旅游对员工是一个更好的激励工具。这是因为，参与旅游活动容易打断分销商的工作计划，而公司则很容易安排好员工的工作和旅游时间。

第 4 节　汽车产业奖励旅游的内容管理

源于理论研究、专业人才和经济社会环境方面的原因，当前奖励旅游存在的问题是产品开发滞后（秦艳萍，2009）。奖励旅游规划者往往缺乏理论指导和经验，不能准确把握奖励旅游的精髓。为了更好地进行奖励旅游产品开发，管理者应当弄清奖励旅游的一些基本概念和发展趋势。

奖励旅游是企业员工激励手段的拓展，是不局限于企业所在地的员工管理。奖励旅游按目的可分为慰劳型、团队建设型、商务型和培训型等类型，可以培养员工的企业认同感和树立企业形象。其消费者具有特殊要求，不是企业“普惠制”的福利，不能简单地作为一种福利措施。

《中国旅游百科全书》指出：奖励旅游是一种带薪的、休闲的、免费的旅行游览活动。这就揭示了奖励旅游的福利性本质特点。奖励旅游属于公费旅游，但在参与人员、目的、内容、形式、费用来源等方面与其他公费旅游区别很大，也不完全等同于简单的带薪休假。有学者指出，奖励旅游是生产性旅游（张文建，2005）。本质上，它既是生产性旅游，也是消费性旅游。

奖励旅游中介服务机构根据奖励旅游决策者的要求将特殊事件与旅游、交通和食宿等要素进行整合，策划出奖励旅游产品。奖励旅游项目的设计，包括理想的目的地、互动会议和获奖者的休闲时间，特别注意目的地景点推荐、美食与餐馆、娱乐与演艺、购物与礼品、会场与酒店，等等。奖励旅游应有激励活动，或者在旅游活动中穿插，或者旅游活动本身就是激励事件。单纯安排旅游的奖励旅游公司，或称为“完成型奖励旅游公司”。可以说，奖励旅游产品包括交通、食宿、旅游、特殊活动四要素。其中，颁奖（表彰）大会和宴会往往是必不可少的环节。

奖励旅游是现代旅游普及性的一个重要表现，已经成为企业促进业务发展、塑造企业文化的重要手段。在奖励旅游出现的初期，企业往往用海外游来实现业务人员的出国梦，激励他们在未来创造出更好、更多的业绩。有学者认为，这是奖励旅游的 1.0 时代的通行做法。而奖励旅游 2.0 时代更多地体现出参与者“尊享”的优越感。把学习和旅游相结合，传播价值观和企业文化，提升参与者自身修养和技能，对企业更加有归属感是奖励旅游 3.0 时代的特征。从内容看，笔者认为奖励旅游发展的三个阶段为：观光休闲旅游阶段、学习培训旅游阶段和产业体验及社交旅游阶段（见图 8.4-1）。不同阶段的奖励旅游在人员、组织者、目的、地点和内容上都可能存在区别。由于经济社会发展的差异在不同范围存在，三种类型的奖励旅游也可能同时存在于不同的国家、地区或企业。

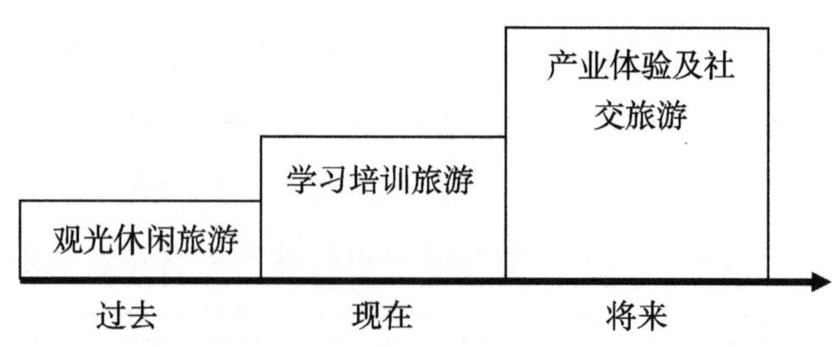

图 8.4-1　奖励旅游的发展阶段

过去的奖励旅游以单纯的观光休闲为特征，主要满足员工探新求异和逃避紧张现实的需要，是企事业单位为达到激励员工、塑造形象等目的，向那些对组织发展做出卓越贡献的特定对象所提供的免费旅游活动，通常以销售部门员工的海外团队旅游为主。目前，国内奖励旅游仍然以国内外的观光休闲游为主，旅游企业针对奖励旅游的主题方案一般有：阳光沙滩、历史文化、探索历险、休闲购物和异域风情等。

现阶段的奖励旅游强调建立团队精神和企业形象、员工健康管理和职业能力提升，满足员工身体和文化方面（包括文化学习和消费）的需要。旅游企业针对奖励旅游的主题方案往往突出企业形象和企业文化教育。奖励旅游可以与、也可以不与其他商务旅游（商务考察、会议和展览）、员工拓展活动（户外培训）结合在一起。如 2013 年 5 月奔驰汽车销售组织了一场全员培训，此次培训在安博人众人教育所属南山湖基地实施，旨在加强团队凝聚力的塑造，激发大家工作的热情。作为半年的一个新开始，为全年的目标做准备。又如 2016 年 6 月 3 日 ~ 4 日，奇瑞汽车 2015 年度十佳优秀干部在人众人培训师的带领下，展开了为期两天的敦煌沙漠戈壁之行，并在沙漠中露营。

然而，被奖励者对观光休闲旅游、学习培训旅游的欢迎程度越来越低。未来的奖励旅游将在前两个阶段旅游的基础上，活动安排以产业体验和社会关系建立为重点，强调人际沟通[1]、公共关系、客户关系和被奖励者的感官体验和休闲娱乐，满足组织利益相关者社交需要、社会尊重的需要，和自我价值实现的、更高层次的“马斯洛需要”，让被奖励者体验到单独旅游所没有的感受。奖励旅游可能以公益活动、公关活动等形式进行，推广使用可替代性旅游（选择性旅游，或非大众旅游）的理念（张红和郝庆智，2009），以及参与性奖励旅游、文化性旅游的理念，而非简单的常规旅游。

奖励旅游要使参与者获得非同寻常的体验，就必须在行程安排、活动内容、员工需求的满足等方面有独到之处。其产品在内容上应当定制化、

[1] 特别是高层管理人员与获奖人员之间的面对面沟通。这一方面是管理者了解员工和工作的途径，另一方面员工也能感觉到来自企业管理层的尊重和认可。

个性化，适应体验经济时代的要求。1999 年，美国人约瑟夫·派恩和詹姆斯·吉尔摩出版《体验经济》一书。他们认为：体验是企业以服务为舞台、以商品为道具，环绕着消费者创造出值得其回忆的活动，可分为娱乐的体验、教育的体验、逃避现实的体验和审美的体验，具有非生产性、短周期性、互动性、不可替代性、映像性和高增值性的特点，体验的设计包括主题的确定、印象的塑造、负面线索的减除、纪念品的设计发放和感官的刺激，体验经济是继农业经济、工业经济和服务经济阶段之后的第四个经济发展阶段。目前，各行业的消费活动都以加入体验元素为时髦，汽车产业奖励旅游也不应例外。

为了更好地实现奖励旅游多方面的目标，体现汽车产业特色，在旅游活动安排上还可以与其他汽车产业会展活动结合在一起，特别是汽车展览、赛事和节庆类活动，但不宜过多地与会议活动结合，以免引起被奖励者的反感。如 2016 年 8 月 8 日，“丝路·2016 中蒙俄国际汽车房车集结赛暨二连浩特·国际汽车房车露营大会”在二连浩特市启动。来自全国各地的 150 余辆房车、170 余辆自驾车近 2000 人在二连浩特市集结，活动内容包括房车巡游、草原定向赛、千人蒙古舞、篝火晚会、成吉思汗的黑纛马术表演、露天电影、摔跤表演、拔河比赛等。两日后，参与者从二连浩特口岸启程，开始为期 17 天的异国风情之旅，途经蒙古国赛因山达、乌兰巴托等地以及俄罗斯乌兰乌德、伊尔库茨克等地，最后从满洲里入境。

第 5 节　汽车产业奖励旅游营销

对奖励旅游市场的调查是奖励旅游公司正确营销和品牌管理的前提和基础。国际奖励旅游精英协会国际基金会（Site International Foundation）非常重视市场研究。这里我们可以参考其对德国奖励旅游市场的调查报告[1]。报告主要内容有：德国奖励旅游的平均时间为 3.2 天，计划者每年平均组织 15 次活动，参与人数从 20 人到 99 人不等；计划者会直接跟酒店合作，或者经常会委托目的地管理公司、国内专业机构和会议局；奖励旅游旅行距离越来越短，更频繁地在欧洲和德国而不是海外或国外进行；计划变得越来越高强度和密集，包括更多内容（例如会议 / 组织会议、教育、培训、商业以及休闲、娱乐、运动和社会事务）；多样性、独创性和生活方式主题的融入将在未来更具有意义和重要性；一半的激励机构需要与客户的采购部门合作；组织奖励旅游的一个越来越重要的原因是通过激励和教育参与者来提高绩效。

寻找有意实施奖励旅游的企业或其他组织是奖励旅游公司重要的日常工作。需要奖励旅游的企业或其他组织也希望找到一个有经验和能力的专业旅游公司。目前国内企业对奖励旅游认识不够，人员上门推销有一定难度。而网络营销、广告营销的成本太高，效果有限。因此，奖励旅游需求者和供给者双方参与知名的旅游类展览（如北京国际商务及会奖旅游展览会、全球商务及会奖旅游展览会等）不失为一个节约成本的好办法。

北京国际商务及会奖旅游展览会（CIBTM）是中国境内成熟度高且备受瞩目的商务旅行、会议活动及奖励旅游的专业展会，由北京市旅游发展委员会和励展旅游展览集团（Reed Travel Exhibitions）、励展博览集团（Reed Exhibitions）联合主办。CIBTM 已于 2016 年通过国际展览业协会（UFI）表决，成为国内首个通过 UFI 认证的旅游类展览。2015 年有来自全球 28 个国家和地区的 365 个展商。展商类型包括来自国内外的活动场所、酒店、旅游目的地、技术及会议支持公司、专业会议组织公司等服务供应商，为组织策划会议、大会、奖励旅游等活动提供多元化资源。CIBTM 汇聚了来自全球超过 5000 名的参会者，吸引了针对组织策划会议、活动、奖励旅游、

[1]　详见国际奖励旅游精英协会国际基金会所著《2010 Study of the German Incentive & Motivational Travel Market》。

商务旅行等拥有决策决定权或对组织策划这些活动具有一定影响力的买卖双方。CIBTM 为国际领先的会奖服务供应商和具有强大购买力的会奖买家打造终极的商谈平台。这些买家负责在中国、亚洲乃至全球范围组织会议活动及商务旅行。服务供应商参加 CIBTM 的目的有：专注高效投入，维系行业联系，确保多重曝光，约见目标客户，巩固市场地位，与决策者面对面，深耕行业热点。

全球商务及会奖旅游展览会（IBTM World），前期名为“欧洲商务及会奖旅游展览会（EIBTM）”，1988 年在瑞士日内瓦首次举办，是励展旅游展览集团全球活动中的旗舰盛会，也是 MICE 行业中的领先展览会。2015 年，在巴塞罗那举办的全球商务及会奖旅游展览会的展商数为 309 个（国外展商数为 242 个），代表企业有 2567 个（国外企业有 2143 个），观众有 9560 名（国外观众为 5483 名）。励展旅游展览公司同时在中东、美洲、亚洲和澳大利亚举办了六个形式不同的区域活动，即 IBTM arabia、IBTM america、IBTM latin america、IBTM africa、IBTM china 和 AIME。商务及会奖旅游展览会（IBTM，全称为 Exhibition for the Incentive，Business Travel and Meeting Industry）专注于会议、奖励、组织大会和活动（MICE）行业，由参与会议、组织大会、展览和其他相关活动的开发和交付的组织者和供应商组成，其规模大、种类多。为节省买家时间和成本，展览会实施“托管买家计划（the Hosted Buyer Programme）”，主办方将为买家预约目标展商，并安排相关沟通事宜。

2017 年国内其他旅游类展览会有：北京国际旅游博览会、第一届全国民宿博览会暨高峰论坛、第五届中国西部旅游产业博览会、重庆国际旅游狂欢节、丝绸之路国际旅游商品博览会、中国（上海）国际民宿客栈与精品酒店文化产业博览会、宁波国际旅游展览会、首届中国民族旅游商品博览会、中国（广东）国际旅游产业博览会、中国国际旅游交易会、（上海）第五届旅游养老房产展览会、第六届北京国际旅游商品及旅游装备博览会、上海国际民宿文化产业博览会、第二届海南世界休闲旅游博览会、中国（深圳）国际旅游博览会、成都国际旅游展，等等。

然而，一般的旅游公司对汽车产业奖励旅游可能并不熟悉。奖励旅游的采购决策者需要判断旅游公司的奖励旅游活动（项目）是否是品牌活动（项目），以及旅游企业是否是品牌企业。品牌活动（项目）的衡量指标有：（1）知名度指标如“参与者总人数”“国外参与者比例”“参与者国家数”“举办次数”；（2）美誉度指标如“参与者满意度”“奖励机构认可度”；（3）忠诚度指标如“参与者重复参与的比例”（贾岷江，2016）。除了用上述指标外，还可以从奖励旅游的功能实现程度，如业绩提升、企业文化认同、员工健康恢复等方面来衡量具体奖励旅游活动的质量。考虑到奖励旅游活动的定制特征，这些指标用于衡量旅游企业的品牌性更为合适。换句话说，奖励旅游公司树立企业品牌比树立项目品牌更为重要。为节约营销成本，树立企业品牌，奖励旅游公司也需要与顾客（奖励旅游采购者）建立长期的合作关系。

奖励旅游公司还需要采取其他策略扩大销售。奖励旅游的高规格（高消费档次、高质量要求）、高利润特点使得其营销重点在于行程安排和活动内容，采购者通常对价格并不敏感。对于价格敏感的采购者，组织者还可以采取“半商半奖”（即奖励旅游活动结合商务活动）、全部免费和部分免费的策略来吸引他们。随着我国汽车产业的蓬勃发展，汽车已经走入千家万户，汽车产业奖励旅游市场也必然呈现增长趋势。旅游公司不能只盯着汽车产业中的奖励旅游采购者和消费者，其他行业的组织和人员也可能对具有汽车产业特色的旅游活动感兴趣。

参考文献

[1] 陈康仁 . 展览平台或将成为推动汽车零部件产业发展的新模式 [J]. 汽车零部件，2009，（11）.

[2] 陈翌等 . 赛车运动探索 [M]. 上海：同济大学出版社，2010.

[3] 邓杉，赵蓉 . 中西传统节庆文化概述 [M]. 昆明：云南大学出版社，2010.

[4] 范智军 . 大型活动策划与管理 [M]. 上海：上海交通大学出版社，2012.

[5] 高静 . 国内外奖励旅游发展比较研究 [D]. 上海师范大学，2004.

[6] 高静，刘春济 . 试论我国奖励旅游市场开发——从奖励旅游的内部特征出发 [J]. 桂林旅游高等专科学校学报，2006，17（1）.

[7] 顾冉 . 影响车展观众观展决策行为因素研究 [D]. 东华大学，2011

[8] 谷祖威，于仁忠 . 汽车零部件企业转型升级的主要途径 [J]. 现代零部件，2014，（4）.

[9] 过聚荣 . 会展概论 [M]. 北京 : 高等教育出版社，2010.

[10] 黄翔，连建功，王乃举 . 旅游节庆与品牌建设：理论 · 案例 [M]. 天津：南开大学出版社，2007.

[11] 霍伊尔 . 会展与节事营销 [M]. 陈怡宁，等译 . 北京：电子工业出版社，2003.

[12] 贾岷江 . 我国会展业发展中的诸化问题研究 [M]. 北京：中国旅游出

版社，2016.

[13] 贾岷江，甘霞 . 欧洲不同类型展览会的规模和国际化水平比较 [J]. 上海对外经贸大学学报，2016,（2）.

[14] 贾岷江，万春林，廖涛 . “互联网 +” 时代我国展览的转型升级：从贸易到创新 [J]. 成都大学学报（社会科学版），2017,（2）.

[15] 贾明江，蔡继荣 . 企业集群发展阶段的探讨 [J]. 软科学，2004，（6）.

[16] 孔永生、冯红英 . 省域会展旅游发展模式的三维框架——以河北省会展旅游为例 [J]. 华中师范大学学报（自然科学版），2009，43（2）.

[17] 李创 . 会展经济发展与中国汽车展览会 [J]. 中国汽车界，2008，（8）.

[18] 李力，余构雄 . 近十年来国内会展旅游研究回顾与展望 [J]. 旅游论坛，2010，3（3）.

[19] 李晓莉，刘松萍 . 需求视角下奖励旅游组织市场的实证分析 [J]. 旅游学刊，2013，28（1）.

[20] 李映洲，江燕 . 会展旅游概念的重新探讨 [J]. 旅游论坛，2011，4（2）.

[21] 刘敏 . 奖励旅游与传统公费旅游比较研究 [J]. 江苏商论，2012，（11）.

[22] 罗燕，胡平 . 会展业与产业集群发展耦合分析——以上海市为例 [J]. 华东经济管理，2008，22（8）.

[23] 曼弗雷德 · 基希盖奥格，等 . 博览管理：博览、会议和活动的策划、执行与控制 [M]. 刁晓瀛，等译 . 上海：上海财经大学出版社，2008.

[24] 孟淑娟. 会展产业链盈利模式分析 [J]. 经济研究导刊，2010，（11）.

[25] 派恩二世，吉尔摩 . 体验经济 [M]. 夏业良，等译 . 北京：机械工业出版社，2008.

[26] 潘福林，姬霖，张春颖 . 中国汽车产业集群竞争力研究 [M]. 北京：

科学出版社，2013

[27] 裴向军，陈英 . 现代会展业与产业集群的协同发展 [J]. 浙江经济，2009，（10）.

[28] 彭顺生 . 论奖励旅游在现代企业管理中的作用及其实现途径 [J]. 管理观察，2009，（2）.

[29] 彭学彦 . 车赛史话 [J]. 汽车运用，2006，（8）.

[30] 乔治・费尼奇 . 会展业概论 [M]. 北京：中国人民大学出版社，2016.

[31] 秦艳萍 . 中国奖励旅游研究综述 [J]. 经济研究导刊，2009，（17）.

[32] 孙晓霞 . 奖励旅游策划与组织 [M]. 重庆：重庆大学出版社，2015.

[33] 唐彩玲 . 会奖旅游及其产品特性 [J]. 中外企业家，2013，（10）.

[34] 谭玉梅 . 美国汽车露营发展研究 [M]. 成都：四川大学出版社，2015.

[35] 田伟民，朱晓丹 . 车展相关活动优化研究 [J]. 北方经贸，2015，（12）.

[36] 王峰 . 我国汽车运动发展现状及对策研究 [J]. 体育文化导刊，2014，（4）.

[37] 王先亮，张瑞林 . 体育会展经济发展研讨 [J]. 体育文化导刊，2013，（11）.

[38] 王瑞祥 . 汽车工业转型升级的思路与目标 [J]. 汽车纵横，2014，（1）.

[39] 萧放 . 传统节日与非物质文化遗产 [M]. 北京：学苑出版社，2011.

[40] 徐和谊 . 创新与合作——中国汽车产业转型升级的两大关键因素 [J]. 中国机电工业，2011，（10）.

[41] 许啸尘，蔡仲芳 . 关于会展业与区域产业集群的互动发展 [J]. 中国城市经济，2012，（1）.

[42] 张红，郝庆智 . 可替代性旅游在会奖旅游市场开发中的运用研究 [J]. 旅游论坛，2009，2（5）.

[43] 张文建 . 试论奖励旅游与生产者服务 [J]. 旅游科学，2005，19（1）.

[44] 中国模具工业协会 . 国际“模展”助力汽车产业转型升级 [J]. 制造

技术与材料，2010，（19）.

[45] 朱海霞 . 英国——世界汽车运动产业的“硅谷”[J]. 汽车与配件，2009，（7）.

[46] 朱亮 . 车展：记录历史，孕育未来 [J]. 装饰，2010，（9）.

[47]Bongkosh Rittichainuwat，Judith Mairb.Visitor attendance motivations at consumer travel exhibitions [J].Tourism Management，2012，（33）.

[48]Cheryl Mallen，Lorne J. Adams.Event management in sport，recreation and tourism（2st ed.）[M].London：Routledge，2013.

[49]Danhuai Guo，et al. How to find appropriate automobile exhibition halls: Towards a personalized recommendation service for auto show [J].Neurocomputing，2016，（213）.

[50]Donald Getz.Event management and event tourism（1st ed.）[M].New York:Cognizant Communications Corp，1997.

[51]Donald Getz.Event management and event tourism（2st ed.）[M].New York:Cognizant Communications Corp，2005.

[52]Donald Getz，Stephen J.Page. Progress and prospects for event tourism research [J]. Tourism Management，2016，（52）.

[53]Erwin van Tuijl，Koen Dittrich.Events as spaces for upgrading Automotive events in Shanghai[R].Netherlands：Erasmus Research Institute of Management，2014.

[54]Jatin Vaid，et al..A study of MICE tourism dynamics in Auto Expo 2016[J].Global Journal of Enterprise Information System，2016，8（4）.

[55]Jeeyoon Kim，et al..Impact of mega sport events on destination image and country image [J].Sport Marketing Quarterly，2014，（23）.

[56]Jonida Kellezi.Trade shows: A strategic marketing tool for global Competition [J]. Procedia Economics and Finance，2014（9）.

[57]Kimberly S. Severt，Deborah Breiter. Anatomy of a successful incentive travel program[R].The Incentive Research Foundation，2010.

[58]Koen Pauwels, et al..New Products, Sales Promotions, and Firm Value: The Case of the Automobile Industry[J].Journal of Marketing, 2013, 68（4）.

[59]Lisa Penaloza.The commodification of the American west: Marketers' production of cultural meanings at the trade show [J].Journal of Marketing, 2000, 64（4）.

[60]Mark Jenkins, Steven Floyd.Trajectories in the evolution of technologya multi-level study of competition in formula 1 racing[J].Organization Studies, 2001, 22（6）.

[61]Matthew Walker, et al.. Does Your Sponsor Affect My Perception of the Event? The Role of Event Sponsors as Signals[J].Sport Marketing Quarterly, 2011, 20（3）.

[62]McCabe V.S.. Strategies for career planning and development in the convention and exhibition industry in Australia [J].International Journal of Hospitality Management, 2008,（27）.

[63]Motwani Jaideep, et al..Promoting exports through international trade sho ws: A dual perspective [J].Review of Business, 1992, 13（4）.

[64]Myles Edwin Mangram.The globalization of Tesla Motors: a strategic marketing plan analysis[J].Journal of Strategic Marketing, 2012, 20（4）.

[65]Peter Maskell, et al..Temporary Clusters and Knowledge Creation: The Effects of International Trade Fairs, Conventions and Other Professional Gatherings[DB/OL].http:// hdl.handle.net/10398/7222, 2004-04/2017-09-10.

[66]Pravat K. Choudhury, Debby A. Lindsey.Characteristics of made-in Japan car owners: A minority perspective [J].Journal of Marketing Theory & Practice, 1997, 5（1）.

[67]PricewaterhouseCoopers LLP（PWC）. The economic significance of meetings to the U.S. economy [R]. Convention Industry Council, 2014.

[68]Scott A. Jeffrey.The Motivational Power of Incentive Travel:The Participant's Perspective[J].Journal of Behavioral & Applied Management, 2014,

（15）.

[69]Seema Gupta.Event Marketing:Issues and Challenges[J].IIMB Management Review，2003，（6）.

[70]Sungsoo Kim，Jongwoo Jun.The impact of event advertising on attitudes and visit intentions [J].Journal of Hospitality and Tourism Management，2016，（29）.

[71]Subhadip Roy，Lopamudra Ghosh.Meaning Transfer in Event Sponsorships [J].The Icfai University Journal of Brand Management，2008，5（3）.

[72]Taewan Kim.Influences of product concept demonstrations in trade shows: Two essays [D].Syracuse University，2013.

[73]Taewan Kim，Tridib Mazumdar.Product Concept Demonstrations in Trade Shows and Firm Value[J].Journal of Marketing，2016，80（4）.

[74]Vincent–Wayne Mitchell，et al.Why should I attend? The value of business networking events [J/OL].http://dx.doi.org/10.1016/j.indmarman.2015.05.014，2015–05–26/2015–09–10.

[75]Xin Jin，et al..Impact of clusters on exhibition destination attractiveness: evidence from Mainland China[J].Tourism Management，2012，33（6）.